suhrkamp taschenbuch 2555

€ 2,50

Wie wird Emigration erlebt und ertragen? Wie geht man um mit der latenten Bedrohung für sich und seine Familie, jeden Tag, über viele Jahre? – Als Bertolt Brecht am 28. Februar 1933 Berlin und Deutschland verläßt, ahnt er nicht, daß aus der Reise nach Prag und Wien, anschließend nach St. Anton, Zürich und Lugano eine 15 Jahre lange Odyssee werden wird. Die Dauer des Exils schätzt er – und mit ihm viele andere – falsch ein, traut dem Faschismus kein längerfristiges Überleben zu. Jenseits der Grenze, aber nicht allzuweit entfernt und möglichst im deutschen Sprachgebiet wollen die meisten abwarten und bald wieder nach Hause zurückkehren. – Zahlreiche Briefe und Autobiographische Notizen Brechts geben Aufschluß über die Mühsale bei der Suche nach neuen Verdienstmöglichkeiten oder bezahlbaren Wohnungen, bei der Beschaffung von Visa und Aufenthaltsgenehmigungen, aber auch über die Einschätzung der Situation in Deutschland und der am jeweiligen Aufenthaltsort. Besonders ausführlich geschieht dies ab 1938, als Brecht beginnt, Entwürfe für seine neuen Arbeitsprojekte, seine Ideen für neue Stücke, seine Beobachtungen zur Lage und ihre Beurteilung systematisch aufzuzeichnen, dazu Artikel und Fotos aus Zeitungen und Illustrierten zu sammeln, alles zu seinen »Journalen« zusammenzustellen. Zu diesem Zeitpunkt, im Juli 1938, lebt er bereits seit fünf Jahren in Dänemark, hat sich zwischendurch in Zentren der Emigration wie Paris oder Sanary-sur-Mer aufgehalten; im folgenden Frühjahr reist er nach Schweden, im Frühjahr 1940 zieht er nach Finnland. Da andere Wege verschlossen sind, erreicht er Kalifornien im Sommer 1941 erst nach einer rund sechswöchigen Fahrt per Bahn durch die Sowjetunion und einer Schiffspassage über den Pazifik. Nach mehr als sechs Jahren in »New Weimar« schließt sich im November 1947 der Kreis zunächst in Zürich, im Oktober 1948 in Berlin.

Bertolt Brecht, geboren am 10. Februar 1898 in Augsburg, starb am 14. August 1956 in Berlin.

Bertolt Brecht
Reisen im Exil

1933-1949

Suhrkamp

Textzusammenstellung: Wolfgang Jeske

suhrkamp taschenbuch 2555
Erste Auflage 1996
Erstausgabe

Drucknachweise am Schluß des Bandes
Suhrkamp Taschenbuch Verlag

Satz: MZ-Verlagsdruckerei GmbH, Memmingen
Druck: Nomos Verlagsgesellschaft, Baden-Baden
Printed in Germany
Umschlag nach Entwürfen von
Willy Fleckhaus und Rolf Staudt

1 2 3 4 5 6 – 01 00 99 98 97 96

Inhalt

Aus den Briefen, 1933

An Bernard von Brentano

Lugano, 27. 3. 1933

Lieber Brentano,
man kann hier ganz leicht unterkommen. Ich bezahle im Hotel (*sehr* gut) 8 Franken Pension pro Tag. 2 Zimmer können Sie überall bekommen für etwa 80 Franken. Essen wie in Deutschland. Wichtig wäre: das Auto. Dann kann man viel billiger (für die Hälfte!) und viel schöner wohnen. Zum Beispiel geradezu ideal in Carona, wo Kläbers wohnen. Aber dort braucht man das Auto. Werden Sie es herholen? Schreiben Sie mir das gleich! Das meine kriege ich schwer her. Können Sie nicht mal herschauen?

Herzlich Ihr alter
brecht

Hotel Bellerive
Lugano
(hat auch Telefon)

An Helene Weigel

Lugano, März/April 1933

Liebe Helli,
in Zürich, in aller Frühe, lese ich in der Zeitung, daß Döblin nachmittags irgendwo Bücher signiert. Ich rufe ihn an. Da fragt aus dem Zimmer nebenan eine Stimme: Ist das denn Brecht? Ich sage: Nur eventuell. Da ist es Kläber Kurt. Sie fahren nach Lugano vormittags, haben da ein Haus am See. Ich traf noch Döblin und die Seghers mit Mann. Wir beschlossen, für alle was am Luganer See zu suchen. Kläbers wollen es in die Hand nehmen. Es soll sehr billig sein. Heute gehe ich hin. (Ich fuhr abends nach Lugano). Feuchtwanger kommt morgen her. Bitte schreib Lugano postlagernd, das Hotel ist zu teuer, ich ziehe raschmöglichst um – vielleicht zu Kläber. Aber das ist etwas weg von Lugano, wo Feuchtwanger sein will, in Carona. Schreib gleich! Was ist mit Barbara? Ich hoffe in 2-3 Tagen was zu haben. Jedes Übernachten im Hotel usw. ist furchtbar teuer. Ihr müßt gleich in was Festes kommen!

Und kaufen kann man hier auch nichts. Also lieber alles aus Berlin kommen lassen!
Und bring Steff mit!

Ich küsse Dich

b

Ratz soll Dir aus Eislers Mappe den »Unbekannten Soldaten unter dem Triumphbogen« geben und den »§ 218«. Das gibst Du dann an die Arbeiterzeitung (Braunthal). Weil das Geld gibt!

An Helene Weigel

Lugano, März/April 1933

Liebe Helli,
ich bin ziemlich viel herumgelaufen. Aber als das beste scheint mir jetzt, Du kommst mit den Kindern eben doch selber her, eventuell mit Steff voraus. Ein paar Tage kann man hier irgendwo billig unterkommen, und da zeige ich Dir, was ich ausfindig gemacht habe. Ohne Dich für lang was mieten hat keinen Sinn. Natürlich wüßte ich gern, wie es am Züricher See ist: dort ist Döblin und Seghers und eine deutsche Stadt. Billiger allerdings als ein paar Tage Zürich mit Familie ohne Wohnung ist, wie mir scheint, Lugano doch, und man kann nachher von hier aus einmal hin. Jetzt ist es ja hier viel wärmer und schöner, *Bettwäsche sollte man dabei haben*. Hat mein Vater schon Geld geschickt? In Zürich möchte Dich die Seghers sehen. Wenn wenigstens die noch herkäme! Der Schmidt ist kein Marx, aber immerhin... Bei Kläbers in der Nähe in Carona ist Wohnen sehr schön und sehr billig, aber das ist nur 3mal täglich mit Autobus ziemlich teuer erreichbar, letzter abends 6 Uhr. Mit Auto wunderbar. (Vielleicht bringt Brentano das seine, aber auf den soll man sich nicht verlassen!) Ich wäre jetzt froh, wenn wir alle zusammen wären! Die Geldkontrolle ist nicht schlimm. Hier könnte auch Sternberg billig leben, von Basel schreibt Brentano, es sei sündhaft teuer. Übrigens: Höllering soll Alexander ein Exemplar der »Spitzköpfe« leihen und ihm sagen, daß der Text für eine englische Ausgabe umgestaltet werden könnte. Und von Kiepenheuers Auslieferung brauche ich ein Exemplar »Kapital« von Korsch.
Bitte schreib mir. Ich küsse Dich

b

Lugano, Hotel Bellerive,
Ich sehe jetzt, daß Wohnungsuchen eine ziemliche Arbeit war!

An Karl Kraus

Thurö bei Svendborg, Dänemark
Anfang Juli 1933

Lieber Herr Kraus,
hoffentlich sind das nicht Sie! Die Notiz stand im »Wiener Tag« und hat uns sehr erschreckt. – Wir sind seit Wochen auf der kleinen Insel Thurö, einem flachen grünen Eiländchen, mit Wald und Badegelegenheit. In der Nähe gibt es ein kleines Städtchen, das gar nicht übel ist. Und es ist ganz außerordentlich billig, viel billiger als in Österreich. Wenn Sie wirklich nach Nordwestfrankreich gehen, könnten Sie da nicht wenigstens auf der Rückfahrt mit dem Schiff über Dänemark fahren? Freilich, der Weg nach Österreich ist recht weit.

Mit den herzlichsten Grüßen
Ihr Ihnen ergebener
bertolt brecht

Auch Helli läßt Sie bestens grüßen!

An Bernard von Brentano

Thurö, August 1933

Lieber Brentano,
ich habe so lang nicht geschrieben, weil ich immer einmal lang schreiben wollte; dazu aber kam ich nicht recht. Ich war aber froh, daß Sie mir schrieben. Von der inneren Lage in Deutschland erfahre ich nicht sehr viel, das wenige widerspricht sich. Sollten solche Denunziationen vorkommen, wie man sie Ihnen berichtet hat, so müßte man (also in diesem Fall Sie) sorgfältig nachforschen und, sofern die Wahrheit zu ermitteln ist, von innen her vorgehen. Aber das wissen Sie ja so gut wie ich. – Was macht Ihr Roman? Hoffentlich wird er möglichst wenig romanhaft und so tazitäisch wie möglich. Bedenken Sie, welch ein kräftiger Gestus das Ausfragen ist und wie schwächlich dagegen dann ein Wieder-allein-gelassen-alles-Ordnen wirkt! – Die Broschüre möchte ich *sehr* gern haben, und ich werde sie genau lesen. – Meine theoretischen Sachen gehen langsam vorwärts, da ich die Manuskripte nicht habe. – Im

Winter gehe ich nach Paris, Sie doch wohl auch? – Hier in Dänemark haben wir uns ein wenig eingelebt, es ist sehr billig hier, ich lege Ihnen einen Preiszettel bei. Im Tessin leben ist reiner Wahnsinn, alles dreimal so teuer und dreimal so schlecht. Dafür können Sie hier wie ein Fürst leben. Kopenhagen ist mindestens Zürich. Ernst Ottwalt wird hierbleiben, Kläber wohl herkommen, vielleicht auch sonst noch wer. Wir haben alles, was man braucht. Helli bleibt wohl den ganzen Winter mit den Kindern hier. (Haben Sie in Zürich mal beim Theater nachgefragt? Ich meine Hellis wegen?) Was macht Döblin? Fritz Sternberg? Das Buch des Silone über den Faschismus möchte ich gerne lesen. Was macht Kesser? Er hat mir nie geantwortet auf einen sorgfältigen Brief.

Herzlich Ihr alter
b

An Helene Weigel

Sanary, September 1933

Liebe Helli,
hast Du meinen Brief und das Geld (10 000 Francs) bekommen? Ich habe noch keine Antwort, auch nicht die »Versuche«! Hier am Mittelmeer ist es langweilig. Ich bin im Hotel La Plage (Sanary). Die Emigration hier ist nicht besonders angenehm zu sehen. In Paris entsetzte mich Döblin, indem er einen Judenstaat proklamierte, mit eigener Scholle, von Wallstreet gekauft. In Sorge um ihre Söhne klammern sich jetzt alle (auch Zweig hier) an die Terrainspekulation Zion. So hat Hitler nicht nur die Deutschen, sondern auch die Juden faschisiert. Die eigentlichen Angelegenheiten Deutschlands interessieren hier niemand. Heinrich Mann imitiert Victor Hugo und träumt von einer zweiten Weimarer Republik. – Wie steht's mit dem Haus? Ich freue mich darauf, ich glaube, ich werde nicht sehr lang wegbleiben. Mit dem Roman komme ich vorwärts, ich habe in der ersten Hälfte noch allerhand geändert wegen des Schlusses. – Eigentlich solltest Du schon abgereist sein, aber ich kann mir nicht denken, daß das so klappte. Wenn es gar nicht klappt, dann reisen wir später zusammen. Illés habe ich als Dramenband vorgeschlagen: »Mann ist Mann«, »Dreigroschenoper«, »Spitzköpfe«. Am liebsten möchte ich die Übersetzung, vielleicht sagst Du es drüben, ich habe es nicht geschrieben, so, daß es deutsch gedruckt wird und darunter oder auf der Seite daneben

das Russische, dann können die Leser gleich dabei ein wenig Deutsch lesen und, die es können, vergleichen. Und die Deutschen drüben können Russisch daraus lernen. – An Tretjakow und Reichs habe ich Deinetwegen geschrieben. – Was macht Barbara? Wer lernt mit Steff weiter Dänisch? Hast Du was von Martha gehört? Von dem Professor? Hat Ottwalt Vertrag? – Du kannst Dir viele Freunde erwerben, wenn Du für 50 Mark Sachen mitnimmst. Und das ist die Hauptaufgabe, Freunde zu bekommen, bitte, streit nicht und laß Dich auf kein Disputieren ein! Es wäre gut, wenn Du bei Tretjakows oder Reichs wohnen könntest. Tretjakow kannst Du einladen, wenn er mit einem russischen Schiff fährt, braucht er keine Valuten. –
Liebe Helli, ich küsse Dich

b

An Walter Benjamin

Skovsbostrand per Svendborg
Dänemark
22. 12. 1933

Lieber Benjamin,
die Adresse für die Bücher ist: Maria Lazar, Skovsbostrand per Svendborg. – Ich konnte im Hotel die Rechnung nicht mehr bezahlen, da sie nicht fertig war. Bitte, schicken Sie sie mir zu! Ich schick dann das Geld! – Übrigens muß ein Roßhaarkissen (flach, weiß eingenäht) im Hotel geblieben sein, eventuell noch in den oberen Zimmern! – Es ist hier angenehm. Gar nicht kalt, viel wärmer als in Paris. Sie kommen nach Ansicht Hellis mit 100 Kronen (60 Reichsmark, 360 Francs) im Monat aus. Außerdem verschafft die Svendborger Bibliothek *jedes* Buch. – Wir haben Radio, Zeitungen, Spielkarten, bald Ihre Bücher, Öfen, kleine Kaffeehäuser, eine ungemein leichte Sprache, und die Welt geht hier *stiller* unter.

Herzlich Ihr alter
brecht

Bitte, beiliegenden Brief an Borchardt zu schicken!
Ich habe die Adresse verlegt!

An Karl Korsch

Svendborg, Ende Dezember 1933

Lieber Genosse Korsch,
es ist sehr ärgerlich, daß ich nicht mehr zur rechten Zeit kommen konnte, um Sie noch zu sprechen. Eine Reihe von Arbeiten, die, unerledigt gelassen, mich zu einer nochmaligen Rückkehr nach Paris gezwungen hätten, zuletzt ein Wunsch meines Vaters, ich möchte nach Straßburg kommen, hielten mich so lange zurück. Natürlich fällt es mir jetzt besonders aufs Herz, daß ich so selten und oberflächlich korrespondierte, im Glauben, ich könnte bald mündlich mit Ihnen verkehren. Ich kann nur hoffen, Sie halten mich nicht für allzu unhöflich, umso mehr als ich Sie sofort wieder bitten möchte, von Schweden aus hierher zurückzukehren. Nur mit Sorge habe ich gehört, Sie wollten sogleich nach Deutschland zurück. Es wäre so viel günstiger, wenn Sie dies zumindest erst später täten! Nach allem, was ich höre, bedeutet im Moment in Deutschland leben für unsereinen nur: den Kontakt mit der Arbeiterbewegung *verlieren*. Unmittelbarer Rat könnte nur einer Organisation helfen; was man sonst anbieten kann, muß man erst herstellen, was man doch am besten dort macht, wo es einfach am praktischsten ist. Die Verwirrung ist riesig, und ein Nach-Deutschland-Gehen könnte man ohne Scherz geradezu eine Flucht nennen! Noch einmal: Sie sind hier ganz außerordentlich willkommen, ungefähr so, wie der Auszubeutende dem Ausbeuter. Paris habe ich als nicht sehr angenehm empfunden. Lauter Grüppchen, besser gesagt Klümpchen, keine Perspektive! Hauptfrage: Wie lange wird »das« dauern? Im übrigen: das übliche Verratgeschrei. – Ich verstehe Ihre Abneigung gegen Emigration vollkommen. Vielleicht schaffen Sie sich ein offizielles Alibi hier in Dänemark, irgendeine fiktive Anstellung, so daß Sie jederzeit zurück können?
Anbei schicke ich auch die gewünschten Bücher, ich konnte sie leider nicht schneller bekommen. Dieser Bauer! Unerfindbar, selbst von Ibsen!
Mit den besten Wünschen und Grüßen, auch an Ihre Frau

Herzlichst Ihr

Aus Autobiographischen Notizen

Svendborg, 1934

Ich bin jetzt 36 Jahre alt und habe diese Jahre nicht müßig verbracht; das kann ich sagen, wenn ich weniger meiner Leistungen und mehr meiner Mühen gedenke und wenn ich für manches zur Entschuldigung anführe, daß ich in einer Zeit lebe, wo man nicht nur leicht Zeit vergeudet, sondern auch um solche bestohlen wird. Ich habe nicht für mich gelebt, sondern in großer Öffentlichkeit, denn seit meinem 21. Lebensjahre bin ich durch literarische Werke und manche Unternehmung, die damit zusammenhängt, bekannt geworden. Auch habe ich heute schon Schüler und habe oft andere beraten oder geleitet. Dies alles erwähne ich nur, um dem einigen Nachdruck zu geben, daß ich sage: ich kenne mich im Leben nicht aus. Dabei bin ich nicht etwa unpraktisch, schwebe keineswegs in großen Höhen, meide durchaus nicht das »Getriebe der Welt«, bin kaum ein »unschuldiges Gemüt«. Ich habe vorteilhafte Verträge abgeschlossen, die mir ein meinen Wünschen entsprechendes Leben ermöglichten, ich besitze Häuser, einen Wagen, ich unterhalte eine Familie, beschäftige Sekretäre, und das, obwohl der Charakter meiner Arbeiten ein eher marktfremder genannt werden muß. Aber selbst wenn ich unpraktisch wäre, in dem Sinn, wie ich mich ratlos genannt habe, sind auch Praktische ratlos, ich weiß es.

Aus den Briefen, 1934-1936

An George Grosz

Svendborg, 2. 9. 1934

Lieber George,
die Insel Fünen wird der Garten Dänemarks genannt. So weit man blickt, ist alles grün, und, was wichtiger ist, die Leute haben gute Handelsverträge mit England. Die Obstbäume müssen mit Hölzern gestützt werden, und die Fischer stechen mit Lanzen in das Sundwasser und holen in einigen Stunden Dutzende von Aalen heraus. Ich kann gut leben, habe einen 500 Seiten langen Roman geschrieben, und, was wichtiger ist, ich habe einen guten Handelsvertrag mit einem holländischen Verlag. Dennoch plane ich fortwährend Schläge gegen die Verbrecher, die im Süden hausen, verstehst Du? Ich höre jeden ihrer Vorträge im Radio, lese ihre Gesetzentwürfe und sammle ihre Fotografien.
Neulich habe ich wieder Deine Zeichnungen für die »Drei Soldaten« angeschaut, und kurz darauf sah ich ein großes chinesisches Gemälde auf Papier, etwa eineinhalb mal drei Meter im Umfang (Hochformat), darstellend anscheinend das Leben im Goldenen Zeitalter. Bäume, Greise, Mädchen, Gebäude. Die Figuren sind etwa cm groß, und es gibt über 40 davon, und dennoch hat der Maler es verstanden, für weite Zwischenräume zu sorgen. Zwischen den Gruppen (es sind 6 Gruppen und nur 3 Einzelfiguren) gibt es ganze Meere. Außerdem stehen hohe Bäume da, ein von einer Flut überschwemmter kleiner Tempel, ein Palast, ein Garten, darüber Wolken, und dann fängt erst der Himmel an! Und nichts sieht klein aus! 4 Greise sitzen im Garten um einen Tisch und spielen ein Brettspiel, unweit davon zeigen sich drei andere einen Bauplan. Einer lockt einen Fisch aus den Fluten, der aber, etwa 1 Zentimeter groß und grün, ihm anscheinend einen abschlägigen Bescheid erteilt. Ein halbes Dutzend Menschen sitzt auf einem losgerissenen Stück Land in der Wasserflut; sie verbrennen Räucherpapier zu Ehren der Götter (die oben thronen, mit ihrer Toilette beschäftigt), diskutieren, wahrscheinlich über den historischen Materialismus, einer mit einem dicken Bauch steht tänzerisch auf einer Art Tonne in der Flut, ich glaube mit einem Schirm in der Hand und einem schön gemalten karmesinroten Mantel, ein Filou! Usw.

An Helene Weigel

Moskau, März 1935

Liebe Helli,
die Fahrt ging ganz glatt. Hier von Tretjakow empfangen. Sie schicken viele Grüße. Betten derart gibt es hier für wenig Rubel, sie wunderten sich ganz naiv, daß wir glaubten, sie wohnten in einem wilden Lande. Tatsächlich bin ich erstaunt, wieviel Sachen es hier jetzt gibt. Ich habe ein Zimmer im Hotel Nowaja Moskowskaja bekommen durch die MORT (Piscator), der sehr nett ist. Mittagstisch im Klub der russischen Schriftsteller. Ich sah schon eine Menge Theater und Film. Ziemlicher Trubel. Mei Lan-fang ist hier, der größte chinesische Schauspieler. Bitte schreib mir doch wirklich jede Woche! Ist Korsch noch da? Den finnischen Brief vergaß ich wirklich einzuwerfen.
Die Aussichten auf ein deutsches Theater sind da, aber schwächlich. Vielleicht kann ich sie stärken. An Karin telegrafieren wir. Sie ist aber nach Almanach 63 Jahre alt. Wir lassen die Zahl einfach weg.
Es ist nicht kalt hier. Es wäre gut, für den Herbst hier etwas zu arrangieren, so daß Du auftreten kannst, ich vielleicht Regie führen oder etwas mit Film.

Ich küsse Dich
b

Was machen Steffs Augen?
Danke für den Brief.
Kannst Du K. fragen nach dem Namen des Verfassers des amerikanischen Buches über die Gewalt (Fall Ottawa)? Grüße ihn!

An Helene Weigel

New York, Oktober 1935

Liebe Helli,
Überfahrt zuerst etwas bewegt, dann schön. Hereinkommen leicht. Deine jüdische Abkunft rentiert sich sehr. Hier alles recht gut. Leute nett. Proben hatten noch nicht begonnen. Text: der meine. Nur: die Mutter; furchtbar. Wird schon umbesetzt. Haben aber noch keine neue. Gibt's hier noch weniger als in Berlin. Wird Dir auf diesem Planeten nicht leicht nachgespielt werden. Trotz gleichem Arrangement nichts wiederzuerkennen! *Du solltest doch Englisch lernen.*

Ich wohne im gleichen Haus wie Eisler, in eignem kleinem Appartement, nicht zu teuer. Essen auch billig. Kleidung zu warm. Luft hier wie in Neapel. Schade, daß die Reise so teuer ist. Hier wäre es erschwinglich, da Essen billig.
Wie ging es in Kopenhagen?
Was machen die Halbwüchsigen?
Karl Korschs Buch? Sind die Sätze noch schön kurz?
Die »Rundköpfe« brauche ich *sehr sehr.*
Adresse: Union Theatre, da ganzen Tag hier
(Adresse zu Haus: W 69 Street, 225 Wilsonhouse.)

Ich küsse Dich, Helli

b

Hauptmann kommt über New York nächste Woche. Fährt dann weiter nach UdSSR.

An Helene Weigel

New York, Ende Dezember 1935/Anfang Januar 1936

Liebe Helli,
danke für Telegramm und Brief und Steffs Zeichnung (sehr schön). Die arme Barbara. Das glaube ich, daß man ihr Schlüsselbein bis nach Odense knacken hörte. Ich habe es mir auch einmal gebrochen. Ich fahre jetzt endgültig am 29. (Habe schon das Billett.) Es ist langweilig hier, meist spiele ich Schach mit Eisler, und jeden Tag sind wir im Kino, was hier sehr billig ist – 15 Cents. Ich freue mich sehr nach Hause. Man kann hier nur sehr schwer arbeiten, und es ist langweiliger als in Skovsbostrand. Weihnachten war scheußlich. Ich war mit Eisler bei Leuten, die keine Kinder hatten, und dann sang jemand schottische Balladen ohne Ende. Ich hätte Dich gern zu Bett gebracht, Helli, wie jedes Jahr.

Ich küsse Dich

b

Grüße Steff und Barbara!

Könntest Du an *Weill, Hotel Sankt Moritz, Centralpark South, New York*, eine *Abschrift* meines Vertrags über die »Dreigroschenoper« mit Bloch Erben schicken? Also nicht den Generalvertrag, sondern den ersten, früheren, nur über die »Dreigroschenoper« – wenn der noch da ist.
Und vielleicht aus dem andern (Generalvertrag) noch die Stelle

über die »Dreigroschenoper« (wo steht, daß sie außerhalb des Generalvertrags stehen soll).

An Erwin Piscator

London, Anfang/Mitte Juli 1936

Lieber Pis,

hast Du meinen Brief bekommen?

Grete erzählt mir von dem Engels-Plan. Den Gedanken, ein großes Experimentaltheater zu machen, in dem wir unsere theatralischen Untersuchungen wieder aufnehmen und weiterführen können, finde ich großartig. Ich habe in New York gesehen, mit welcher Gier eine ganze Menge Menschen alles über die neue Technik aufnehmen. Diese Leute merken immer deutlicher, daß sie mit den alten Mitteln und dem kümmerlichen ideologischen Rüstzeug, das sie haben, die neuen Aufgaben nicht mehr lösen können. Bessere Schauspieler, als wir bekommen könnten, gäbe es gerade für unsere Versuche eigentlich gar nicht.

Warum willst Du nicht einmal auf der grünen Insel Fünen die Sache bei einer Zigarre mit mir durchsprechen? Du könntest schwimmen und auf meinem alten Ford herumfahren. Es gibt auch Zeitungen und Bücher, und Du bekommst ein hübsches Zimmer. Zweimal in der Woche wechselt das Programm in den zwei Kinos mit ganz netten amerikanischen Filmen. Wir könnten natürlich auch zusammen etwas arbeiten. Es ist ja grundfalsch, daß wir für unsere Art, Theater und Film aufzufassen, keine Propaganda machen. Wir müßten Artikel schreiben, vielleicht auch eine Broschüre mit Fotos, das ganze riesige Material muß endlich einmal, indem es in eine bestimmte Form gebracht wird, verwendbar gemacht werden. Ich habe Stanislawskis »My Life in Art« mit Neid und Unruhe gelesen. Der Mann hat sein System in Ordnung gebracht und die Folge ist, daß sie in Paris und New York Stanislawski-Schüler werden. Muß das sein? Wir sind wirklich weltfremde Träumer.

Die Fahrt nach Dänemark ist so außerordentlich einfach für Dich. Du steigst in Leningrad auf das Schiff und in Kopenhagen steigst Du aus, dann kommen ein paar Stunden Eisenbahnfahrt oder ein Auto holt Dich ab. Visum brauchst Du keines. Etwas Geld, das Du (eventuell) den Paßbeamten zeigen kannst, könnte ich Dir aufs Schiff schicken. Hier brauchst Du gar kein Geld.

Ich selber bin in spätestens zwei Wochen in Svendborg zurück. Wir könnten dann zusammen wieder nach drüben fahren, eventuell auch einen Film in der Tasche. *Wenn es Dir hilft, bin ich bereit, bei einer Arbeit, die ich mit Dir mache, auf Valutatantiemen vollkommen zu verzichten.*

Dein alter
brecht

Aus Autobiographischen Notizen

London, 1936

Ich bin Stückeschreiber.
Eigentlich wäre ich gern Tischler geworden, aber damit verdient man natürlich zu wenig. Die Bearbeitung der Hölzer hätte mir Spaß gemacht. Gibt es doch heute kaum mehr wirklich gut gebeiztes oder gelacktes Holz, diese schönen Täfelungen und Geländer früherer Zeiten, diese hellen Tischplatten aus Ahorn, dick, wie eine Hand breit ist, die wir vergilbt in den Zimmern unserer Großeltern vorfanden, geglättet durch die Hände ganzer Generationen. Und was habe ich für Schränke gesehen! Wie waren da die Kanten eingeschliffen, die Türen eingelegt, die Fächer abgesetzt, und was waren das für herrliche Maße! Solch ein Möbel sehend, kam man auf bessere Gedanken. Was konnten diese Verstorbenen aus dem hölzernen Griff einer Gabel machen! Auch noch in unserer Zeit erblickt man Gutes. In der Bond Street, in London, sah ich in einem Schaufenster eine große Kiste für Zigarren, sechs einfache Ahornbretter mit einem Eisenhaken, aber wie sah das aus! Jede Zigarre kostete eine Guinee. Bei flüchtigem Hinblicken konnte man angesichts dieser schmucklosen Kiste glauben: Dieser Tabak ist so köstlich, daß für die Verpackung auch nicht ein Schilling gespendet werden konnte, eine Guinee ist der niederste Preis, der genommen werden kann, da verhungern schon die Pflanzer. Beim zweiten Blick sah man, daß die Firma es für angemessen gehalten hatte, solche Kenner edlen Tabaks auch mit der Kiste zufriedenzustellen.

Die Erfahrungen, die ich im Augenblick mache, sind nicht ohne Wert. Ich dachte, das Filmschreiben lernen zu können, sehe aber, daß ich dazu nicht mehr als einen Vormittag brauche; die Technik ist auf einer ganz primitiven Stufe. Dagegen lerne ich etwas anderes. Obgleich Kortner mich ganz auf gleich und gleich behandelt, bringt es doch die Art meiner Arbeit mit sich, daß ich als Angestellter zu fühlen beginne. Ich habe mir den Stoff, den ich bearbeite, nicht selber gewählt, habe auch gar keine Beziehung dazu und weiß nicht, was aus meiner Arbeit wird, wenn sie auf den Markt kommt. Ich habe nur meine Arbeitskraft zu verkaufen, was damit

gemacht wird, geht mich nichts an. Mein Interesse ist dem der Arbeitgeber durchaus entgegengesetzt. Da ich auf Wochenlohn gesetzt bin, ist es für mich nicht gut, wenn die Arbeit rasch fortschreitet, ganz im Gegenteil. Ich merke sogar schon, daß ich gegen Abend häufig die Uhr ziehe: ich will weg, das eigentliche Leben soll jetzt beginnen. Es ist von der Arbeit ganz getrennt, übrigens reizlos. Jedoch verliere ich in »meiner« Zeit keinen einzigen Gedanken an die Tagesarbeit. Wenn ich zusammen mit einem kleinen Engländer, der als Übersetzer mitarbeitet, weggehe, vermeiden wir auch streng, noch etwas zu berühren, was an unsere Arbeit erinnern könnte. Ich fühle mit ihm, wenn er am Sonntag nicht arbeiten will, streng solidarisch. Kortner scheint dieses aufkeimende Klassenbewußtsein gemerkt zu haben, denn er äußert jetzt häufig am Telefon, wenn er Verabredungen absagt, er sei Angestellter und müsse eine Arbeit abliefern – genau wie jeder Boß es tut. So oft wie möglich macht er sich auch über seine Auftraggeber lustig, weist auf ihre Minderwertigkeit und Faulheit hin, aber dann schweigen wir beiden.
Beim Mittagessen – ich esse dort, und Hanna Kortner ist sehr nett – hört alles wie mit einem Schlage auf, da bin ich wieder der große Dichter. Danach habe ich das Vorrecht, mich niederlegen zu können, aber dann, nach dem Kaffee, ändert sich die Situation wieder. Das Papier, auf das ich dies schreibe, ist übrigens von meinem Arbeitsplatz: ich habe es mitgenommen.

Aus dem Journal

Dänemark, 1938/39

22. 7. 38
Letzte Feile an den »Gedichten im Exil« für die Malik-Ausgabe. Das Gedicht »An die Gleichgeschalteten« verursacht Schwierigkeiten. Es darf sich nicht nur an die Berufsideologen wenden. Da sind alle die Millionen jetzt politisch »erfaßter« Kleinbürger und Kopfarbeiter, die in SA-Formationen tätigen Friseure, Handwerker und kleine Geschäftsleute in den vielen Fachorganisationen, abgesehen von den Lehrern, Ingenieuren usw. Hier im Ausland stellt man die ideologischen Dienste, die dem Regime geleistet werden, als schlimmer hin als alle andern. Das ist ganz falsch. Der Ingenieur, der die Rationalisierung befördert, damit die physische Auspowerung des Proletariats, tut zumindest den gleichen Schaden. Das Ideologische ist doch nur der Ausdruck davon. Die »gesinnungsmäßigen Manifestationen« sind ja nicht die Triebkräfte der Ausbeutung und Unterdrückung. Unsere Ideologen regen sich über die Verwirrung der Worte mehr auf als über die realen Schädigungen des Proletariats. Die Verbrechen des Regimes bestehen in seinen Verbrechen gegen das proletarische Arbeitertum, die Gleichschaltung schaltet gewisse Individuen und Schichten dieser verbrecherischen Tätigkeit bei. Das Gedicht wendet sich aber nur gegen ideologische Beihilfe, sie so als die schlimmste verwerfend.

23. 7. 38
Den »Caesar« schreibend, das entdecke ich jetzt, darf ich keinen Augenblick glauben, daß es so kommen mußte, wie es kam. Daß etwa die Sklaverei, welche eine Politik der Plebs so unmöglich machte, nicht aufzuheben war. Die Suche nach den Gründen für alles Geschehene macht die Geschichtsschreiber zu Fatalisten. Überdies war die Sklaverei in dieser Epoche bereits ein Hemmschuh für den weiteren »Fortschritt«. All dies Gerede davon, daß man Sklaven brauchte, weil man keine Maschinen hatte, ist ja so oberflächlich und unbegrenzt! Man bekam schließlich auch keine Maschinerie, weil man Sklaven hatte. Und wer ist »man«? Brauchten die Sklaven die Sklaverei, weil sie keine Maschinen hatten? Sie machten zwei Drittel der Bevölkerung Italiens aus. Ich habe zu zei-

gen, wie bei dem Versuch, die Sklaverei aufrechtzuerhalten, die ganze Gesellschaft in Sklaverei versinkt. Kein einziger Senator oder Bankier der caesarischen Zeit besaß so viel persönliche Sicherheit, Möglichkeit zu politischer Initiative, Freizügigkeit, wie beinahe jeder zur Zeit Ciceros. Sie bezahlten ihre Fischteiche mit dem Verlust jeder Würde. Und kein Caesar hatte im Grund die Macht eines der vielen Konsuln der Republik!

Juli 38
Lese *Lukács*' »Marx und das Problem des ideologischen Verfalls«. Wie »der Mensch« sich einbaut auf allen vom Proletariat geräumten Positionen! Die Rede ist wieder vom Realismus, den sie jetzt glücklich so heruntergebracht haben wie die Nazis den Sozialismus. Der realistische Schriftsteller der »Verfallszeit« (das ist unsere Epoche; am Anfang immer ein paar gemurmelte »bürgerliche Verfallszeit«, dann nur noch »Verfallszeit« – es zerfällt das Ganze, nicht das Bürgertum) wird davon entbunden, dialektischer Materialist zu sein. Er muß nur »*gestaltend* der richtig wahrgenommenen und erlebten Wirklichkeit vor der anerzogenen Weltanschauung, vor den anerzogenen Vorurteilen den Vorzug geben«. Da die Balzac und Tolstoi das taten, geben sie die Wirklichkeit wieder! Die Scholochows und die Thomas Manns werden damit gerechtfertigt, sie geben die Wirklichkeit wieder! Zwischen den Realisten des Bürgertums und denen des Proletariats ist kein Gegensatz (ein Blick auf die Scholochows scheint das allerdings zu beweisen), wohl auch nicht zwischen Bürgertum und Proletariat selber? Wie auch, im Zeichen der Volksfront? Hoch der Pastor Niemöller! Realist reinsten Wassers! Zum *Gestalten* ist wieder einmal kein Wissen nötig (denn Thomas Mann gestaltet doch wohl und weiß doch wohl nichts), gestaltend geben diese half-wits der Wirklichkeit den Vorzug vor den Vorurteilen, ohne es zu wissen. Es ist ein direkter Erlebnisvorgang: Du bekommst einen Tritt, sag: au! Er bekommt einen Tritt, laß ihn »au« sagen. O Einfalt! Dieser Lukács wird von dem Problem der ideologischen Verfälle magisch angezogen. Das ist sua res. Die Marxschen Kategorien werden da von einem Kantianer ad absurdum geführt, indem sie nicht widerlegt, sondern angewendet werden. Da ist der *Klassenkampf*, ein ausgehöhlter, verhurter, ausgeplünderter Begriff, ausgebrannt bis zur Unkenntlichkeit, aber er ist da und er tritt auf. »Gesehen wurde auch…«, »unter anderen liefen…«. Kein Fakt mehr, kein Konkre-

tum. In dem erwähnten Aufsatz ein kurzes Marx-Zitat. Marx lobt bei *Sue* die Gestaltung einer Rinnsteinfigur. Die »Fleur de Marie« wird von ihm mit schönen Eigenschaften ausgestattet, damit wird »den Vorurteilen der Bourgeoisie ins Gesicht geschlagen«. Das ist schließlich konkret. Es wird ins Gesicht geschlagen und überhaupt, es wird auf die Realität eingegangen, eben die entmenschte Lage der Fleurs de Marie. Bei den Lukács' ist der Klassenkampf nur noch ein Dämon, ein leeres Prinzip, das die Vorstellungen der Leute verwirrt, nichts mehr, was stattfindet. Er ist ja drin in der Wirklichkeit, der Schriftsteller schildere also die Wirklichkeit, und er wird in ihren Schilderungen drin sein! Und wie ähnelt dieser Zug, daß diese Leutchen ihre formalistische Kritik mit einem Kampf gegen den Formalismus starten, den national»sozialistischen« Manövern!
Schwierigkeiten im »Caesar«. Er muß doch noch mehr als einzelner herausgearbeitet werden. Er muß zwischen den Klassen heraufkommen. Heraufgedrückt zwischen den kämpfenden Klassen, sich heraufzwängend. Hat doch selbst die proletarische Revolution (in dem Land, wo man nach dem Sieg zwei kämpfende Klassen, die Arbeiter und die Bauern, hatte) eine Einzelherrschaft ermöglicht. Die Equites bekamen den Caesar über sich, als sie die Patres und die Plebs unter sich bekamen.
Am Schluß folgendes Bild: die Plebs, ständig erneuert aus dem Sklaventum, heruntergedrückt auf den Standard des Sklaventums, stellt das Reservoir für die Armee, mit der die fremden Nationen niedergeworfen und -gehalten werden, solange sie als Nationen auftreten, sonst helfen die Armeen den fremden herrschenden Klassen ihre Proletariate niederhalten. Eine eigentliche Klasse bildet die Plebs unter den Kaisern nicht mehr. Equites und Patres sind vermischt, auf der Basis der equitablen Geschäfte. Die senatorialen Politiker gehen in die Verwaltung über. Das Proletariat, d.h. das Sklaventum, ist international, wird als Produktivkraft nicht mehr weiterentwickelt. Die Sklavenwirtschaft hat alles, was in ihr steckt, aus sich herausgestellt, ist fertig in dem doppelten Sinn des Wortes. Die Unterdrückung ist allgemein und hat alle Schichten erfaßt.
Kleine, besondere, rasch vergehende Phase unter Caesar: die bäuerliche Plebs darf noch schnell, nachdem der Übergang zur Sklavenwirtschaft im Getreidebau schon vollzogen ist, den Übergang zur Sklavenwirtschaft im Wein- und Ölbau vollziehen. Hier die Lex Julia.

25. 7. 38
Die ganze »Caesar«-Konzeption ist unmenschlich. Andrerseits kann Unmenschlichkeit nicht dargestellt werden, ohne daß eine Vorstellung von Menschlichkeit da ist. Das gesellschaftliche System kann nicht dargestellt werden, ohne daß man ein anderes sieht. Und ich kann nicht nicht nur vom Heute aus schreiben, ich muß sogar für die damalige Zeit den andern Weg als einen möglichen sehen. Eine kalte Welt, ein kaltes Werk. Und doch sehe ich, zwischen dem Schreiben und beim Schreiben, wie wir heruntergebracht sind menschlich.
Benjamin ist hier. Er schreibt an einem Essay über Baudelaire. Da ist Gutes, er weist nach, wie die Vorstellung von einer bevorstehenden geschichtslosen Epoche nach 48 die Literatur verbog. Der Versailler Sieg der Bourgeoisie über die Kommune wurde vorauseskomptiert. Man richtete sich mit dem Bösen ein. Es bekam Blumenform. Das ist nützlich zu lesen. Merkwürdigerweise ermöglicht ein Spleen Benjamin, das zu schreiben. Er geht von etwas aus, was er *Aura* nennt, was mit dem Träumen zusammenhängt (dem Wachträumen). Er sagt: wenn man einen Blick auf sich gerichtet fühlt, auch im Rücken, erwidert man ihn. (!) Die Erwartung, daß, was man anblickt, einen selber anblickt, verschafft die Aura. Diese soll in letzter Zeit im Zerfall sein, zusammen mit dem Kultischen. Benjamin hat das bei der Analyse des Films entdeckt, wo Aura zerfällt durch die Reproduzierbarkeit von Kunstwerken. Alles Mystik, bei einer Haltung gegen Mystik. In solcher Form wird die materialistische Geschichtsauffassung adaptiert! Es ist ziemlich grauenhaft.
Mit Grete übersetze ich Andersen Nexös »Erinnerungen«. Sie gefallen mir, trotz der Seelenzergliederungen und Moralismen, da noch Rohstoff darinsteckt. Ein respektabler Proletarismus. Aber da sind schöne Stellen, wo die Solidarität der Besitzlosen geschildert wird.

27. 7. 38
Die Moskauer Clique lobt jetzt *Hays* Stück »Haben« über den roten Klee. Das ist echter sozialistischer Realismus. Neu, weil alt. Hier schuf ein Genie, unberührt von den Moden und Wirren seiner Zeit. Was ist Form? Hier ist Inhalt. Das Stück ist ein trauriger Schund, Sudermann ist dagegen ein Fortschritt. »Aber da sind Menschen aus Fleisch und Blut.« Bekanntlich (?) hat die Bühne für

Fleisch und Blut Pappe und rote Tinte, die dann wie Fleisch und Blut aussehen. »Aber da sind Menschen mit ihren Widersprüchen.« Die Dialektik des Ausdrucks »Kraut und Rüben«. Der Kapitalismus ist schlecht in dem Stück, weil er die Leute geldgierig macht. Es kommt ein Dämon in Gestalt einer alten Hexe vor, die das ganze Dorf, d.h. die Weiber, zu Morden verführt und einmal, Höhepunkt, einen dämonischen Tanz vollführt. Nach Feuchtwanger ist sie *der* Kapitalismus. Auch er verführt ja die Menschen zu allerhand Teuflischem. Das Ganze liest man »atemlos«. »Hay ist ein Neuerer. Besser gesagt: die Umstände, unter denen er schuf, machten ihn zum Neuerer in einem eigentümlichen Sinn, trotzdem oder gerade weil er – alte Wege ging.« (*Kurella.*) Feuchtwanger bestätigt, daß für Hay der Marxismus »nicht nur Gedanke geblieben ist, sondern vielmehr sein ganzes Wesen, sein Gefühl bis tief in die Schächte des nicht mehr Bewußten erfüllt«. Wobei die Hauptsache natürlich ist, daß er eben kein Gedanke geblieben oder, besser gesagt, geworden ist. Das Stück ist »von innen her durchtränkt mit Marxismus«. Also gefärbt, leider nicht indanthren.

3. 8. 38

Da ich auf meinem Gebiete ein Neuerer bin, schreien immer wieder einige, ich sei ein Formalist. Sie finden die alten Formen nicht in meinen Arbeiten, schlimmer, sie finden neue, und da meinen sie, es sind die Formen, die mich interessieren. Aber ich habe herausgefunden, daß ich das Formale eher geringschätze. Ich habe die alten Formen der Lyrik, der Erzählung, der Dramatik und des Theaters zu verschiedenen Zeiten studiert und sie nur aufgegeben, wenn sie dem, was ich sagen wollte, im Weg standen. Beinahe auf jedem Feld habe ich konventionell begonnen. In der Lyrik habe ich mit Liedern zur Gitarre angefangen und die Verse zugleich mit der Musik entworfen. Die Ballade war eine uralte Form, und zu meiner Zeit schrieb niemand mehr Balladen, der etwas auf sich hielt. Später bin ich in der Lyrik zu anderen Formen übergegangen, weniger alten, aber ich bin mitunter zurückgekehrt und habe sogar Kopien alter Meister gemacht, Villon und Kipling übertragen. Der *Song*, der nach dem Krieg wie ein Volkslied der großen Städte auf diesen Kontinent kam, hatte, als ich mich seiner bediente, schon eine konventionelle Form. Ich ging aus von dieser und durchbrach sie später. Aber die Massenlieder enthalten formale Elemente dieser faulen, gefühlsseligen und eitlen Form. Ich schrieb dann reimlose Verse mit unregelmäßigen Rhythmen. Ich glaube, ich wandte sie zuerst im Drama an. Jedoch gibt es ein paar Gedichte aus der »Hauspostillen«-Zeit, die Elemente dazu zeigen, die Psalmen, die ich zur Gitarre sang. Sonett und Epigramm übernahm ich als Formen, wie sie waren. Eigentlich benutzte ich nur die mir zu gekünstelt erscheinenden Formen der antiken Lyrik nicht.

13. 8. 38
Benjamin behauptet, Freud sei der Meinung, die Sexualität werde einmal überhaupt absterben. Unsere Bourgeoisie ist der Meinung, sie sei die Menschheit. Als der Kopf des Adels fiel, stand ihm wenigstens noch der Schwanz. Der Bourgeoisie ist es gelungen, sogar die Sexualität zu ruinieren. Ich helfe eben Ruth, einen Band Novellen mit dem Titel »Jedes Tier kann es« fertigzustellen. 70 % aller Frauen sollen frigid sein. Wir haben gute Titel (»Eile heißt der Wind«, der das Brettergerüst zum Einsturz bringt. »All des Königs Rosse und all des Königs Mann«. Dann »Service«. Usw.). Unproduktivität der Technik. Der Orgasmus als Glücksfall.

15. 8. 38
»Furcht und Elend des Dritten Reiches« ist jetzt in Druck gegangen. Lukács hat den »Spitzel« bereits begrüßt, als sei ich ein in den Schoß der Heilsarmee eingegangener Sünder. Das ist doch endlich aus dem Leben gegriffen! Übersehen ist die Montage von 27 Szenen und daß es eigentlich nur eine Gestentafel ist, eben die Gesten des Verstummens, Sich-Umblickens, Erschreckens usw. Die Gestik unter der Diktatur. Das *epische Theater* kann damit zeigen, daß sowohl »Interieurs« als auch beinahe naturalistische Elemente in ihm möglich sind, nicht den Unterschied ausmachen. Der Schauspieler tut jedenfalls gut, die »Straßenszene« zu studieren, bevor er eine der kleinen Szenen spielt. Die erwähnten Gesten sind nicht so zu vollführen, daß der Zuschauer wünscht, den Fortgang der Szene aufzuhalten, die Einfühlung ist sorgfältig zu meistern, sonst fällt alles unter den Tisch. Die Montage, so sehr verfemt, entstand durch die Briefe Dudows, der für die kleine proletarische Spieltruppe in Paris etwas brauchte. So hält das proletarische Theater im Exil das Theater im Gang! Und der einstige Leiter einer Berliner Agitproptruppe, Maxim Vallentin, ist in Moskau zum bürgerlichen Theater übergegangen und verkündet, man habe in der

Kunst an das Gefühl zu appellieren, womit nur gemeint sein kann, den Verstand auszuschalten!

16. 8. 38
Die »Gedichte aus dem Exil« sind natürlich einseitig. Aber es hat keinen Sinn, da im Kleinen zu mischen. Die Vielfalt kann nur im Ganzen entstehen, durch Zusammenbau in sich geschlossener Werke. Der Gesamtplan für die Produktion breitet sich allerdings immer mehr aus. Und die einzelnen Werke haben nur Aussicht, wenn sie in einem solchen Plan stehen. Zu »Die Geschäfte des Herrn Julius Caesar« muß »Der Tuiroman« treten. Zu den Dramen die Lehrstücke. Wann werde ich die »Abenteuer des bösen Baals des asozialen« anfangen können? Und die »Haltungen Lenins«? 30 Jahre sind nicht zu viel für das noch zu Schaffende. Denn da muß noch ein Haufen Aktuelles dazwischendrin gemacht werden. So fehlt ein kleiner realistischer Roman für die proletarische Jugend mit Helden, am besten einem Kind, es kann auch Koloman Wallisch sein. Und dabei schickt sich der Anstreicher an, die Welt zu erobern. Gestern haben die großen deutschen Manöver begonnen, die Probemobilmachung.

16. 8. 38
Entsetzlich, die Gedichte Shelleys zu lesen (nicht zu reden von ägyptischen Bauernliedern von vor 3000 Jahren), in denen die Unterdrückung und Ausbeutung beklagt wird! Wird man so uns lesen, immer noch unterdrückt und ausgebeutet, und sagen: schon damals...?

18. 8. 38
Indem *Lukács*, dessen Bedeutung darin besteht, daß er von Moskau aus schreibt, fast durchwegs *formale* Kennzeichen für den *Realismus* angibt, liefert er seinen lernbegierigen Leser doch letzten Endes an die zeitgenössischen, von ihm mit großen, wenn auch leicht verlegenen Komplimenten bedachten berühmten bürgerlichen Romanciers aus, welche diese formalen Kennzeichen aufweisen (wenn auch nicht so »glücklich«, »rein«, »schöpferisch« wie die Altmeister aus der großen Frühzeit). Er hat dann da Realisten (die er noch dazu dadurch jedem Verdacht entzieht, daß er ihnen eine »décadence« gegenüberstellt, zu der *Dos Passos* und vermutlich auch ich gehören), deren Beschreibungen den Klassenkampf

auslassen (»nicht genug berücksichtigen«, »noch nicht ganz erfassen«), so daß der Leser jene komplizierten Reflexionen anstellen muß, welche die »décadence« in ihre Bücher einmontiert, nämlich die Reflexionen, welche die geschilderten Vorgänge als vom Klassenkampf kommend realisieren. Die *Lukács*schen Kennzeichen weisen sie alle auf. *Heinrich Mann* zeigt ein solches »Gewirr« von verschiedenen Menschenschicksalen in seinem »Heinrich IV.«, daß sich kein Mensch mehr auskennt, und ob sein Bruder *Thomas* das »ganze Leben des biblischen Josef in seiner Breite vollständig entfaltet«! Mir ist da Breite genug! »Sehr verschlungene, sehr indirekte Zusammenhänge« haben wir dutzendweise beim *Hamsun*. Klassenkampf haben wir bei allen dreien weniger, aber, natürlich, den können wir uns ja dazudenken, »schließlich« ist alles Klassenkampf! Dieser Stumpfsinn ist gigantisch.

18. 8. 38

Die Realismusdebatte blockiert die Produktion, wenn sie so weitergeht. *Lukács* findet im frühen bürgerlichen Roman natürlich Dialektik, und zwar von anderer Qualität als im späten. Eine reiche »Verschlungenheit der Wege des Lebens«, ein »reiches Gewebe sich vielfältig verschlingender Motive« usw. Bei den Späteren kommt es dann entweder zu einer Auskämmung oder zu dem, was man, in Gedanken an Darmverschlingung, Motivverschlingung nennen könnte. Die gewisse Entleertheit, Ausgeronnenheit, Verkrustung ist aber nicht nur ein Fehler der Schriftsteller, sondern vor allem ein »Fehler« des Kapitalismus persönlich. Da ist bei *Lukács* im frühen bürgerlichen Roman (*Goethe*) ein »breiter Reichtum des Lebens«, und der Roman erweckt »die Illusion der Gestaltung des ganzen Lebens in seiner vollständigen entfalteten Breite«. Nachmachen! Nur, daß sich jetzt nichts mehr entfaltet und kein Leben mehr breit wird! Der Rat wäre höchstens, man solle es breit treten. Ein solches Breittreten besorgt der Kapitalismus übrigens, die berühmte eiserne Ferse. Wir haben tatsächlich lauter Umwege, Abwege, Hindernisse, Bremsvorrichtungen, Bremsschäden usw. zu beschreiben. Aber mit der zunehmenden Quantität ist da der Umschlag eingetreten. *Lukács*, der geneigt ist, alles aus der Welt ins Bewußtsein zu verlegen, beobachtet ihn (indigniert) nur in der Sphäre des Bewußtseins. Bei *Zola* rückt ein Tatsachenkomplex in den Mittelpunkt der Romane, das Geld, das Bergwerk usw. Aus organischer Vielfalt der Komposition wird mechanische Verknüpfung, Montage. Zunehmende Entmenschung des Romans! Daraus dreht der Gute nun den unseligen Schriftstellern, die aus »Erzählern« zu »Beschreibern« herabgesunken sind, den Strick. Sie kapitulieren. Sie stellen sich auf den Standpunkt des Kapitalismus, sie entmenschen das Leben. Die Proteste, die sie anfügen, läßt er nicht gelten. Sie sind post festum, in die Sache hineingetragen, es sind Scheinradikalismen. Aber daß das entmenschte Proletariat tatsächlich seine ganze Menschlichkeit in den Protest legt und von da aus in den Kampf gegen die Entmenschlichung der Produktion geht, übersieht der Herr Professor. Die Umwegigkeit der neuen Wege soll den Roman nicht umprägen. In der Tat hat er da einen Reichtumsbegriff (in Sätzen wie dem von »diesem Reichtum des Gewebes«), der sich recht schnell überlebt hat. Viel ist mehr geworden, und von Reichtum ist keine Spur mehr. Aus dem Kalkulieren ist ein Theoretisieren geworden. Es nimmt nicht die gleiche Stellung ein, es rangiert nicht mehr unter den »Reflexionen des Helden«. Der Schriftsteller sieht etwas Neues, wenn er den Proleten beim Abstrahieren sieht, das muß man sich klarmachen. An den »seelenlosen« Tatsachenkomplexen Bergwerk, Geld usw. ist die Erzählungsform der Balzac, Tolstoi usw. in die Brüche gegangen. Die Ermahnungen der Professoren leimen sie nicht wieder zusammen. All the king's horses and all the king's men couldn't Humpty Dumpty put together again. *Gide* schreibt seinen Hauptroman über die Schwierigkeit, einen Roman zu schreiben (»Die Falschmünzer«). *Joyce* schreibt einen Katalog von Beschreibungsarten, und die einzige große volkstümliche Erzählung der Zeit, Hašeks »Schwejk«, hat die nach dem Drama hin orientierte Romanform des frühen bürgerlichen Romans verlassen.

10. 9. 38

In den literarischen Abhandlungen der von Marxisten herausgegebenen Zeitschriften taucht in letzter Zeit wieder häufiger der Begriff *Dekadenz* auf. Ich erfahre, daß zur Dekadenz auch ich gehöre. Das interessiert mich natürlich sehr. Der Marxist braucht tatsächlich den Begriff *Abstieg*. Er stellt einen Abstieg der herrschenden bürgerlichen Klasse auf politischem und ökonomischem Gebiet fest. Es wäre stupid von ihm, den Abstieg auf künstlerischem Gebiet nicht sehen zu wollen. Die große Fesselung der Produktivkräfte durch die kapitalistische Produktionsweise kann die Literatur z.B. nicht auslassen. Ich halte mich zunächst an meine eigene Produktion. Die »Hauspostille«, meine erste lyrische Publikation, trägt zweifellos den Stempel der Dekadenz der bürgerlichen Klasse. Die Fülle der Empfindungen enthält die Verwirrung der Empfindungen. Die Differenziertheit des Ausdrucks enthält Zerfallelemente. Der Reichtum der Motive enthält das Moment der Ziellosigkeit. Die kraftvolle Sprache ist salopp. Usw. usw. Diesem Werk gegenüber bedeuten die späteren »Svendborger Gedichte« ebensogut einen Abstieg wie einen Aufstieg. Vom bürgerlichen Standpunkt aus ist eine erstaunliche Verarmung eingetreten. Ist nicht alles auch einseitiger, weniger »organisch«, kühler, »bewußter« (in dem verpönten Sinn)? Meine Mitkämpfer werden das, hoffe ich, nicht einfach gelten lassen. Sie werden die »Hauspostille« dekadenter nennen als die »Svendborger Gedichte«. Aber mir scheint es wichtig, daß sie erkennen, was der Aufstieg, sofern er zu konstatieren ist, gekostet hat. Der Kapitalismus hat uns zum Kampf gezwungen. Er hat unsere Umgebung verwüstet. Ich gehe nicht mehr »im Walde vor mich hin«, sondern unter Polizisten. Da ist noch Fülle, die Fülle der Kämpfe. Da ist Differenziertheit, die der Probleme. Es ist keine Frage: die Literatur blüht nicht. Aber man sollte sich hüten, in alten Bildern zu denken. Die Vorstellung von der Blüte ist einseitig. Den Wert, die Bestimmung der Kraft und der Größe darf man nicht an die idyllische Vorstellung des organischen Blühens fesseln. Das wäre absurd. Abstieg und Aufstieg sind nicht durch Daten im Kalender getrennt. Diese Linien gehen durch Personen und Werke durch.

12. 9. 38

In der »Deutschen Zentral-Zeitung« einiges über den heuer verstorbenen Stanislawski. Sein Orden ist ein Sammelbecken für alles Pfäffische in der Theaterkunst. Der Verstand wird in seiner »Methode« nicht etwa unterdrückt, er ist der »Kontrolleur«. Zunächst »fühlt« man, bringt sich durch Waschungen seelischer Art in einen Zustand, wo man fühlen kann (hauptsächlich indem man vergißt, daß Kunst ein Geschäft ist), und dann läßt man »es« durch den Verstand korrigieren, der Ausdruck heißt rechtfertigen. Der Tuismus selber. Ob etwas »echt« ist, beweist sich im Gefühl. (Das Gegenwort wäre: richtig.) Als ob die Emotionen nicht mindestens so korrumpiert wären als die Verstandesfunktionen! Ein paar Murxisten weisen dann tintetriefend nach, daß das eben die ewige Kunst sei. »Die Kunst wendet sich nun einmal an das Gefühl.« Das Emotionelle wird in den »Unterbau« verstaut, das Intellektuelle in den »Überbau«. Die Trennung von Gefühl und Verstand macht man brav mit. Betonen Leute wie ich das Verstandesmäßige, dann vermißt man das Gefühlsmäßige eo ipso. Zumindest spricht man (nicht immer mit dem Ausdruck des Bedauerns) von einer krankhaften Trennung von Gefühl und Verstand bei mir. In Wirklichkeit hat es nur keinen Sinn, von Gefühl zu reden in der Kunst (außer zum Zweck der Kritik), weil das ja nur bedeutete, den Verstand spielen zu lassen. Jeder Gedanke, der notwendig ist, hat seine emotionelle Entsprechung, jedes Gefühl seine gedankliche. Die Verlogenheit der Stanislawskischule mit ihrem Kunsttempel, Wortdienst, Dichterkult, ihrer Innerlichkeit, Reinheit, Exaltiertheit, ihrer Natürlichkeit, aus der man immer fürchtet und fürchten muß, »draus« zu kommen, entspricht ihrer geistigen Zurückgebliebenheit, ihrem Glauben an »den« Menschen, »die« Ideen usw. Das ist »echter« Naturalismus, die Natur ist der große Unbekannte, er wird imitiert, indem man seinen falschen Bart imitiert.

25. 9. 38
Sehr bemerkenswert für den »Caesar« der Umfall der herrschenden Klasse Frankreichs vor Hitlers Kriegsdrohung, der Vertragsbruch, der die Tschechoslowakei von der Landkarte wischt und Frankreichs Großmachtstellung erledigt. Sie führen nur Raubkriege. Sie verteidigen den Raub nur, wenn es ihrer ist und bleibt. Für das Geschäft opfern sie jeden Augenblick die politische Macht, wenn wirklich diese erstaunliche Alternative auftaucht. Ein Krieg mit 40-Stundenwoche? Nicht zu machen. Diese Leute geben ein prächtiges Beispiel von harter Logik und Immunität gegenüber von Idolas. Wie, ihr Land verteidigen, wenn es nicht das ihre ist?
Sternberg hier, rückkehrend von einer Tournee in Skandinavien. Vom Freitag auf den Sonntag (Nacht von Godesberg) sitzen wir bis früh drei Uhr. Das Radio bringt alle zehn Minuten in anderer Sprache Berichte.

5. 10. 38
Über *literarischen Wert*: Was für ein *Gide*, mit dessen schönem Buch über die irdischen Freuden im Tornister die Armee der französischen Volksfront marschiert! Was für einer, mit dem auf dem Nachttisch sie nicht marschiert! Und *Hašek*: Sein großes Buch ver-

kleinert sich stündlich, mit der Besetzung der V-Zonen durch die Hitlerarmee. Es war der Siegesbericht eines unterdrückten Volkes, der Odysseusbericht. Aber der Sieg war zu kurz. Es steht in einer anrüchigen Bibliothek jetzt, es handelt von Geschehnissen, die man nicht mehr kennt.

7. 10. 38
Der Untergang der Tschechoslowakei ist, in der Prozedur, bemerkenswert. Man spricht z.B. jetzt immer noch von ihr, als sei es dieselbe, und einige ihrer Handlungen überraschen daher. Man hat begriffen, daß sie Deutschland gegenüber etwas preisgeben mußte, aber jetzt gibt sie mehr preis, eigentlich alles allen gegenüber. Und die Juden und Emigranten dazu. Man vergißt, daß durch die Niederlage andere Klassenkräfte ans Ruder gekommen sind, so ist der Staat eine völlig andere Rechtsperson geworden, man darf nicht mehr von *Tschechoslowakei* reden! Und der Ausgangspunkt? »England« konnte nicht einen Krieg führen, den der russische Bundesgenosse gewonnen hätte. Der russische Bundesgenosse konnte nicht einen Krieg führen, den die russischen Generäle gewonnen hätten. Frankreich konnte nicht einen Krieg führen, den die Volksfront gewonnen hätte. Und keines von ihnen konnte einen Krieg verlieren, natürlich.

23. 11. 38
»Das Leben des Galilei« abgeschlossen. Brauchte dazu drei Wochen. Die einzigen Schwierigkeiten bereitete die letzte Szene. Ähnlich wie in der »Johanna« brauchte ich am Schluß einen Kunstgriff, um auf jeden Fall dem Zuschauer den nötigen Abstand zu sichern. Selbst der unbedenklich sich Einfühlende muß zumindest jetzt, auf dem Weg der Einfühlung selber in den Galilei, den V-Effekt verspüren. Bei streng epischer Darstellung kommt eine Einfühlung erlaubter Art zustande.

Januar 39
Auch Kolzow verhaftet in Moskau. Meine letzte russische Verbindung mit drüben. Niemand weiß etwas von Tretjakow, der »japanischer Spion« sein soll. Niemand etwas von der Neher, die in Prag im Auftrag ihres Mannes trotzkistische Geschäfte abgewickelt haben soll. Reich und Asja Lacis schreiben mir nie mehr, Grete bekommt keine Antwort mehr von ihren Bekannten im

Kaukasus und in Leningrad. Auch Béla Kun ist verhaftet, der einzige, den ich von den Politikern gesehen habe. Meyerhold hat sein Theater verloren, soll aber Opernregie machen dürfen. Literatur und Kunst scheinen beschissen, die politische Theorie auf dem Hund, es gibt so etwas wie einen beamtenmäßig propagierten dünnen blutlosen proletarischen Humanismus. In einem offiziellen Artikel erklärt ein gewisser Wokressenski (»Die Theorie Lenins und Stalins über den Sieg des Sozialismus triumphiert in der Sowjetunion«) als Stalins Theorie etwa: »Das Absterben des Staates erfolgt durch seine allseitige Festigung« und: »Der sozialistische Staat ist notwendig, damit (!) er den Massen die neue sozialistische Arbeitsdisziplin anerzieht« und: »Wenn wir die besten Stachanownormen für das ganze Land zu den durchschnittlichen machen würden, so würden wir damit die entscheidenden Voraussetzungen zum Übergang vom Sozialismus zum Kommunismus schaffen.« Das Fluktuieren der Arbeiter (zwischen den verschieden entlohnenden Fabriken) ist gesetzlich gestoppt, und es soll Streiks gegeben haben. Über die politische »Demokratie« erfährt man nichts als Phrasen, und nichts erfährt man über die soziale Organisationsform der Produktion. Für die Marxisten außerhalb ergibt sich ungefähr die Stellung wie die Marxens zur deutschen Sozialdemokratie. Positiv kritisch.
Inzwischen ficht der Kapitalismus als Imperialismus und Trustkapitalismus seine ökonomischen Kämpfe in nationalen Einheiten aus. Diese nationale Form tritt nicht ab, bevor sie ihr äußerstes getan hat (auch zur Entwicklung der Produktivkräfte, die sie jetzt in Destruktivkräfte verwandelt).

. 2. 39
Über Korschs »Marx«, den er hier entwarf und der jetzt englisch herausgekommen ist, komme ich wieder auf die Frage *Formalismus*. Im Vergleich zu *Lenins* kurzem Abriß »Marx« ist das ausgezeichnete Buch Korschs doch ein wenig formalistisch. Sehr auf das Schematische aus, die Methode, die herausgezogen ist. Sie wird nicht im Betrieb gezeigt, nicht in der Anwendung. Ihr historischer Geburtsort wird nicht gezeigt. Es wird z.B. gesagt: Marxismus ist nicht nur, weil Hegel und Ricardo nicht ausreichten, sondern (hauptsächlich) weil es das Proletariat gab. Das wird aber nicht gezeigt. Usw.
Den literarischen Formalismus haben wir auch nicht politisch be-

stimmt, also gar nicht bestimmt. Unsere *Lukács'* leiten ihn simpel von der décadence ab. Die literarischen Avantgardisten sind dekadente Bourgeois, fertig. Man muß also von ihnen absehen und bei den Klassikern lernen. Nirgends wird auf den Formalismus der Demokratien und Faschismen hingewiesen. (Die Ankurbelung der Produktion – von Destruktionsmitteln, die Liquidierung des Klassenkampfs statt der Klassen usw.) Der Zerfall der Erzählung wird einfach als purer Zerfall betrachtet. Die *Montage* etwa gilt als Kennzeichen der décadence. Weil durch sie die *Einheit* zerrissen wird, das *Organische* abstirbt! Natürlich könnte man auch die Montage konkret studieren. (Etwa *Ivens* Film »Zuidersee«, der die Gewinnung fruchtbaren Bodens zeigt und dann die gleichzeitige Destruktion von Bodenfrüchten an anderen Orten.) Eine andere Sünde ist der *innere Monolog*. Niemals hat man einen solchen untersucht und seine tatsächliche Fehlerhaftigkeit aufgedeckt (man könnte den der Frau im »Ulysses« und den Hitlers in »Die Rede« aus Heinrich Manns »Mut« nehmen). Dann hätte man ihn zwar nicht ohne weiteres über Bausch und Bogen als Kunstmittel erledigt, wohl aber in concreto die Fehlerhaftigkeit gezeigt. Denn natürlich muß diese reine Einfühlung ungeheure Fehlerquellen haben. Natürlich gibt es so etwas wie eine leere Selbstbewegung der Form, rein formale Befriedigung echter Bedürfnisse, Vergewaltigung der Fakten durch verallgemeinernde Behandlung usw., aber man kann auch formale Fragen formalistisch behandeln, und das geschieht bei den Lukács'. Nach diesen Murxisten ist es dann so: Die bürgerlichen Realisten hatten einen unvollständigen Realismus, hatten noch Idola; lassen wir die weg, und alles ist in Ordnung. Ihre Fakten werden akzeptiert und neu geordnet. Marx ist der mit den richtigen Folgerungen versehene Ricardo, nichts weiter. Scholochow der von einigen Scheuklappen befreite Balzac. In Wirklichkeit haben die Scholochows nicht die Spur von Balzacs Materialismus (einem merkwürdigen Gebräu von Romantik, Faktenhunger, Sammlerwahn, Spekulation usw.) und unzählig mehr Scheuklappen. Auch die Anempfehlung des Studiums der bürgerlichen Realisten ist ganz und gar formalistisch, da es nicht verbunden ist mit einer tiefgehenden Kritik derselben.

19. 2. 39
Die Emigration schläft, aber unruhig. Da sind einige Alpdrücke. Daß Hitler das Kleingeld doch nicht ausgeht, daß der falsche Papst

gewählt wird, daß Churchill schlappmachen könnte. Das Pferdchen, auf das man am liebsten setzt, der Favorit, ist die »Friedenssehnsucht des deutschen Volkes«. Chamberlain, der auch diesen Traum hat, rüstet wenigstens (für alle Fälle) kräftig auf dabei. Nun besteht tatsächlich eine Furcht vor dem Krieg in Deutschland, aber das ist für das Regime doch nur eine psychische Erscheinung ohne Fundierung, durch Propaganda zu überwinden. Es hat da gute Gründe und Trümpfe in der Hand. Aus meinen *Caesar*-Studien sehe ich, wie leicht die schnell verlumpende römische Plebs in Eroberungskriege zu bringen war. Und die Arbeiterschaft? Sie hat viel geschluckt für die Beseitigung der Arbeitslosigkeit. *Kein* Krieg bedeutet Arbeitslosigkeit, wird das Regime sagen (mit Recht). Was dem Regime, das sehe ich immer mehr als alter Erforscher des *Tuismus*, diesen Anschein der Intelligenz verleiht, ist der Umstand, daß es konsequenter Spätkapitalismus ist, indem es pariert, macht es konsequente Politik, daher die »nachtwandlerische Sicherheit«! Die Kritik Hitlers an der Sozialdemokratie und dem Frankfurtismus (in seiner letzten Rede) ist ausgezeichnet. Ohne die Produktion zu verändern, wollten die Dummköpfe die Konsumtion verändern! Dann bauen sie eine riesige rationalisierte Industrie auf in einem politisch entmachteten Land und treiben Friedenspolitik! Und Hitler ist nun konsequent: die Grenzen, welche von den Waren nicht überschritten werden können, werden von den Tanks überschritten. Welches auch Waren sind (sowie die sie bedienenden Arbeitskräfte). Die Tuis sind verstört.

26. 2. 39

Die »Philosophie der Geschichte« dieses Hegel ist ein unheimliches Werk. Seine Methode gestattet ihm nicht nur, das Positive und Negative jeder geschichtlichen Erscheinung zu sehen, sondern auch diese Polarität zur causa der Entwicklung zu gestalten. Ungeheuer die Schilderung des Formalismus der Verfassung unter den Kaisern, wo der Reichtum »nicht die Frucht der Industrie« war. Wie großartig, auf ein paar gedrängten Seiten, die Drehpunkte erscheinen. Etwa, wie die Gracchen sich bemühen, »Italien, statt mit Sklaven, mit Bürgern zu bevölkern«. Unter den Caesaren ist es *ent*völkert! Und wie der innere Gegensatz unter *Caesar* nach außen verlegt wird, das Reich gegründet wird, das »dem Druck der Abgaben und der Plünderung erlag«! Und man vergleiche in der *Einleitung* die Erwähnung Caesars, des »Geschäftsführers des Weltgeistes«! In diesen »Seelenführern« treten den Klassen, tritt hier in diesem Seelenführer dem verlumpten Senat und der verkommenen Plebs unwiderstehlich ihr eigener innerer Geist gegenüber! Und nachdem »aus der Zerrüttung des Staats diese kolossalen Individualitäten hervorgegangen sind«, werden die individuellen Züge der Caesaren derart unbedeutend, daß es heißt, »unter dem rohesten und verabscheuungswürdigsten Tyrannen (Domitian) habe die römische Welt ausgeruht«. Ich bin mit dem »Caesar« nicht mehr weitergekommen, wollte ihn schon für unverständlich halten. Jetzt bekomme ich Zuzug: Gretes Schwester, Frau eines Metallarbeiters, ist aus Deutschland hier. Sie liest in einem einzigen Abend das zweite Buch und findet es hochinteressant. Ausgefragt von Grete, zeigt sie, daß sie so ziemlich alles verstanden hat. *Benjamin* und *Sternberg*, sehr hochqualifizierte Intellektuelle, haben es nicht verstanden und dringend vorgeschlagen, doch mehr menschliches Interesse hineinzubringen, mehr von altem Roman! Und dann ist noch Steff da, der auf einer Fortsetzung besteht. Das sollte ausreichen.

5. 3. 39
Interessant die neuere »realistische« amerikanische Literatur. (*Cain*, *Coy*, *Hemingway.*) Diese Leute protestieren gegen die landläufige Beschreibung gewisser Milieus, spekulieren auf den Neuigkeitsreiz der »unbefangenen« Beschreibung. Es bleibt alles sehr beim Formalen. Am Anfang steht das Filmerlebnis (und am Ende steht Hollywood). Der Film hat, besonders als Stummfilm, unerwartet viel Handlung gebraucht (expression verschlungen). Die Psychologen kamen damals auf den behaviourism, die Psychologie vom Kameraauge aus. Die Literatur holt jetzt auf. Aber es handelt sich bei diesen *hard boiled men*, also Kaltschnäuzigen, schließlich um Herstellung von hot stuff, sie müssen Emotionen erzeugen, Mitglieder des großen Emotionsracket, die sie sind. Sie fallen also, was am bequemsten, auf die emotions als Treibkräfte zurück. Sie geben dem man in the street, dem Newdealtyp Roosevelts, Garagenmechaniker, Landarbeiter, Reporter einen neuen Motor von je zehn Pferdestärken, samt den entsprechenden Bremsen. Der hochtourige Kleinbürger, eine romantische Natur ersteht. Eigentlich ist es der ganz und gar ausgepowerte (high strung), durch die Rationalisierung zum second spirit gebrachte, keuchende, von der Arbeitslosigkeit bedrohte, mit letzter Kraft rivali-

sicrende arme Teufel, der da als Held und Kraftmeier auftritt, daß die Bühne einbricht.

15. 3. 39
Vor ein paar Tagen habe ich den alten Entwurf von »Der gute Mensch von Sezuan« wieder hervorgezogen (in Berlin begonnen als »Die Ware Liebe«). Es existieren fünf Szenen, vier davon sind zu brauchen. Es ist Scharadenarbeit, schon der Umkleide- und Umschminkakte wegen. Ich kann aber dabei die epische Technik entwickeln und so endlich wieder auf den Standard kommen. Für die Schublade braucht man keine Konzessionen.
Interessant, wie sich bei diesen dünnen Stahlkonstruktionen jeder kleinste Rechenfehler rächt. Da ist keine Masse, die Ungenauigkeiten ausgleicht.

Das *Reich* vergrößert sich. Der Anstreicher sitzt im Hradschin.

Aus den Briefen, 1939

An Henry Peter Matthis

Svendborg, 4. März 1939

Lieber Herr Matthis,
Ruth Berlau hat mich von Ihrem freundlichen Brief in Kenntnis gesetzt; ich danke Ihnen sehr dafür. Natürlich bin ich sehr gern bereit, eine Serie von Vorträgen über die Themen *Volksbühne, Laientheater* und *experimentelles Theater* zu halten, besonders wenn die Möglichkeit besteht oder entstehen könnte, solche Vorträge oder Diskussionen mit praktischen Kursen zu verknüpfen. Helene Weigel, meine Frau, könnte mich dabei ausgezeichnet unterstützen. Folgendes schiene mir dann aber nötig: Wenn wir auch den Zeitpunkt für den Beginn der Vorträge im Augenblick noch nicht bestimmen wollen, so wäre es doch richtig, meiner Frau und mir die Möglichkeit, die Grenze zu übertreten, sogleich zu verschaffen, so daß dann nicht daran alles scheitern kann. Wie ich höre, benötigen wir dazu Grenzempfehlungen, am besten von im öffentlichen Leben stehenden Persönlichkeiten. Ich glaube, wir bekämen die Erlaubnis, wenn Sie dem schwedischen Konsulat in Kopenhagen mitteilen könnten, welche Leute mich in Schweden haben wollen.
Darf ich Ihnen sagen, daß ich Ihre und Herrn Brantings Idee, dieses Komitee zu gründen, jetzt in dieser Zeit, wo jedem freien geistigen Austausch immer mehr ganz mittelalterliche Schranken gesetzt werden, außerordentlich finde?
Haben Sie vielen Dank und übermitteln Sie bitte auch Herrn Branting meinen Dank!

Herzlich Ihr
bertolt brecht

An Henry Peter Matthis

Svendborg, Ende März 1939

Lieber Henry Peter Matthis,
anbei die Abschrift unserer Pässe, bestätigt durch das schwedische Konsulat. Der Konsul meinte, dies sei, was benötigt werde. Er war sehr freundlich.
Einen neuen Paß für meine Frau habe ich heute beantragt. Im Ju-

stizministerium wurde uns zugesagt, daß der Antrag so schnell wie möglich behandelt wird.
Haben Sie *vielen* Dank.

Herzlich
Ihr
bertolt brecht

Hoffentlich werden die schwedischen Visa auf eine *so lange Dauer wie möglich* ausgestellt! Und ich hoffe, die Sache erleidet nicht großen Aufschub dadurch, daß Helenes Paß abläuft! Der hiesige Konsul hielt es für möglich, daß das Visum auf Helenes *alten* Paß ausgestellt wird!

An Henry Peter Matthis

Svendborg, Skovsbostrand
5. April 1939

Lieber Henry Peter Matthis,
eben bekomme ich die Verlängerung meiner Aufenthaltsgenehmigung in Dänemark. Sie lautet auf sechs Monate, also bis 1. 10. 39. Meine Frau (Helene Brecht) bekam für ihren abgelaufenen deutschen Paß ein Identitäts-Certifikat (für Flüchtlinge aus Deutschland) Nr. 175, das gültig ist bis 27. 9. 1939, das zur Wiedereinreise nach Dänemark berechtigt. Das Certifikat ist gültig für alle Länder ausgenommen für Spanien. Es ist ausgestellt vom Chef der dänischen Staatspolizei.
Ich glaube, daß Sie dies den schwedischen Behörden mitteilen müßten. Ich war mit den beiden Papieren auf dem schwedischen Konsulat in Kopenhagen und man sagte mir dort, ich solle Ihnen dies mitteilen. Vermutlich bekämen dann Sie, falls die Einreise genehmigt wird, den Auftrag unter der Voraussetzung, daß diese Angaben stimmen, das Visum auszustellen. Es sei deshalb kaum nötig, eine beglaubigte Abschrift der Papiere nach Schweden zu schicken.
Ich wäre Ihnen sehr dankbar, wenn Sie die Ausstellung des Visums möglichst beschleunigen könnten, damit wir disponieren können. Die dänische Polizei war ungemein entgegenkommend, hat alles sehr beschleunigt und die Aufenthaltsdauer auf nicht weniger als sechs Monate ausgestellt, damit das schwedische Visum auf drei bis vier Monate ausgestellt werden kann, ohne daß unsere däni-

sche Aufenthaltserlaubnis vor Ablauf des schwedischen Visums abläuft.

Sehr herzlich Ihr
bertolt brecht

An Henry Peter Matthis

Kopenhagen, Anfang April 1939

Lieber Henry Peter Matthis,
ich bekam heute mittag die Visa und es ist dadurch eine große Last weggenommen. Glauben Sie mir, daß ich Ihre Arbeit dafür sehr hoch anschlage und genau weiß, wieviel Mühe so etwas kostet und wie sehr so eine Bemühung mit Ämtern einem die produktive Arbeit unterbricht. Herzlichen Dank.
Nun zum Vortrag. Branting hat depeschiert, daß das Datum auf den 20. April angesetzt ist. Verstehen Sie nun richtig: wenn es für Sie und das Komitee nötig ist, daß ich schon am 20. komme, tue ich das. Wenn es nicht unbedingt erforderlich ist, käme ich unendlich lieber etwas später. Ich könnte nicht nur meinen Vortrag besser vorbereiten (die letzte Zeit war sehr unruhig, wie Sie sich denken können), sondern auch meine Svendborger Angelegenheiten in Ordnung bringen. Durch das Visum habe ich ja die Möglichkeit, jederzeit, falls besondere Ereignisse eintreten, abzufahren.
Nach diesen Ostern breche ich meinen Aufenthalt in Fünen endgültig ab. Ich habe mein kleines Haus zum Verkauf ausgeschrieben, die Formalitäten sind natürlich zeitraubend. Dann ist das Packen der Bücher und Möbel und die Papiere für die Kinder müssen in Ordnung kommen. Sie sollen zunächst nach Kopenhagen, da ist wenigstens ein Sund weniger zu überqueren. Ich schreibe Ihnen solche Details, damit Sie sehen, wie es steht. Aber noch einmal: ich möchte auf keinen Fall das Komitee enttäuschen. Wenn es durch eine Verschiebung des Vortrags Schwierigkeiten und Unstimmigkeiten gäbe, komme ich unbedingt. Sie müßten mir das nur schnell mitteilen.

Mit herzlichstem Gruß, auch an Georg Branting
Ihr
bertolt brecht

Bitte schreiben Sie mir an Ruth Berlaus Adresse, da bekomme ich die Post am schnellsten ausgehändigt.
Vielen Dank für das Buch!

An Knud Rasmussen (d.i. Fredrik Martner)

Stockholm, Lidingö
Mai 1939

Lieber Knud Rasmussen,
vielen Dank für die Übersendung der Übertragungen. Sie sind mir so sehr nützlich.
Wir sind wieder auf einer kleinen Insel gelandet: Lidingö, fünf Kilometer von Stockholm. Das Haus ist geräumig und die Leute sind freundlich. Den Vortrag, den ich bei der Studentenbühne hielt, schicke ich Ihnen, sobald Grete ihn abgeschrieben hat. Er ist ein wenig allgemein gehalten, aber wie ich glaube, ermöglicht er ein erstes Verständnis des Prinzipiellen.
Wie ich annehme (die schwedischen Zeitungen machen mir noch etwas Mühe und bis zur Ankunft der Kisten ist die schreckliche, die radiolose Zeit), werden Sie bald Hitlers Versprechen haben, nicht angegriffen zu werden. Dem wird ein Versprechen folgen, Sie zu schützen, auch vor Ihnen selber, was am besten im Konzentrationslager geschehen kann. Ja, regeringerne skriver ikke-angrebspagter...
Ein ganz interessantes Buch französischer Gelehrter, die Marxismus studieren: »Die Wissenschaft im Lichte des Marxismus«, 1937, Jean Christophe Verlag Zürich.
Lassen Sie, bitte, von sich hören, da ich Anhänger der skandinavischen Union bin, betrachte ich uns immer noch als Landsleute.

Sehr herzlich Ihr
alter
brecht

Aus dem Journal

Schweden, 1939/40

23. 4. 39
Reise nach Stockholm, der Kriegsgefahr wegen. Visum beschafft durch schwedisches sozialdemokratisches Komitee (Branting, Ström usw.) für Vortrag in der Studentenbühne Stockholm. Land Nr. 3.
Ruth besorgt in Kopenhagen den Druck der »Svendburger Gedichte« vermittels einer Subskription. Wielands Prager Satz ist (zusammen mit dem von »Furcht und Elend« und den »Gesammelten Gedichten«) verloren.

4. 5. 39
Vortrag in der Studentenbühne Stockholm. »Experimentelles Theater«. Die Arbeit scheint ganz brauchbar. Natürlich sind keine so bewußten Fragen gestellt und keine so zielstrebigen Experimente gemacht worden, wie der Aufsatz vielleicht glauben läßt. Die epischen Elemente brachte ich schon mit »ins Geschäft«. Vom *Karl-Valentin*-Theater, dem Freiluftzirkus und dem *Plärrer.* Dann war da der Film, besonders der Stummfilm der Frühzeit, der noch nicht vom Theater die Drrrramatik kopierte. (Chaplin.) In den auftauchenden Schwierigkeiten des lehrhaften Theaters stellte sich dann dieser »Stil« zur Verfügung und wurde modifiziert. Der Vortrag gibt die Entwicklung von außen wieder, läßt die Experimente Reflexionen anstellen, Ziele verfolgen usw. Zum Aufsatz »Über eine neue Technik der Schauspielkunst« ist er eine gute Einleitung.

25. 5. 39
Diskussionen mit einem emigrierten deutschen Schauspieler Greid, der hier bei den Sozialdemokraten Spieltruppen organisiert, aber den Kommunisten nahesteht. Er hat ein Buch über Dialektik und – Optimismus geschrieben. Ins Denken gefallener Kleinbürger mit ethischen Interessen. (Selbst finanziell gesichert durch wohlhabende schwedisch-jüdische Frau.) Will an ethische Bedürfnisse anknüpfen. »Diesen Leuten etwas geben.« Seitenlange Engels-Zitate. »Wo ist das Positive des Marxismus?« Es wird im Ethischen gesucht. Frage interessant, wenn konkretisiert. Un-

sere Haltung zu den Kleinbürgern ganz und gar jämmerlich. Einerseits Beschwichtigung: Marxisten nicht so schlimm – wie von Hitler geschildert. Andrerseits Verzicht auf Lösungsvorschläge. Immerhin sind im letzten Jahr etwa 800 000 Handwerker ausgekämmt worden: als konkurrenzunfähig und als in den Fabriken fehlend. (Und in den letzteren wird der Zehnstundentag eingeführt.) Die Landflucht nimmt immer mehr zu. Da hätten wir Positives genug zu geben. Die ethischen Bedürfnisse dieser Schichten brauchen nicht rein ethisch befriedigt zu werden. Die Befriedigung ihrer materiellen Bedürfnisse ist durchaus ethisch genug. Interessant, wie dieser Mann die Dialektik auffaßt: ihn beschäftigt nur die dritte Stufe. Alles Geschehen verläuft in der bekannten »Spirale« nach oben. 3 = 1 plus 2. Eine Aussöhnung der Gegensätze mit »Akzentverschiebung«. Deutlich wird die Kleinbürgersträhne der Engelsschen Naturphilosophie. Sozial sieht das dann so aus: ohne Befriedigung der materiellen Bedürfnisse keine Ethik, das wird akzeptiert. Aber: die Ethik zur Befriedigung dieser Bedürfnisse wird nicht akzeptiert. Die materiellen Bedürfnisse als ethische, die ethischen als materielle wird nicht verstanden. Für das Buch der Wendungen allerhand Material.

Mai 39, *Pfingsten*
Stockholm. »Rede an Arbeiterschauspieler über die Kunst der Beobachtung«. Anläßlich von Sitzungen zur Gründung einer Amateurtheatergruppe für die sozialdemokratischen Gewerkschaften.
Grübelei über den »Guten Menschen«. Wie kann die Parabel Luxus bekommen? Wie kann der Eindruck der Milchmädchenrechnung vermieden werden? Dem Ausgerechneten entspricht das Niedliche. Das Mädchen muß eine große, kräftige Person sein, die Stadt muß eine große, staubige, unbewohnbare Stadt sein. Das Handicap ist: zuviel Handlung. Kein Platz für Abschweifung und Umweg. So ist alles zu sehr rationalisiert. Dramatischer Taylorismus. Nebenbei muß die Gefahr der Chinoiserie bekämpft werden. Gedacht ist eine chinesische Vorstadt mit Zementfabriken usw. Da sind noch Götter und schon Flugzeuge. Vielleicht soll der Liebhaber ein arbeitsloser Flieger sein?

15. 7. 39
Immer noch über dem »Guten Menschen«. Erste Szene wieder umgearbeitet. Die Hauptsache war es, auch in den bösen Lao Go Entwicklung hineinzubringen. Dann wurde das Stück zu lang. Meine Zeitzettel für die Szenen zeigten schreckliche Verspätungen. Nun sind Fünfstundenstücke für den Dreistundentag nicht zu lang, insbesondere, wenn sie episch, d.h. nicht anstrengend sind. Aber jetzt sind zweieinhalb Stunden genug.
Das Haus ist ideal. Es liegt auf Lidingö, von zwei Seiten geht Tannenwald heran. Das Arbeitszimmer, bisher ein Bildhaueratelier, ist sieben Meter lang, fünf Meter breit. Ich habe also viele Tische.
Steff brachte einen Band von Karl Sandburg, Chicagopoems, und übersetzte aus dem Schwedischen, mit Vergnügen und geschickt. Gute Sachen, mit Verbindung zu chinesischen Formen.
Ab und zu sind emigrierte Wissenschaftler hier. Ich versuche, sie zu einem Schlagwörterbuch des Faschismus zu bringen.

1. 9. 39
Früh 8 Uhr 45. Deutschland warnt alle Neutralen, das polnische Staatsgebiet zu überfliegen. Hitler an die Wehrmacht. Dazwischen die melancholische Marschmusik, mit der die deutschen Militaristen ihre Schlächtereien einleiten.
Gestern abend richtete ein englischer Frontsoldat, natürlich Offizier, eine Rede an die deutschen Frontsoldaten des Weltkriegs. Schluß: »... sonst werden wir die Beherrscher Deutschlands lehren, mit den Nachbarvölkern anständig und ehrenhaft zu verkehren. Gute Nacht.«
Dann Jazz, bei den Deutschen Märsche.
Der Neutralitätspakt mit der USSR gestern abend ratifiziert. Von nun an bedeutet für England die Preisgabe Polens nicht mehr die Erleichterung für einen Hitlermarsch nach Osten, sondern die Preisgabe eines Verbündeten im Rücken Deutschlands. Prompt erfolgte Versteifung Englands und Allianz mit Polen. Sie meinen den Kampf ohne die USSR leichter führen zu können (der Kuhhandel wäre mit einer Scheinallianz leichter zu führen gewesen). Für die Dominions und Amerika wird das stimmen.

Hitlers Rede im Radio auffallend unsicher (»Ich bin entschlossen, entschlossen zu sein«). Stärkster Beifall, als er davon spricht, daß

Verräter nichts zu erwarten haben als den Tod. Das ist die Clique, der gang, der Fremdkörper, der den Krieg beginnt ohne Gott und mit Brotkarte. Ein Blanquismus auf nationaler Basis.

Schon am Abend wird im englischen Radio die Kriegsschuldfrage angeschnitten. Die Deutschen hören eben noch (vor der eiserne Vorhang niedergehen wird), daß die »überraschend großzügigen Vorschläge« Hitlers überhaupt nicht überreicht wurden.
Dann wieder im deutschen Radio die Militärmärsche, die Stimmung für das Sterben machen, im englischen Anweisungen für die Bevölkerung, die Evakuierung von 3 Millionen Menschen aus London.
Grete schüttelt den Kopf über die »Berliner«, die nur Sandsäcke auf den Treppenabsätzen haben, um Brandbomben löschen zu können.

Mittags Lunch im Stadthaus für Thomas Mann. (Ström, der Lord-Mayor, Ljungdal, Edfelt, Matthis.) Mann ist gegen die Schützenhilfe der USSR für Hitler. Erika Mann, seine Tochter, findet den Pakt logisch und verständlich, ist aber gegen die Behauptung, er diene dem Frieden.

3. 9. 39
Erst abends dämmerte allen die furchtbare Wahrheit. Da kamen die englischen Radioberichte über die Unterhaussitzung. Ein ungeheuerliches Schauspiel, allerdings nur der erste Akt davon, der mildeste. Die deutsche Regierung will den Krieg, das deutsche Volk nicht. Die französische und englische Regierung will den Krieg nicht, das französische und englische Volk wollen ihn, Hitler zu stoppen.

4. 9. 39
Ich war ziemlich überzeugt von einem englischen Rückzug in letzter Minute. Churchill scheint es aber dann geschafft zu haben. Die Frage ist jetzt, ob sie auch Krieg führen werden. Wahrscheinlich wird ihr Apparat sehr schwer in Gang kommen. Hitler wird im Osten bald ein fait accompli geschafft haben, und dann wird vielleicht doch verhandelt. Juristisch herrscht in Polen jetzt Frieden und wird gekämpft, während im Westen der Krieg erklärt ist und Frieden herrscht.

5. 9. 39 (Dienstag)
Gespenstig, dieser Krieg, der nicht geführt wird! In der schwedischen Presse immer noch kein Wort darüber, daß im Westen kein Gewehrschuß gefallen ist. Vier Bomben englischer Bomber auf Wilhelmshaven, nach deutschen Meldungen. Bombardiert, »von unbekanntem Plan« Esbjerg! Und ein englischer Passagierdampfer westlich der Hebriden torpediert! Abgeschmissen über Westdeutschland nur Flugblätter. Und von überall laufen die Neutralitätserklärungen ein, die Hitler zu isolieren scheinen, aber nur seinen Vernichtungskrieg gegen Polen isolieren. Der andere Gangster sitzt lächelnd an der Achse und spielt neutral, »um den Krieg nicht zu vergrößern«. Den Krieg, der ganz klein ist. Denn auch der polnische Krieg besteht nur aus einem Einrücken der Deutschen. Polen schlägt sich überhaupt nicht. Alles wird für eine Konferenz reif gemacht: Hitler erobert genug, um *zurück*gehen zu können auf seine Forderungen.

7. 9. 39
Einigen Leuten beginnt es zu dämmern, daß das ein merkwürdiger Krieg ist. Die französische Heeresleitung behauptet, sie habe in der Gegend von Saarbrücken Fühlung mit dem Feind genommen. Die Deutschen dementieren solche Greuelmärchen. Die Engländer werfen Flugblätter ab, verletzen dabei Hollands Neutralität und werden niemals beschossen. Mussolini schweigt. Aber wie soll man an den Verrat glauben, wenn da noch kein Kaufpreis sichtbar wird? Die Deutschen behaupten immer bestimmter, daß die Russen Militärabmachungen mit ihnen treffen. Der Unsinn wird natürlich gern kolportiert.
Tatsächlich wird durch den deutsch-russischen Pakt zunächst die Luft klarer. Man hat einen Krieg zwischen imperialistischen Staaten. Man hat Deutschland als Angreifer und Kriegsbrandstifter. Man hat einen aggressiven Kapitalismus gegen einen defensiven. Die Mittelmächte brauchen den Krieg, um zu erobern, die Westmächte brauchen ihn, um Erobertes zu verteidigen. Man hat soviel Barbarei, als zur Aufrechterhaltung barbarischer Zustände nötig ist. Eine Teilnahme am Krieg wäre für die USSR nur auf der westlichen Seite möglich, wäre aber mehr »staatlich«, gliche mehr dem Umfall der sozialdemokratischen Parteien im Weltkrieg, wäre mehr Machtpolitik, Beteiligung an kapitalistischen Auseinandersetzungen als das Fernbleiben.

Die Parolen werden besser jetzt, scheint mir. Die englische Labour hat schon »mit Chamberlain, aber nicht für Chamberlain«. Die Deutschen können haben »gegen Hitler, aber nicht für Chamberlain« usw. Und die USSR kann warten, bis es *Völker* gibt, mit denen sie sich verbünden kann. Anstatt nur Regierungen. Tatsächlich geht sie dadurch ein großes Risiko ein. Die mögliche Generaleinigung zwischen den kapitalistischen Staaten wird noch möglicher.

9. 9. 39

Die Deutschen haben Warschau besetzt. Der Feldzug hat acht Tage gedauert, die Westmächte haben, wie Hitler es voraussah, nicht eingegriffen. Aber Hitler ist verloren, wenn die Westmächte keinen Kapitulationsfrieden schließen (was sie aber tun werden). Sein Krieg ist abgeschnürt, er kann nur noch durchbrechen oder verhungern. Freilich, mit Flugzetteln Chamberlains wird die Revolution in Deutschland nicht gemacht. Ein kindischer Illusionismus, wenn es nicht einfach Augenwischerei wäre! Eine schwedische Zeitung berichtet, daß man nur nach Siegesberichten in Berliner Restaurants wieder mit »Heil Hitler« grüßen hört.
Große Verwirrung richtete natürlich der deutsch-russische Pakt an bei allen Proletariern. Die Kommunisten behaupteten sofort, es sei ein Respekt verlangender Beitrag der Union zum Frieden. Allerdings brach kurz darauf – einige Stunden darauf – der Krieg aus, und Hitler begründete die Möglichkeit seiner Führung in großen Aufrufen mit diesem Pakt. Nun mag es sein, daß die Union annahm, die Westmächte würden niemals wegen Polen einen Krieg führen. Heute, am achten Tag, ist diese Annahme noch nicht widerlegt. Tatsächlich würde jetzt die Union mit Polen allein Deutschland gegenüberstehen, denn der Westen kämpft nicht. Möglich auch, daß Polen dann niemals sich zur Wehr gesetzt hätte. Die Chamberlain-Konzeption (Hitler soll gegen die Union geleitet werden) hätte dann triumphiert. Jetzt aber wird womöglich Polen ohne großen Krieg unterworfen, und Polen ist im Osten, nicht im Westen. Und die Union trägt vor dem Weltproletariat das fürchterliche Stigma einer Hilfeleistung an den Faschismus, den wildesten und arbeiterfeindlichsten Teil des Kapitalismus. Ich glaube nicht, daß mehr gesagt werden kann, als daß die Union sich eben rettete, um den Preis, das Weltproletariat ohne Losungen, Hoffnungen und Beistand zu lassen.

11. 9. 39
Herbert George Wells veröffentlicht die Rede, die er auf dem PEN-Klub-Kongreß hat halten wollen. Wirklich, was für ein Gebirg von einem Spießer! Er betrachtet die Hitler und Mussolini einfach als Schriftsteller. Und findet sie dumm. Als ob nicht literarische Talentlosigkeit den Klügsten daran hindern könnte, in einem literarischen Werk klug zu erscheinen! *Wells* selber ist das Gegenbeispiel. Vermittels einer gewissen Fixigkeit literarischer Art vermag er ohne weiteres den Eindruck gesunden Menschenverstands zu erwecken.
Ich komme ins Stocken bei der Arbeit an der *Parabel.* Sie fließt nicht voll. Vieles ist zu spitzfindig, das Ganze besteht noch aus Stellen. Schönen, realistischen, scharfsinnigen – und anderen.
Kleinen Aufsatz über Fotos geschrieben, die ich, während die *Santesson* an einem Kopf Hellis arbeitete, machen ließ. Man sieht da die Stadien der Knetarbeit. Lehrreich für Dialektiker. Tatsächlich kommt am Schluß etwas eigentümlich Gutes heraus: der Kopf darf seine Widersprüche unausgeglichen behalten.

18. 9. 39
Der sowjetrussische Einmarsch in Polen, eingeleitet durch einen sensationellen »Prawda«-Artikel, in dem der militärische Zusammenbruch Polens auf die Unterdrückung der Minoritäten zurückgeführt wurde, erweckte zunächst die Angst, die USSR könnte in einen Krieg an der Seite Deutschlands geraten. Anscheinend ist das nicht der Fall. Dann natürlich ist die Einbuße Hitlers gewaltig. Der Balkan kann neutral gehalten werden. Hitlers Zugang zu Rumänien ist abgesperrt. Ungarns Neutralität ist etwas gestützt. Auch Italien ist in Schach gehalten. Das Hitlersche Kriegsziel in Polen kann nicht mehr erreicht werden. Außerdem wird Hitler für die deutsche Bourgeoisie immer verdächtiger. Und die Arbeiter werden immer mehr die einzigen unterschriftsfähigen Partner der USSR, jene Klasse, die das Bündnis wirklich abschließen kann. (Ein Krieg mit der USSR wäre schrecklich gewesen. In Stockholm läßt sich die Parole »Die USSR muß durch Krieg gegen Deutschland die Deutschen von Hitler befreien« weit ungenierter verkünden als in Berlin.) Trotzdem ist es sehr schwer, sich an die nackte Realität zu gewöhnen, das Zerfetzen aller ideologischen Verhüllungen. Da ist die vierte Teilung Polens, die Aufgabe der Parole »Die USSR braucht keinen Fußbreit fremden Bodens«, die Aneig-

nung der faschistischen Heuchlereien von »Blutsverwandtschaft«, Befreiung der »Brüder« (slawischer Abstammung), der ganzen nationalistischen Terminologie. Das wird zu den deutschen Faschisten hingesprochen, aber zugleich zu den Sowjettruppen.

19. 9. 39
In einer eigentümlich napoleonischen Form ging der sowjetrussische Einmarsch in Polen vor sich. Da gab es keinerlei Kriegspropaganda voraus, keine Vorbereitung der »Öffentlichkeit«, keine Räte, die etwas beschlossen oder genehmigten. Die Regierung verfügte. Meetings im ganzen Land begrüßten die Verfügung. Die Kommuniqués sind auf nationale Töne abgestimmt. Im Schatten großer Kämpfe werden zwei Provinzen besetzt, die zum russischen Reich gehörten.
Diplomatische Rücksichten? Ein Riesenreich hört, bevor sich eine Riesenarmee in Bewegung setzt, nur, was Europa, das kapitalistische, hören soll. Der Text ist wie von Hitler revidiert. Und doch wird *ihm* sein Kriegsziel entrissen. Die Rote Armee marschiert in Europa ein.
Diejenigen Kommunisten, welche eine Kominternkonzeption sehen, sehen zunächst die Ausnutzung der imperialistischen Zwistigkeiten, die in durchaus staatlichen, nationalen Formen vor sich gehen muß. Die Komintern löst sich mit der Antikomintern zusammen auf. Die französischen und englischen Parteien haben nationale und humanistische Gründe für die Unterstützung ihrer Regierungen gegen Hitler angeführt und müssen jetzt in eine völlige Indifferenz zurückhasten. Aber es taucht auf die Perspektive auf Zerschlagung des englischen Imperiums während des Krieges. Es wird vielleicht nicht die Erschöpfung der kriegführenden Staaten abgewartet, die daraus resultierenden Aufstände ihrer Bevölkerung, sondern es wird sofort marschiert, während des ganzen Krieges, in allen seinen Phasen.

21. 9. 39
Das Gerede, das man überall hört, die bolschewistische Partei habe sich von Grund auf verändert, ist gewiß nicht richtig. Es ist eher das Unglück, daß sie sich nicht verändert hat. Immer noch, nach zwei Jahrzehnten Machtausübung ist ihr das russische Volk »der Hebel« für allerhand. Die Rote Armee jetzt zeigt deutlich diesen Hebelcharakter. Es mag die Weltrevolution sein, die da durch

den Hebel in Bewegung gesetzt werden soll, es mag weniger sein. Immer noch nicht entscheidet das Volk, die Masse, das Proletariat, sondern die Regierung entscheidet für das Volk, die Masse, das Proletariat. Es scheint Stalin unmöglich, den Krieg in einer revolutionären Weise zu eröffnen, als Volkskrieg, als proletarische Aktion, als Massenkrieg (was die Konkretisierung des *totalen Krieges* wäre). So und so weit hat er das Volk nicht, das und das Interesse hat das Volk »noch« nicht, oder erkennt es »noch« nicht.
Mit dem allergrößten Interesse muß man jetzt die Begegnung der roten mit der braunen Armee in Polen erwarten.

7. 11. 39
Ich habe für einen hiesigen Musiker (Rosenberg) einen Radiotext fertiggestellt, »Das Verhör des Lukullus«, sehr schnell. So ziemlich die Grenze dessen erreichend, was noch gesagt werden darf.
Mache mich an die Notierung der Erzählungen des Dr. Goldschmidt, des Chefarztes des Rothschildkrankenhauses in Wien, der hier sitzt. Schwierigkeiten, wenn er nicht erzählt (und Grete aufschreibt), sondern schreibt. Das Schreiben läßt dem Dilettanten nur eine einzige Geste von allen zurück, eben die des Schreibens. Merkwürdig, wieviel von etwas wie z.B. der Weisheit einfach im Gestus liegt! Goldschmidt gibt die Grundzüge des *Doktor Koch*, und den Rest tut vielleicht meine Erfindung der *Gederwei* (*Geduldserweiterung*).
Der Krieg zeigt einen merkwürdig epischen Charakter, er belehrt die Menschheit sozusagen über sich selbst, liest ein Kolleg, einen Text, zu dem Kanonendonner und Bombeneinschläge nur die Begleitung bilden. Seine ökonomischen Zwecke enthüllt er schamlos, indem er zu rein ökonomischen Mitteln greift. Auf die Eroberung der Märkte antwortet die Blockade, auf die Aufrüstung der Rohstoffeentzug. Die ideologische Verhüllung hat eine solche Dünne erreicht, daß sie die wirklichen Vorgänge nur noch um so schärfer hervortreten läßt. Im Gegensatz zum ersten Weltkrieg, wo die Klassen Burgfrieden hielten des nationalen Krieges wegen, stoppen jetzt die nationalen Kriege des Klassenkampfes wegen. Der Krieg ist tatsächlich »meaningless«.

13. 11. 39
Einige SAP-Mitglieder und Syndikalisten hier haben folgendes Bild: die größte Gefahr für eine deutsche Revolution ist Stalin. Die

Proletariate der Westmächte müssen ihre Regierungen gegen Hitler unterstützen, aber dafür sorgen, daß Deutschland nicht zerhackt wird und vor allem nicht Rußland in die Hände fällt. Rußland würde aus Deutschland eine Kolonie machen, um den Standard der russischen Bauern und Arbeiter zu heben – oder eben der Klassen, die dort herrschen. Vom russischen Proletariat ist am wenigsten zu erwarten, die Hoffnung der Deutschen besteht in der englischen Labour und den Blumsozialdemokraten. Sollten die Russen am Ende des Krieges in Deutschland noch gegen Hitler und die Westmächte eingreifen, wäre die Stellung der Sozialisten an der Seite der Westmächte.
Man sieht, es wird an eine Wiederholung von 1918 gedacht, nur daß jetzt eine kriegerische Haltung gegen die USSR dazukommt.
(Nach dieser Konzeption, die übrigens auch die Otto Strassers ist, wird dann alles aufgefaßt und konstruiert: England geht einer Entwicklung in sozialistischer Richtung entgegen, die Gewerkschaften werden mächtiger, kontrollieren schon jetzt die Kriegsproduktion, die Franzosen zeigen keinen Deutschenhaß im Gegensatz zu 1914, und die Proletariate der Westmächte werden vom Sieg ihrer Regierungen den größten Vorteil haben. Sie werden Deutschland vor jedem Zugriff bewahren und ihm noch Märkte usw. schenken. Eventuell auch Regenschirme.)

5. 12. 39
Man begegnet, auch in bürgerlichen Zeitungen, jetzt oft folgender Konzeption: Stalin ist bereit, an der Seite Hitlers gegen die Westmächte in den Kampf zu gehen. Die Diktatur in beiden Ländern bräuchte dabei nur die Funktion haben, die beiden Völker mit ihren so verschiedenen sozialen Systemen Schulter an Schulter zu bringen und zugleich die eigentliche Tuchfühlung, die für beide Systeme unerwünscht ist, zu verhindern. Natürlich müssen sich beide Partner gegeneinander ständig sichern. Einige drücken das so aus: Man bekäme eine erste Phase des Fortschritts, wenn »Staatskapitalismus« und »Staatssozialismus« zusammen die formaldemokratische, formalliberalistische Welt unter sich aufteilten. Die andere Konzeption, der man begegnet, ist die: Stalin sichert sich lediglich gegen den Sieger im imperialistischen Weltkrieg.
Natürlich kann die eine Konzeption in die andere übergehen.

8. 12. 39
Ich besitze:
ein chinesisches Rollbild »Der Zweifler«
3 japanische Masken
2 kleine chinesische Teppiche
2 bayerische Bauernmesser
1 bayerisches Jägermesser
einen englischen Kaminstuhl
kupferne Fußwanne, kupferne Krüge, kupferne Aschbecher
Messingwännchen
2 große Bretter von Neher, »Alter Mann« und »Baal«
6 Bretter von Neher »Die Maßnahme«
ein paar Abzüge »Der Herr der Fische« von Neher
eine silberne Whiskyflasche
eine Dunhillpfeife
Caesar in Schweinsleder
Lukrez alte Ausgabe
vollständige »Neue Zeit«
»Me-Ti« in Leder
alte hölzerne Bettstelle
graue Bettdecke
stählerne Taschenuhr
2 Bände der »Versuche«
einen Leica-Fotoapparat mit Theaterlinse
Gips- und Erzabgüsse meines Gesichts und Kopfes
Büste der Weigel von *Santesson*
eine Mappe mit Fotos
die Manuskripte der »Heiligen Johanna«, »Rundköpfe«, »Galilei«, »Courage«
2 Bände *Breughelbilder*
ein ledernes Taschennotizbuch
einen ledernen Tabakbeutel
einen schwarzen Ledermantel
einen alten runden Tisch

9. 12. 39
Der finnische Krieg kann bedeuten, daß die Russen sich vor dem Sieger im zweiten Weltkrieg, oder nur vor dem Bundesgenossen sichern wollen. 1) kann in 2) übergehen. Man kann kaum sehen, wie Rußland um ein Militärbündnis mit Deutschland herumkommen

könnte, wenn der finnische Krieg lang dauern sollte. Dieses Bündnis hätte wenig Chancen, es wäre ein reines Bündnis der Regime, durch welches das Hitlerregime in immer größeren Gegensatz zu den herrschenden Klassen in Deutschland geriete, ohne dadurch sich den beherrschten Klassen wirklich zu nähern. Selbstverständlich müßte die Sowjetunion alles versuchen, dem Bundesgenossen soviel wie möglich von ihrem wirtschaftlichen System aufzuzwingen. Hoffnungen in dieser Richtung mögen in der Union tatsächlich bestehen, eine solche Konzeption ist nicht undenkbar dort. Alle Äußerungen deuten sogar darauf hin, daß eine solche Konzeption zumindest als Notkonzeption ins Auge gefaßt wird.

10. 12. 39
Die beiden Parolen der Sowjetregierung für den Einfall in Finnland sind: 1) Die Finnen haben russisches Grenzgebiet betreten, also angegriffen. 2) Das finnische Proletariat soll befreit werden. Die Deutschen sprechen von der »natürlichen Expansion einer Großmacht«. Daß die Parole 1) nötig ist, beweist, wie weit entfernt die Russen von der Möglichkeit sind, dialektische Parolen zu geben. Sie müssen ihre Zuflucht zu primitiven Dramatisierungen des Sachverhalts nehmen. Der Vertrag mit der von der Sowjetregierung ernannten finnischen Volksregierung tritt der Auffassung entgegen, daß die finnischen Arbeiter und Bauern ihre nationale Freiheit gegen ihre soziale Freiheit eintauschen müssen, er dient als Argument und ist als solches schwach. Immer noch scheint das Gesetz Gültigkeit zu haben, daß die Regierungen bei Angriffs- oder Präventivkriegen sich von ihren Völkern entfernen, bei Verteidigungskriegen sich aber ihren Völkern nähern.
Die Schweden sind sehr aufgestört, der Kriegsaktivismus wächst jeden Tag, die Sozialdemokratie unterstützt ihn tatkräftig, ohne sich darum zu kümmern, daß sie ihre Positionen dadurch einbüßt. Schon erscheinen von rechts Aufrufe, die den Rücktritt der ganzen Regierung verlangen und »tüchtige« Männer fordern, die ungenannt bleiben. Es bilden sich Freikorps für Finnland, die auch Freikorps für Schweden sein können. Und niemand scheint nach Süden zu blicken, wo die eigentliche Gefahr ist.

24. 12. 39
Es ist für den »Caesar«-Roman von der größten Bedeutung, vom Standpunkt der Retroperspektive herunterzukommen. Natürlich

erscheint dem Geschichtsforscher immer der Abschluß als das Ziel, und beim Herbeischleppen der Motive passiert es ihm, daß er den Sektor des Geplanten unwillkürlich vergrößert. Ein Beispiel: Hitler mag den Russenpakt abgeschlossen haben, um in den Krieg mit den Westmächten gehen zu können. Er hat beinahe sicher im November eine Offensive geplant, die ihm anscheinend durch die Armee abgeschlagen wurde. Stalin hätte seine Finnlandoffensive im Schatten einer solchen Riesenaktion über Holland weg ebenso sicher veranstalten können, wie er den Baltikumpakt unter dem Donner der deutschen Kanonen und Bomber über Warschau in Ordnung brachte. Nun macht er sie in einer Epoche verhältnismäßiger Stille, und wenn z.B. die Entwicklung so ginge, daß der finnische Krieg, lang dauernd und alle Gegner der USSR einigend, zu einem großen Umschlag führte, dann würde sicherlich Hitler der Plan unterschoben, er habe den Russenpakt abgeschlossen, um mit den Westmächten zum Frieden zu kommen. Die USSR wiederum hat die Bewegungsfreiheit, die sie durch den Pakt gewann, zu einer Bewegung benützt, die ihr die Bewegungsfreiheit wieder so ziemlich genommen hat. Fürchtete sie einen schnellen Friedensschluß? Zog sie aus dem Ausbleiben der Offensive den Schluß, Hitler würde bald von einer Generalsregierung ersetzt? Oder spielt sie wirklich mit dem Gedanken, die Welt an der Seite Hitlers zu erobern? Genügt ein Land doch nicht für den Aufbau des Sozialismus? Das wäre Wahnsinn. An der Seite Hitlers gibt es für jedes Regime der Welt nur den Untergang, nichts sonst. War es aber die Angst vor dem Friedensschluß der kapitalistischen Mächte auf ihre Kosten, dann wäre zu fragen, ob den Verlust der Sympathien der Weltarbeiterschaft die militärischen Sicherungen aufwögen. Wurde zuwenig geplant – oder zuviel?

1. 1. 40
Man muß immer berücksichtigen, daß die Arbeiterbewegung ein Teil des Kapitalismus ist, sagte gestern August Enderle in seinem schwäbischen Akzent. Die USSR hat noch lange nicht den Stand der Produktivkräfte erreicht, auf dem Führung z.B. nicht mehr Herrschaft bedeutet. Die Industrialisierung der Landwirtschaft hat noch lange nicht den Stand erreicht, auf dem die Bauernschaft mit der Industriearbeiterschaft verschmilzt. Also finden noch Klassenkämpfe statt, die Staatsapparatur erzeugen. Die Außenpolitik der USSR ist zwar die Außenpolitik eines Staates, in dem ein

Aufbau sozialistischer Elemente stattfindet, aber es ist keine sozialistische Außenpolitik. Der finnische Feldzug, gerichtet auf militärische Ziele, mag zu einer Befreiung der finnischen Proleten von der Herrschaft ihrer Bourgeoisie führen, aber diese sozialistischen Ziele werden nur angestrebt im Interesse der militärischen Ziele, und sie werden dadurch reguliert. Die USSR wäre wahrscheinlich froh gewesen, wenn sie ihre militärischen Ziele ohne soziale Maßnahmen erreicht hätte. Durch den Krieg wird die finnische Arbeiterschaft zu einem großen Teil an die Seite ihrer Bourgeoisie getrieben werden. Auch die russischen Schlagworte betreffs der Eroberung der Westukraine, »die sozialistischen Gebiete Europas hätten sich vergrößert, die kapitalistischen verringert«, sind ganz und gar formalistisch, Ausdrücke eines bedenkenlosen Opportunismus in einer Zeit, wo der Krieg noch um all das tobt. Wie kann man behaupten, daß die Befreiung von ein paar Millionen bisher polnischer Bauern den sozialistischen Sektor stärkt, wenn sie durch solche Bündnisse wie das mit der faschistischen Clique in Deutschland (noch nicht einmal mit der deutschen Bourgeoisie) erkauft ist? Stalins Bündnis mit Hitler, das er morgen vielleicht militärisch benötigen wird, schwächt Hitler gegenüber seiner Bourgeoisie, schwächt also die militärische Kampfkraft des Bündnispartners, denn es stärkt nicht gleichzeitig die Stellung des deutschen Proletariats gegenüber seiner Bourgeoisie. Da liegen schwere politische Fehler vor, die man sich nur aus der innerrussischen Situation erklären kann.

16. 1. 40
Lagerkvists »Sieg im Dunkeln« besprochen. Der schwedische Mystiker und Symbolist geht hier bis an die Grenze der Realität und des Naturalismus. »Die« Demokratie, verkörpert in einem Staatsminister, der die Gewalt haßt, kommt in Verwirrung, wenn sie in Selbstverteidigung zur Gewalt greifen muß. Unterliegend die überall gefühlten Ängste vor den Militärs, die Unsicherheit über ihre Stellung zur Demokratie. Das Stück ist rein phänomenologisch, es registriert, lyrisch ungenau, gewisse Situationen, die primitiviert werden, Schlagwörterwechsel usw. Enderle hält das Stück hier für nützlich trotz der Primitivität, da er glaubt, es zeige die »Versäumnisse der Demokratie« und wirke mahnend zur rechten Zeit. Ich meine, es wirke defätistisch für die Demokratie, da der gesellschaftliche Kausalnexus nicht aufgezeigt ist, so daß keine prakti-

kable Definition gegeben wird, und da es auf Einfühlung in den Helden gebaut ist, wodurch sein Versagen Naturnotwendigkeit bekommt. Abstand von dem Helden könnte man nur bekommen, wenn der V-Effekt angewendet würde. Natürlich verbirgt die Tragödie einen Komödienstoff. Die Demokratie darin hat die Verpflichtung, das Eigentum zu schützen, sie stellt, bei der besonderen Natur des Eigentums in dieser Phase, dessen besseren Schutz dar als die Diktatur, und nur solange sie ihre Verpflichtung erfüllt, stehen ihr die Machtmittel des Staates zur Verfügung. Da das Stück ein Lehrstück genannt wird (ich nenne es einen Klagegesang), macht Scholz auf den Unterschied von lehrhaft und lehrreich aufmerksam.

26. 1. 40
Schrieb, ohne jeden Gedanken an Plazierung, eine kleine Detektivnovelle, als Milieu ein Abendessen mit Renoir und Koch benutzend. Kann ich sie »Kultur« heißen?
Tombrock arbeitet heftig an großen Zeichnungen über »Furcht und Elend«. Er beherrscht nicht den V-Effekt, aber ich fürchte, er möchte nicht realistisch genug zeichnen, wenn ich ihn zu früh damit bekannt mache. So bekommen wir immerhin sehr wertvolle Blätter mit viel dokumentarischem Detail.
Die USSR bietet guten Lehrstoff über Materialismus. Überall geht der Streit zwischen der Meinung, »daß das nicht Sozialismus ist«, und der Meinung, »daß das der Sozialismus ist«. In Wirklichkeit gibt es dort sehr beträchtliche sozialistische Elemente materieller Art und die betreffenden Überbauten. Gewisse Erleichterungen für die Menschen sind wohl eingetreten, andere, die man sich von der Befreiung der Produktivkräfte erwarten kann, sind noch ausgeblieben, wahrscheinlich, weil sie nicht groß genug sind. Das verstehen wenige, da die meisten sich zum Funktionieren des Sozialismus ganz idealistisch einstellen. Die einen ziehen aus jeder Handlung der USSR den Schluß, daß sie eben nicht sozialistisch gesinnt ist, die andern betrachten jede Handlung der USSR als die einzig mögliche eines sozialistischen Staates. Für sie ist Sozialismus das, was die USSR macht, aus ihren Handlungen kann man sein Wesen studieren.

29. 1. 40
Die Zeichnungen des Tombrock sind merkwürdig in vieler Bedeutung. Er war Bergwerkskumpel, Landstreicher und lernte niemals zeichnen. Die klugen Leute betrachten seine Bilder und sagen: er muß erst zeichnen lernen, die elementaren Dinge. Es ist richtig, er beherrscht nicht die Perspektive, aber er kann sie nicht isoliert lernen, nicht »vorher«, nicht als Elementares. Nur im Zusammenhang mit ihn interessierenden weiteren Problemen. Er löst vorläufig alle Probleme »mit Gewalt«. Zur Charakterisierung von Personen verwendet er mitunter kaltblütig (oder heißblütig?) Schatten, die er über Gesichter fallen läßt, die Gesetze der Schwerkraft wie der Anatomie läßt er außer acht, seine Figuren knien in der Luft. Mitunter halten sich ganz hölzerne Wesen in lebendiger Umgebung auf, Nußknacker unter Alltagsmenschen. Aber bei allem Unglück, Mißgeschick, Versäumnis und Straucheln ergreift er dann doch plötzlich auf umständliche und jämmerliche Art seine Probleme mit einem starken Griff und ist weitergekommen. Er macht zum erstenmal ein Œuvre, ich habe ihn dazu verführt. Indem er nun die 27 Blätter komponiert und eine und dieselbe Technik (Bleistift) durchführt, stellt er alle Unebenheiten und Ungleichmäßigkeiten seines »Stils« nackt heraus und zeichnet sich sozusagen »hinauf«.
Die Weltlage wird immer wirrer. Hätte die USSR die Allianz mit den Westmächten zustande gebracht, dann hätte es zwei Wege gegeben: 1) Die USSR stützt einfach die powers that be und gestattet ihnen, das Nazisystem mit einem »normal« kapitalistischen, in Abhängigkeit von den Westmächten gebrachten System auszuwechseln. 2) Sie forciert Volksfronten und gefährdet dadurch die Kriegsführung. (2) bis 1939 versucht, hat zum Scheitern der Allianz geführt. Nunmehr können sie in die Lage kommen, das Naziregime aufrechterhalten zu müssen, und wie das machen mit der Ofenzange?

10. 2. 40
Ich lese viel in Macaulay, nun »Life and Writings of Addison«. Die Engländer sind zu beneiden um ihre Literatur, die eine wirkliche Geschichte und wirkliche Kontinuität hat, weil frühzeitig ein nationales Leben vorging und das Bürgertum an die Macht kam. Welche Kriterien! Wenn Macaulay schreibt, und zwar zum Lob Addisons, daß seine besten Verse an die zweitrangigen von *Pope*

heranreichten! Ausgezeichnet seine Analyse des Gedichtes »Campaign«, das die Schlacht bei Blenheim verherrlicht! Er erinnert daran, daß das Hauptverdienst des Gedichtes von *Johnson* notiert wurde, nämlich »the manly and rational rejection of fiction«. Bis dahin hatten die Poeten Feldherrn wie homerische Helden an den Schlachten teilnehmen lassen. Jetzt vergleicht Addison Marlborough mit einem »angel, guiding the whirlwind«. Und er macht aufmerksam darauf, daß die Wirkung des Vergleichs in der unbeachteten Zeile »Such as, of late, o'er pale Britannia pass'd« liegt. England war kurz zuvor von einem Taifun heimgesucht worden. Er betont »the advantage which, in rhetoric and poetry, the particular has over the general«.
Die Deutschen haben überhaupt noch keine Literatur, genau betrachtet. Einige hochgeschossenen Champions, ohne Verbindung untereinander, jeder mit seinen eigenen Kriterien, ein jämmerlicher Partikularismus der Poesie. Es fehlte einfach schon ein Mittelpunkt, eine Stadt wie London (oder Paris oder Rom). Dazu kam, daß Bildung auf private Weise erworben werden mußte, da große Schulen fehlten. Man kann sogar Goethe als Autodidakt bezeichnen.

19. 3. 40
Drei Wochen bettlägerig mit Influenza. Dergleichen faßt mich wie einen Hilflosen, wenn ich ohne größere Arbeit bin.
Dabei kann ich bei Temperatur nicht arbeiten.
Überdenke jetzt eine kleine epische Arbeit »Die Befürchtungen des Herrn Keuner«, etwas in der Art des »Candide« oder des »Gulliver«. Herr Keuner befürchtet, daß die Welt unbewohnbar werden könnte, wenn allzu große Verbrechen oder allzu große Tugenden erforderlich sind, damit der Mensch seinen Lebensunterhalt verdienen kann. So flieht Herr Keuner von einem Land zum andern, da überall zuviel von ihm verlangt wird, sei es nun Opferwille, oder Tapferkeit oder Klugheit oder Freiheitswille oder Gerechtigkeitsdurst, sei es Grausamkeit, Betrug usw. Alle diese Länder sind unbewohnbar.

Aus Autobiographischen Notizen

Lidingö, 1940

Brecht ist Arier, sein Bruder ist heute noch Universitätsprofessor in Deutschland. Brechts Frau, die unter ihrem Mädchennamen Helene Weigel Schauspielerin am Staatstheater und bei Max Reinhardt war, ist dagegen Jüdin; was allein für Brecht ein Grund gewesen wäre, aus Deutschland zu emigrieren. Jedoch gehörte er schon Jahre vor Hitlers Machtantritt zu den Bekämpfern der Nazis, und seine ganze literarische Produktion wäre unter dem Naziregime ganz unmöglich. Einer politischen Partei hat er nie angehört und gehört er auch jetzt nicht an. Gegen die Nazis hat er Gedichte veröffentlicht und ein Stück »Furcht und Elend des Dritten Reiches« geschrieben, das in 27 selbständigen Szenen, die in Wohnungen, Kliniken, Gerichtssälen, Konzentrationslagern, Schulen, Fabriken, Kasernen usw. spielen, die Unfreiheit nahezu aller Schichten des deutschen Volkes unter der Diktatur zeigt. Gegenwärtig arbeitet er an einem satirischen historischen Roman über das Ende der römischen Republik, »Die Geschäfte des Herrn Julius Caesar«. Er ist Mitglied des PEN-Clubs. Persönlich befreundet ist er mit Lion Feuchtwanger. W.H. Auden und Archibald MacLeish werden wohl ebenfalls für ihn eintreten. Außerdem die amerikanische Schauspielerin Stella Adler, Fritz Kortner und der Filmregisseur Fritz Lang. Er hat keine kommerziellen Agenten. Außer dem Stück »Furcht und Elend des Dritten Reiches« hat er fertiggestellt ein Stück »Leben des Physikers Galilei« (über freie Forschung) und ein Parabelstück »Der gute Mensch von Sezuan« (das zeigt, wie schwer und teuer es ist, in unserer Zeit ein guter Mensch zu sein). Ferner ein kleines satirisches Buch (in der Art am ehesten dem »Candide« Voltaires vergleichbar), in dem ein Flüchtling von einem Land in das andere flieht, da überall zu viele Tugenden verlangt werden. In dem einen Land braucht man, um dreimal am Tag essen zu können, eine Energie, mit der früher Reiche erobert werden konnten, in dem andern muß man, damit das Regime weiterherrschen kann, ihm helfen, die ganze Welt zu erobern, im dritten braucht man zuviel Freiheitsliebe, da zuviel Unfreiheit herrscht usw. usw. Der Flüchtling sucht ein Land, wo man mit mittleren Tugenden und einigen bescheidenen Lastern halbwegs leben kann.

Aus den Briefen, 1940

An Curt Trepte

Helsinki, Ende April 1940

Lieber Trepte,
Deine beiden Briefe kamen heute gleichzeitig an. Ich verstehe vollständig Deine Ungeduld, nach Amerika zu kommen. Auch wir sind sehr darauf aus, obwohl wir doch hier wenigstens für einen Monat Aufenthalt haben, also verhältnismäßig leichter warten können. Nachdem bisher nämlich, soviel mir bekannt ist, von drüben noch gar nichts über eine Einreisebewilligung gemeldet ist, fürchte ich sehr, daß das alles noch eine Zeit dauern kann, bis man die Einreise bekommt. Die Schwierigkeit für Dich, hinüberzukommen, scheint mir aber noch ungleich größer. Ich kann mir einfach nicht vorstellen, daß Piscator da etwas machen kann, er ist selber Ausländer und hat meines Wissens keine offizielle Position. Er ist auch so kurz drüben, daß er kaum viele amerikanische Freunde haben wird. Die Finanzierung einer Reise nach Amerika ist außerdem ein furchtbares Problem. Die Reise wird wohl um den ganzen Globus herum erfolgen müssen. Wenn die Amerikaner wirklich das Wunderwerk zustande bringen sollten, allen von ihnen genannten Schriftstellern (einige von ihnen sind nicht auf der Quote) amerikanische Visen zu verschaffen (?), so bliebe noch die Schwierigkeit, dies auch für Dich zu veranlassen, da es ja Schriftsteller sind und sie wohl nur für Schriftsteller etwas tun können. Die Schriftstellervereinigung scheint in Amerika eine gewisse Macht darzustellen. Die paar deutschen Schauspieler und Regisseure, die drüben sind, können hingegen kaum etwas machen. An Piscator zu kabeln hätte bestimmt keinen Wert, aber ich will ihm schreiben und Deinen Fall vorlegen.
Leider habe ich hier zu den Behörden gar keine Beziehungen. Ich wüßte nicht, wo hingehen, um etwas für dich zu erreichen. Bürgen für Dich könnte bestimmt nur ein Finne und nicht ich. (Vielleicht kannst Du das aber über die Verbindungen, von denen Du schreibst, erreichen.) Dazu kommt, daß ich kein Quartier wüßte. Wir wohnen selber im Hotel. Weder für eine Amerikareise noch für einen Aufenthalt hier gibt es meines Wissens irgendwelche Fonds. Ob die private Hilfe, von der Du schreibst, hier ausreichen

wird, daß Du Dich durchbringen kannst, kann ich natürlich nicht beurteilen. Es kommt mir hier alles nicht so einfach vor.
Ich rate Dir: versuche, Dein Durchreisevisum verlängert zu bekommen. Riskiere auf keinen Fall den Verlust Deiner schwedischen Aufenthalts- und Arbeitserlaubnis. Das beste wäre natürlich, wenn Du doch noch erreichen könntest, daß Du für hier eine Arbeitserlaubnis als Maurer bekommst, versuche das wieder und immer wieder.
Selbstverständlich werde ich Dir sofort Mitteilung machen, wenn ich irgendwo die geringste Chance für Dich erblicke.
Ich weiß, daß mein Bericht scheußlich für Dich ist, aber ich wage es nicht, Dir irgendwelche Illusionen zu machen. Auch mit Greid habe ich Deinen Fall durchgesprochen, aber auch er weiß keinen andern Rat.
Ich schreibe Dir meine Adresse, sobald ich irgendwo untergekommen bin. Bis dahin gilt Brecht, Poste restante (für den Fall, daß Du aus Mexico oder Amerika etwas über Deine Einreisevisums-Angelegenheit erfährst).

Herzlichen Gruß
brecht

An Erwin Piscator

Walhallagatan 9
Helsingfors (Finland)
17. Mai 1940

Lieber Pis,
Du hast uns nie geantwortet auf die Briefe, die ich Dir (durch Grete) schreiben ließ, aber ich hoffe, Du hast sie alle (auch die Manuskripte) bekommen.
Hier sah das gar nicht mehr so rosig aus, und wir entschlossen uns, nach Helsingfors zu gehen. Von Eurer Schule bekam ich einen Lehrauftrag und ich danke Dir und allen Freunden sehr für Eure Bemühungen. Ich hoffe, daß ich darauf das Touristvisum bekomme. An sich standen wir seit März 1939 auf der Quote, aber ich weiß nicht, wie lange wir noch zu warten hätten (könnte man das dort in Erfahrung bringen?). Nun ist die ganze Lage noch dadurch erschwert, daß Helli und die Kinder nur dänische Flüchtlingspapiere haben, die im August 1940 ablaufen, ich müßte also unsere Reise nach dort (ob auf Touristvisum oder anderswie) sehr beschleunigen, hältst Du es für möglich, daß man da etwas unter-

nehmen kann von New York aus? Und ich höre auch zu meinem Schrecken, daß man eventuell eine ziemlich hohe Kaution hinterlegen oder nachweisen muß, weißt Du davon? Alle unsere Daten (auch die der Grete) hat Eisler, falls Ihr sie braucht.
Was treibst Du? Schreib mir bald wieder. Es wäre gut, wenn man in absehbarer Zeit etwas zusammen arbeiten könnte.

Dein alter
b

Übrigens bekomme ich Briefe von Trepte, der in Stockholm ziemlich verzweifelt. Er schreibt mir, daß er Dir telegrafiert hat und keine Antwort bekam. Ich versuchte, ihm klarzumachen, wie schwer es ist, etwas zu unternehmen. Aber willst Du ihm nicht ein paar Zeilen schreiben?

An Arnold Ljungdal

Helsingfors, Juni 1940

Lieber Ljungdal,
Ihre Prognose über den Ausgang der Schlacht in Frankreich ist also in Erfüllung gegangen. Die Ausbreitung der Barbarei ist eben eine reine Frage der Technik. – Unsere Amerikareise geht nicht recht in Schwung, Petsamo scheidet jetzt aus als Route und es nimmt viel Zeit, andere Routen festzustellen. Ich halte Sie aber darüber auf dem laufenden. Gut wäre es, wenn Sie mir mitteilen könnten, was Ihr Limit für die Kosten der Reise wäre. Daß ich mehr als erfreut wäre, mit Ihnen zusammen reisen zu können, brauch ich Ihnen wohl nicht lange zu versichern. – Eine Arbeit über meine neuere Produktion von Ihnen wäre natürlich enorm willkommen. Alles Material würde ich Ihnen zuleiten. Es gibt nichts Anständiges über meine neueren Arbeiten, über die alten nichts außer dem Essay eines Jesuitenpaters in der Zeitschrift »Hochland«. Ohne Dialektik zu praktizieren, kann man ja auch nur Kulinarisches liefern. Sie könnten alle diese Idiotien (etwa daß Anrufung des Verstandes Abkehr vom Gefühl bedeutet, oder daß das Epische und das Dramatische unvereinbare Gegensätze sind, oder daß soziologisch konstituierte Charaktere kein Bios haben könnten usw.) endlich einmal aus der Literaturgeschichte fetzen. Und derlei wäre keineswegs ganz aussichtslos, was Druck betrifft.

Dürfte ich einen Rat geben, die Form betreffend? Ich würde *Bacons* kurze glossarische Kapitelchen in seinem »*Neuen Organon*« vorschlagen. Das würde nicht unbedingt nötig machen, daß die Arbeit abgeschlossen wird (was in den jetzigen Zeiten ja kaum in unserer Hand liegt). Alles, was da wäre, würde da verwendbar sein, beinahe sofort. (Noch lockerer arbeitet Pascal in den »Pensées«.) Auch könnten wir leicht korrespondieren darüber.
»Der gute Mensch von Sezuan« ist nahezu fertig, besser gesagt abgeschlossen. Das Stück hat einiges Technisches, das so alt und so neu ist wie die Streitwagen. Ich schicke es Ihnen, sobald abgeschrieben.

Herzlich Ihr alter
b

An die American Guild for German Cultural Freedom

Walhallagatan 20 A
Helsingfors (Finland)
1. August 1940

Lieber Herr Wolf,
da ich von Schweden im Frühjahr abreiste, bekam ich 180 Dollar Scholarship, die Sie mir freundlichst sandten, erst vor kurzem. Ich danke der *American Guild* sehr dafür, sie waren mir von großem Nutzen. Ich wohne mit meiner Familie nun in Helsingfors (Finland). Im März 1939 habe ich um Immigration Visa für USA eingereicht und bin auf der Warteliste. Leider weiß ich gar nicht, wie lange es mit den Visa dauern wird. Und es ist finanziell nicht ganz einfach, hier durchzukommen, da ja im Augenblick kaum noch Verdienstmöglichkeiten für literarische Arbeiten existieren. (Diesen Herbst sollte in Oslo, Stockholm, Zürich und Basel ein Stück von mir, »Mutter Courage und ihre Kinder«, aufgeführt werden, das ist jetzt natürlich nicht möglich.)
Meine Arbeit an dem satirischen Roman »Die Geschäfte des Herrn Julius Caesar« mußte ich unterbrechen, da er viel Bibliotheksarbeit verlangt, die ich hier nicht machen kann. Ich habe außer dem Stück »Mutter Courage und ihre Kinder« ein großes Parabelstück »Der gute Mensch von Sezuan« geschrieben und arbeite jetzt an einem kleinen satirischen Roman mit einem zeitgenössischen Sujet. Ich bin mehr denn je überzeugt, daß diese schreckliche Zwischenzeit überwunden werden wird, und stelle

mich in meiner Arbeit ganz darauf ein. Wenn es der *American Guild* möglich ist, mir die Scholarship zu verlängern, würde mir das eine weitere große Hilfe bedeuten.

Mit besten Grüßen

Ihr

bertolt brecht

PS: Ich warte mit großer Besorgnis auf Nachrichten über das Schicksal meines Freundes Lion Feuchtwanger und auch anderer Kollegen und wäre Ihnen sehr dankbar, wenn Sie mir mitteilten, was Sie darüber wissen!

Aus dem Journal

Finnland, 1940/41

17. 4. 40
Unter Hinterlassung der Möbel, Bücher usw. nach Finnland mit Schiff. Der Schlosser, der die Bücher nimmt, die niemand anders haben will. Auf dem Schiff die junge Witwe, die von der Eisscholle aus auf einer Leiter das Schiff besteigt, das anhält. Im Zoll in Åbo die Dame, die den Soldaten zum Koffertragen requiriert. Vierzeiler für Tombrock, damit er noch ein paar Bilder verkaufen kann.

6. 5. 40
Kleine leere Wohnung in Töölö für einen Monat ergattert. Helli fuhr mit einem Lastauto herum und holte sich in zwei Stunden die nötigen Möbel zusammen, fünf Leute borgten sie, die wir gestern nicht kannten. Wir zogen in der letzten Aprilwoche ein, und ich nahm die Arbeit an »Der gute Mensch von Sezuan« ernstlich auf. Das Stück ist in Berlin begonnen, in Dänemark und Schweden aufgenommen und beiseite gelegt worden. Ich hoffe es hier fertigzubekommen.
Mit auf dem Schiff war der Schauspieler Greid, nachfolgte Arnold Ljungdal. Sie sind meist abends da, Ljungdal erklärte Steff die Einsteinsche Relativitätstheorie. Greids marxistische Moral liegt in den letzten genießerischen Zügen. Sehr freundlich Hella Wuolijoki, Diktonius, der im eben vergangenen Krieg patriotische Haltung einnahm, jetzt findet, die Aussicht des Landes, außer dem großen Krieg zu bleiben, habe sich verbessert.
Finnland in sehr schwieriger Lage, vom Import abgeschnitten, auch verarmt, mit den über 400 000 karelischen Emigranten belastet.
Das Versagen Englands in Skandinavien erweckt Entsetzen. Man tröstet sich damit, daß England immer ein schlechtes Eröffnungsspiel habe. Tatsächlich ist der Faschismus nur vom Faschismus oder von der Demokratie zu besiegen. Vorläufig fehlt in England sogar der Anschein eines demokratischen Impulses. Im ersten Weltkrieg gab schon die Freiwilligkeit am Anfang dem Ganzen einen demokratischen Anstrich. Dazu kommt, daß diesmal England das Monopol der Propaganda durch die Kontrolle der Überseekabel entzogen ist und das Radio unkontrollierbar ist, und die tech-

nische Überlegenheit der kombinierten Kampfweise der Bomber und motorisierten Truppen über die Flotte vervollständigt das Bild. Diese motorisierten Truppen gingen in Norwegen wie ein Messer durch Käse.
An der Neutralität Schwedens drückte die USSR ihr Interesse aus, und dasselbe gilt wohl auch für Finnland.

3. 6. 40
Schon ist überall die Rede von dem unwiderstehlichen »Geist, der die deutschen Soldaten beseelt«. Man könnte ebensogut, aus einem noch nicht taylorisierten Betrieb in einen taylorisierten tretend, von Begeisterung für die Arbeit reden. Als ob der Fleiß das laufende Band laufen machte! Da ist nicht nur der Terror, der anstelle des Drills getreten ist, da ist doch vor allem die Maschinerie, die persönlichen Kampfesmut usw. überflüssig macht. Der deutsche Generalstab hat sich durch die Mechanisierung frei gemacht von den persönlichen Eigenschaften der Soldaten, vom »Geist der Truppe«. Der Soldat wird unter die Kampfmittel gerechnet. Die Motoren »nehmen ihn mit«. Die Pünktlichkeit der Operationen wird nicht mehr durch den Verantwortlichkeitssinn, sondern durch die Stoppuhr gewährleistet. Unermüdlich müssen die Motoren sein. Die Fallschirmspringer werden ausgestreut wie Bomben, und Bomben brauchen keinen Mut. Mut würde dazu gehören, daß sie sich weigerten, in die Flugzeuge zu klettern. Ausgesetzt hinter den Linien des Feindes, müssen sie um ihr nacktes Leben kämpfen, nicht um »Deutschlands Zukunft«. Der »Geist«, der hier benötigt wird, kann aus der Alltagsschulung der Industrie genommen werden.

Interessant ist, daß der Krieg mit den Jahrgängen 1915-1920 geführt wird. Diese Soldaten waren 1933 also 13, höchstens 18 Jahre alt. Das ist die Jugend, auf der »die Zukunft Nazideutschlands beruht«. Sie hat keine Zukunft, sondern verblutet in Frankreich, nicht wir werden es mit dieser »endgültig zu Nazis ausgebildeten, nichts anderes als Nazideutschland kennenden Jugend« zu tun haben, sondern die Nazis selber erledigen sie. (So wie nicht der Sozialismus den Kleinhandel liquidiert, sondern der Kapitalismus.)

8. 6. 40

Das Tempo wird zu einer neuen Qualität der Kriegshandlungen. Der deutsche Blitzkrieg wirft alle Berechnungen über den Haufen, indem die vorhergesehenen Vorgänge so schnell eintreffen, daß ihre Folgen ganz unvorhergesehen sind. Und die Technik fügt dem Kriegstheater eine neue Dimension zu; das Schlachtfeld wird zum Schlachtwürfel oder Schlachtraum. Und die armen Franzosen verstehen gar nicht, was passiert: den Bewegungskrieg führen sie wie einen Stellungskrieg, einzig bedacht, daß ihre Schützengrabenlinie ohne Schützengraben sich nicht etwa in Armeen zerreißen läßt! Dabei wäre es ihre einzige Rettung, wenn sie die Operationen ganz frei, ohne den Aberglauben an »vorn« und »hinten« ausführten. Die Militärs hätten sich in der City erkundigen sollen, wie man sich Aktienmehrheiten (»Kontrolle«) in Konzernen verschafft und überhaupt Geld im Gang hält und Monopole ergaunert! Die letzten Darbietungen der Marseillaise werden jetzt von den deutschen Stukas zum ewigen Schweigen gebracht.

12. 6. 40

Cocteau behauptet, die Anregung zur Camouflage der Tanks sei von Picasso ausgegangen, der sie vor dem Weltkrieg einem französischen Kriegsminister für die Unsichtbarmachung von Soldaten vorgeschlagen habe. Cocteau fragt sich auch, ob die Wilden ihre Bemalung der Haut nicht weniger, um sich schrecklich, als um sich unsichtbar zu machen, vornehmen. Das ist ein guter Gedanke. Man macht etwas unsichtbar, indem man seine Gestalt zerstört, ihm eine unerwartete Form gibt, es also nicht etwa unscheinbar, sondern auffällig, aber fremdartig macht!
Die Deutschen marschieren auf Paris.

14. 6. 40

Es wird vielleicht in späteren Zeiten schwierig sein, die Ohnmacht der Völker in diesen unseren Kriegen zu begreifen. Ihre Ursachen sind vergänglich. Da ist die politische Atomisierung, Resultat der militärisch-polizeilichen Zusammenballung der Riesenmassen. Da ist das Phänomen, das ich mangels eines plastischeren Ausdrucks immer das *Feldphänomen* nenne. Die Probleme werden von ganzen Völkern immer als Feldprobleme angesehen und behandelt. D.h. sie werden z.B. jetzt als lediglich auf dem kapitalistischen Feld lösbar (und überdenkbar) angesehen. Dadurch entsteht eine erstaunliche Neutralisierung der inneren Widersprüche der Völker, welche nicht einen Augenblick verschwinden, aber eben »auf diesem Feld keine Rolle spielen«. Man kann es auch so ausdrücken: am Zug ist die und die Klasse, das und das Regime, forciert wird der und der Ausweg, eingeschlagen ist eine bestimmte Richtung usw., und bevor die Möglichkeiten (wirklichen und scheinbaren) dieses Feldes ausgebildet, eingesetzt, erschöpft und diskreditiert sind, entsteht kein neues Feld. Das Feld selber mag die Vernunft nicht befriedigen (die Phantasie mag andere Felder sichten, die Erfahrung andere Felder anraten), auf dem eben funktionierenden Feld der Praxis operiert doch noch genügend Vernunft für die Zwecke des ganzen Volkes und die Zwecke der Rechtfertigung. So war die Kriegsrüstung tatsächlich die Lösung des Arbeitslosigkeitsproblemes auf dem kapitalistischen Feld. Sie hatte für die Arbeiter etwas Vernünftiges an sich, insofern eben die Arbeitslosigkeit bekämpft wurde. Auch der Krieg ist wieder die Lösung eines Problems, nämlich der Folgen des Zuspätkommens Deutschlands bei der imperialistischen Aufteilung der Weltmärkte (verursacht durch das Zuspätkommen der bürgerlichen Revolution und ihrer Schöpfung der nationalen Einheit). Da ist immer viel, was auch der einzelne Arbeiter einsehen kann.

24. 6. 40
Bekomme bei der Kritikerin *Hagar Olsson* eine französische Kunstzeitschrift mit *Picassos* »Guernica« zu sehen (alle Phasen). Es macht starken Eindruck auf mich, und ich nehme mir vor, in dieser Richtung einmal etwas zu machen. Das ist sehr wohl ein künstlerischer Ausdruck der Zeit, deren Astronomen die Welt mit dem Bild einer platzenden Granate erklären. Barbarischer Sturm, der eine Welt zerschmiß, musischer Sturm, der solche Scherben zusammenfegte! Interessante romantische V-Effekte, dabei klassizistische Form.

28. 6. 40
Frankreichs Fall, Sturz eines Weltreichs in drei Wochen! Es ist der »Geist der Verteidigung«, der die Verteidigung zerbricht. Frankreich fiel in der Maginotlinie. Dieses fünfstöckige Hotel im Boden, welch ein Ausdruck des französischen parasitären Rentenkapitals! Fünf Stockwerke tief versteckte sich der Vogel Strauß! Die Maginotlinie verhinderte die Ausbildung der französischen Armee, und

sie öffnete die holländischen und belgischen Grenzen mit der Effektivität eines Stauwalls. Aber dort war man mit einer papierenen Maginotlinie gesichert: dem Völkerbund! Fünf Stock tief, mit Warmwasserleitung. Und England suchte es mit der Blockade zu schaffen. Dazu müßte es eine Insel sein!

28. 6. 40
Dieser Tage langt ein Brief von Feuchtwangers Sekretärin aus Südfrankreich an. Er ist vor fünf Wochen abgeschickt. Sie meldet, Feuchtwanger sei wieder ins Lager geführt worden. Man sperrt ein die Männer vom 16. bis zum 56. Jahr. Feuchtwanger wird im Juli 56. – Die Zeitungen meldeten, daß die Deutschen auf Lyon marschierten, als der Brief ankam. – Die Waffenstillstandsbedingungen enthalten einen Paragraphen, nach dem Frankreich jeden Deutschen ausliefern muß, den Deutschland anfordert.

29. 6. 40
Ein Weltreich ist zusammengestürzt, und ein zweites wankt in seinen Grundfesten, seit ich die letzte Fassung des »Guten Menschen von Sezuan« begonnen habe, die finnische. Ich begann das Stück in Berlin, arbeitete daran in Dänemark und in Schweden. Es machte mir mehr Mühe als je ein anderes Stück vorher. Ich trenne mich ganz besonders schwer von der Arbeit. Es ist ein Stück, das ganz fertig sein müßte, und das ist es nicht.
Es wird heiß, und vom amerikanischen Konsulat ist keine Antwort da wegen der Visen. Noch weiß ich, welche Route in Frage kommt und was sie kosten würde.
Über Europa fallen die Schatten einer riesig heraufziehenden Hungersnot. Hier geht der Kaffee nun aus, der Zucker wird knapp, Zigarren (für mich Produktionsmittel) werden unerschwinglich.
Alles und jedes zeigt die wachsende Macht des Dritten Reiches.

30. 6. 40
Es ist unmöglich, ohne die Bühne ein Stück fertig zu machen. The proof of the pudding... Wie soll ich feststellen, ob etwa die 6. Szene des »Guten Menschen« noch die Erkenntnis der Li Gung von dem (sozialen) Grund der Schlechtigkeit ihres Freundes aushält oder nicht? Nur die Bühne entscheidet über die möglichen Varianten. Außer »Mutter« und »Rundköpfe« ist seit der »Johanna« alles, was ich schrieb, ungetestet.

Diktonius, der finnische Horaz, holt mich ab in eine Bierstube. Er ist kurzleibig und vierschrötig, wie mit der Axt aus einer Eichenwurzel gehauen, sein eigenes wandelndes Monument. Er hat eine kleine Staatspension und lebt von Zeitungsartikeln. Stets bringt er etwas mit, wenn er kommt, eine Zigarre oder Süßigkeiten für Barbara. Er lacht gern und macht gern kleine bösartige, aber humoristische Bemerkungen, knapp und gut geformte. Im ganzen könnte er ein Seekapitän sein.

30. 6. 40
Ungeheuer, dieses Übergewicht der neuen Waffe (Whatever happens, we have got the maxim gun and they have not, hieß es einmal) der staatlichen Monopole neuer Prägung mit seiner Ausschaltung der Cliquen alter verbrauchter politicians! Verblüffend die Dialektik des Zeitmoments.
Der langsame Krieg bringt den schnellen hervor (wie der stehende den beweglichen). Aber wie dieses Tempo alles verändert! Dabei handelt es sich nicht nur um einen Blitzkrieg bei den Deutschen, sondern auch um eine Blitzaufrüstung. Und welche Kraft zieht dieses Regime aus Bruch aller Konventionen! Mit den modernsten Waffen der Luft mischen sich die Dampfer mit Touristen, Karl May ergänzt Clausewitz. Das Benzin finden die Panzermotorwägen hinter der feindlichen Front, an den Tankstationen am Straßenrand. Die Fallschirmabspringer kommen als Priester und reißen die Privatautos an sich.

1. 7. 40
Die Welt ändert sich jetzt stündlich. Ich erinnere mich, wie nach und nach immer mehr verschwand. Erst gab es noch die Zeitungen, deutsche in Österreich, Tschechoslowakei, Schweiz, Saarland. Eine nach der andern ging ein, kam nicht mehr. Das Radio blieb. Aber eines Tages schwieg Wien, eines andern Tages Prag, Warschau hörte man noch länger. Dann schwieg Warschau, und Kopenhagen und Oslo brachten nur noch die deutschen Sendungen. Jetzt gibt es Paris nicht mehr. Da ist nur noch London geblieben von den Demokratien des Westens. Für wie lang? Steff und ich hatten nacheinander immer neue Landkarten zu betrachten. Die polnische, dann die skandinavische, dann Holland, Belgien, Frankreich. Jetzt liegt England offen.

2.7.40
Der Buchhändler Olsoni bringt einen Literarhistoriker mit, der über Mallarmé arbeitet. Er zeigt einige der berühmten Gedichte, welche man angreift oder vergöttert, weil sie »keinen Sinn haben«. Natürlich haben sie Sinn, freilich sehr unstabilen. Die Zerstörungen der gewohnten Zusammenhänge ergeben kleine shocks, das ist alles. Ein Fehler Mallarmés besteht darin, daß er die Wörter (die Assoziierungskeime) oft zu gleichartig mischt, was Konkrete und Abstrakte angeht. Seine Angst vor dem Banalen resultiert häufig in Banalitäten. Er ist immerfort angewiesen darauf, daß man bestimmte Wörter oder Wortgruppen konkret auffaßt, verlangt dann aber vom Leser ohne weiteres, daß er das bei anderen in der gleichen Strophe nicht tut. Ich versuchte, den Leuten die Umstellung der Lyrik auf das Gestische klarzumachen. Eine Schwierigkeit dieses Unterfangens ist, daß die neuen Gesten nicht theatralisch (und gewählt) genug sind. Dann wird der Faltenwurf vermißt – schwierig anzubringen bei einem Overall.

5.7.40
Mit Hella Wuolijoki nach Gut Marlebäk (Kausala) gefahren. Sie gibt uns eine Villa zwischen schönen Birken. Wir sprechen von der Stille hier heraußen. Aber es ist nicht still; bloß sind die Geräusche viel natürlicher, der Wind in den Bäumen, das Rascheln des Grases, das Gezwitscher und was vom Wasser her kommt. Das Gutshaus, weiß, mit zwei Reihen von je acht großen Fenstern, ist über 100 Jahre alt, im Empirestil gebaut. Die Zimmer sind museumsreif. Neben dem Gutshaus liegt ein riesiger Steinbau für die Kühe (etwa 80 Stück) mit Fütterungsluken von oben, wohin das Lastauto mit dem Futter fährt, und schöner Wasserspülung, alles in Eisen und herrlichem Holz, der rötlichen Fichte des Nordens. Der Winter war sehr hart in diesem Kriegsjahr. So ist der Kirschgarten erfroren, und da das Frühjahr ohne Regen war, steht auch das Gemüse ärmlich. In einem kleinen Holzhaus wohnen 14 Karelier, Fischersleute, die evakuiert wurden. Sie wohnen frei und bekommen zehn Finnische Mark pro Tag. Hella Wuolijoki meint, sie kommen damit gut durch. Aber sie sehen keine Zukunft, das Parlament berät über ihr Schicksal.
Wir sind sehr schläfrig; wahrscheinlich von der ungewohnten Luft. Der Birkengeruch allein ist berauschend und auch der Holzgeruch. Unter den Birken gibt es reichlich Walderdbeeren, und

auch das Sammeln macht die Kinder müd. Ich fürchte, daß das Kochen für Helli schwierig wird, es ist nötig, den Ofen zu heizen, und das Wasser ist nicht im Haus. Aber die Leute sind sehr freundlich, und Hella Wuolijoki weiß unzählige Geschichten.

6. 7. 40
Viele sehen nun einen Sieg des deutschen Faschismus bevor und damit einen Sieg des Faschismus überhaupt in Europa (zumindest). Also eine Epoche neuer Stabilität. Das ist natürlich wenig wahrscheinlich. Ein Gleichgewicht könnte wohl nur entstehen, wenn man eben eine deutsche Vorherrschaft hätte, und wenn es zu einer solchen käme, würden so manche konstituierenden Elemente des deutschen Faschismus eher wieder verschwinden. Die Vorgänge in Frankreich sind charakteristisch. In Deutschland kam der neue Aufbau als Umwälzung, in Frankreich kommt er als Umfall. Die »Planung« bleibt eine Notmaßnahme ohne produktive Tendenz. Pétain ist einfach ein eingeborener Gouverneur. Das Land kommt nicht einmal aus dem Krieg heraus. Armee und Flotte sind verloren, und die Industrie arbeitet weiter für den Krieg, nunmehr für den Feind.
Diese hellen Nächte sind sehr schön. Gegen drei Uhr stand ich auf, der Fliegen wegen, und ging hinaus. Hähne krähten, aber es war nicht dunkel gewesen. Und ich liebe es so, im Freien das Wasser abzuschlagen.
Merkwürdigerweise denke ich nie an Arbeit zu solcher Stunde. Es ist nicht Arbeitszeit.

7. 7. 40
Plan zu einem Stück entworfen, mehr zur Handgelenkübung. »Die Straße der Ministerien«. Ein blinder Bettler mit einem Jungen sitzt in der Straße der Ministerien. Aus dem, was er hier sieht, winzigen Vorgängen, schließt er auf das, was geschehen wird, nämlich den großen Krieg und die große Niederlage. Er ist so imstand, seinen Freunden gute Ratschläge zu geben, damit sie sich in Sicherheit bringen können. (Z.B. daß die Hauptstadt nicht verteidigt werden wird. Also sollen sie nicht fliehen, sondern das Restaurant gegenüber kaufen, das die fliehenden Besitzer für ein Butterbrot weggeben. Es ist feiner als das ihre. Bald werden nur noch feinere Restaurants gehen. Usw.) Ein Blinder kann den Untergang des Weltreiches voraussehen.

Eine andere Variante wäre: Eine junge Französin in Orleans, in Abwesenheit ihres Bruders eine Tankstation bedienend, träumt im Wachen und Schlafen, sie sei die Jeanne d'Arc und erlebe ihr Schicksal. Denn die Deutschen rücken auf Orleans vor. Die Stimmen, die Jeanne hört, sind Stimmen des Volkes, was der Hufschmied sagt und der Bauer. Sie gehorcht diesen Stimmen und rettet Frankreich vor dem äußeren Feind, jedoch wird sie besiegt von dem inneren. (In dem Gericht, das sie verurteilt, sind lauter englisch sympathisierende Geistliche!) Der Sieg der fünften Kolonne!

8. 7. 40

Es ist verständlich, daß die Leute hierzulande ihre Landschaft lieben. Sie ist so sehr reich und zeigt Großes gemischt. Die fischreichen Gewässer und schönbäumigen Wälder mit ihrem Beeren- und Birkengeruch. Die ungeheuren Sommer, über Nacht einbrechend nach unendlichen Wintern, eine starke Hitze nach einer starken Kälte. Und wie der Tag verschwindet im Winter, so verschwindet im Sommer die Nacht. Dann ist die Luft so kräftig und wohlschmeckend, daß sie fast allein sättigt. Und welch eine Musik füllt diesen heiteren Himmel! Beinahe unaufhörlich geht Wind, und da er auf viele verschiedenen Pflanzen trifft, Gräser, Korn, Gesträuche und Wälder, entsteht ein sanfter, an- und abschwellender Wohlklang, der kaum mehr wahrgenommen wird und dennoch immer da ist.

16. 7. 40

Nach den deutschen führenden Kreisen haben sich nun die französischen Hitler geholt, um die sozialen Errungenschaften des Volks zu kassieren. Sie versuchen, eine Art Österreich (nach Trianon) zu werden. Laval sagt: Das Parlament wird verschwinden, die Parlamentarier werden bleiben. Voilà. Die Literaten werden bleiben, die Literatur wird verschwinden. Während des ganzen Kriegs keine Silbe von den großen Schriftstellern des Landes.

Und in England führt die Gentry den Krieg, zusammen mit der City. Auch sie setzen auf die großen Maschinen (Flotte, Luftwaffe), wo es auf den gemeinen Mann nicht ankommt.

Die Deutschen machen inzwischen Neuordnungspläne für Europa, ein gewaltiges Mitropa wird entworfen, »die ungesunde Machtpolitik der kleinen Staaten« soll erledigt werden.

30. 7. 40
Mich in einigen Epigrammen versucht (»Die Requisiten der Weigel«, »Die Pfeifen«, »Finnische Speisekammer«). Ganz unfähig, Dramatisches zu arbeiten. Dabei wäre es so nötig, den »Guten Menschen« fertigzustellen; es handelt sich nur noch um Details. In solchen Zeiten des Stockens wäre journalistische oder Theaterarbeit nötig, beides ist jetzt gehindert.
Wunderbar die Geschichten der Wuolijoki, vom Volk auf dem Gut, in den Wäldern, wo sie einmal große Sägewerke besaß, aus der heroischen Zeit. Sie sieht schön und weise aus, wenn sie, ständig sich ausschüttend vor Lachen, von den Listen der einfachen Leute und den Dummheiten der feinen erzählt, ab und zu einen mit listig zugekniffenen Augen anblickend und die Reden der Personen mit epischen, fließenden Bewegungen ihrer dicken schönen Hände begleitend, als schlüge sie den Takt zu einer nur ihr hörbaren Musik. (Sie schlägt mit der Hand, im Gelenk gerührt, einen liegenden Achter.) Über ihre Insel und Moore schleppt sie ihr großes Gewicht mit verblüffender Energie, und ihre Dickleibigkeit hat da etwas Chinesisches. Die Gutsgeschäfte scheint sie mit sehr leichter Hand zu regeln, niemals kommt es zu Befehlshabereien. Dabei ist sie sehr bestimmt und repräsentiert ausgezeichnet das Gut. Und sie ist sehr menschlich.

4. 8. 40
Zur Frage des *Realismus*: Die gewöhnliche Anschauung ist, daß ein Kunstwerk desto realistischer ist, je leichter die Realität in ihm zu erkennen ist. Dem stelle ich die Definition entgegen, daß ein Kunstwerk desto realistischer ist, je erkennbarer in ihm die Realität gemeistert wird. Das pure Wiedererkennen der Realität wird oft durch eine solche Darstellung erschwert, die sie meistern lehrt. Der Zucker unserer Chemiker verliert die Wiedererkennbarkeit. Das ist freilich ein extremes Beispiel, es zeigt nur die (weiten) Grenzen. Jedenfalls muß man das Augenmerk darauf lenken, ob der Künstler ein Realist ist, d.h. schreibend realistisch vorgeht, die Realität gegenüber allen Verschleierungen und Täuschungen zur Geltung bringt und in das reale Handeln seines Publikums eingreift, und man darf sich nicht an die Form halten und nur ein Werk der Form nach mit einem andern vergleichen und eine realistische Form herausdestillieren. Das ist reiner Formalismus, auch wenn die betreffende Form einem realistischen Werk abgezogen

ist. Als Beispiel eines realistischen Kunstwerks muß auch *Lenins* Parabel von der Besteigung hoher Berge gelten können.

5. 8. 40
Solche Dichter wie Hašek, Silone, O'Duffy und mich zögert man oft, bürgerliche Dichter zu nennen, aber mit Unrecht. Wir mögen die Sache des Proletariats zu der unsrigen machen, wir mögen sogar für eine gewisse Zeitspanne die Dichter des Proletariats sein – dann hat eben das Proletariat in dieser Zeitspanne bürgerliche Dichter, die für seine Sache eintreten. Wir wiederum mögen uns sagen, daß es weder ein Vorteil noch ein Verdienst ist, Proletarier zu sein, und daß der Kampf darum geht, aus dem Antlitz der Menschheit alle proletarischen Züge auszutilgen – dennoch zeigen wir Begrenzungen und Schwächen unserer Klasse, die uns zu kritisch zu betrachtenden Mitkämpfern machen. Freilich, wenn wir die bürgerliche Kultur überliefern, so ist es doch eben die Kultur. In gewissen Phasen der Entwicklung, wenn das Proletariat gesiegt hat, aber noch Proletariat ist, wird die Funktion der bürgerlichen Vorkämpfer, wie es sich gezeigt hat, eine formalistische. Von der eigentlichen Entwicklung überholt, entwickeln sie eine Zeitlang nur noch die Formen. Dann ist es Zeit, daß die neuen Dichter und Kämpfer auf den Plan treten. Sie finden dann in den Werken ihrer Vorgänger, unsern Werken, nicht nur die höchstentwickelten Ausdrucksmittel, sondern auch die Elemente der neuen Kultur, die im Kampf immer am schärfsten hervortreten. Die Träume fliegen den Taten voraus, gerade ihre Vagheit läßt das neue Feld unbegrenzt erscheinen, so spornen sie an. Wichtig ist in unsern Werken auch die Technik des neu Anfangens, von solchen entwickelt, welche die Tradition beherrschen, denn der neu Anfangende, der die Tradition nicht beherrscht, fällt leicht unter die Herrschaft der Tradition zurück. Am sichersten geht man, wenn man uns als die Dialektiker unter den bürgerlichen Dichtern anführt und benutzt. Damit stehen wir in einer Reihe mit den bürgerlichen Politikern, welche die Sache des Proletariats zu der ihrigen gemacht haben.

10. 8. 40
Der eiserne Ring schließt sich um England. Das Flugzeug, die neue Waffe, zeigt sich um so schrecklicher neu, als sie schon im letzten Krieg angewendet wurde. Und der Mensch, der konstatiert hat, daß es keine Inseln mehr gibt, scheint sich seinen Eintritt in die Le-

gion der *großen Männer* zu erzwingen, die dadurch nicht an Ansehen gewinnen kann. Der Sieg wird darüber entscheiden, obwohl es nicht Mangel an »Größe« sein wird, durch was er ihn noch verfehlen kann. Über den Begriff *Größe* bestimmt die Wirkung. Groß ist, wer die Erde zum Blühen bringt und wer ihr Narben zu erzeugen vermag. Was für subalterne Schurken vermögen doch das letztere! Freilich, sie haben so sehr große Unterstützung! Dann wird die Borniertheit zur Konzentration, die Hilflosigkeit zur Kunst, Talente heranzuziehen, der Diebstahl an ihrem Renommee zur Kraft, sie zu zügeln, die Besessenheit zur Energie, der Fanatismus zur Konsequenz, die Bereitschaft, alle Spielregeln zu verletzen, zur Freiheit von der Konvention, die Mordlust zur Entschlossenheit, der Kampf um die Macht zum Kampf um die Idee usw. usw.

16. 8. 40
Steff liest über die Französische Revolution und möchte vor allem wissen, ob eine Darstellung derselben vom proletarischen Standpunkt aus gegeben werden sollte oder vom bürgerlichen aus. Wäre damals Kommunismus möglich gewesen? Ich erkläre ihm, daß Kommunismus eine Produktionsweise ist, die von der Möglichkeit einer kollektiven Herstellung der Güter abhängt, und daß das französische Proletariat nicht imstande war, die Produktivkräfte so zu entwickeln, wie die Bourgeoisie es konnte. Er hat Schwierigkeiten zu erkennen, daß die Frage, ob es also damals falsch war, Kommunismus anzustreben, auf den Holzweg führt.

18. 8. 40
Hella Wuolijoki erzählt nach der Sauna bei gehamstertem Kaffee von dem schwedischen Journalisten *Snellman*, dem eigentlichen Begründer des finnischen Nationalismus. Er war Hegelschüler, und es ist interessant zu sehen, wie Hegel seine Wirkungen gerade in Preußen und Rußland hat, in Borussia und Russia, Ländern mit stark unterdrückendem Beamtenstaat und starker revolutionärer Bewegung. Seine Professur für Philosophie bekommt Snellman erst, als der russische Gouverneur das anordnet. Die Schwedischfinnen, also die Oberklasse, nach Schweden tendierend, schicken ihn als Volksschullehrer in eine kleine, 1000 km von Helsingfors gelegene Landstadt. Er nimmt die Stelle an, da er überzeugt ist, überall »in 3 Jahren« eine finnische Bewegung in Gang bringen zu können. Er gibt sofort eine Zeitung heraus und kämpft für Einfüh-

rung der finnischen Sprache in Schul-, Rechts- und Verwaltungswesen. Als er dem russischen Gouverneur gegenübertritt, treten sich Vernunft und Wirklichkeit gegenüber und erkennen ihre Verwandtschaft. Der Gouverneur nimmt nach Moskau zwar nicht die Argumente des Dr. Snellman, wohl aber einen Eindruck von ihm mit und setzt alles durch. Snellman sieht, was Macht ist. Er wird dann Finanzminister und schafft die finnische Mark. Snellman ist ein doppelter Verräter, denn er verrät die Schweden an die Finnen – man sieht hier, wie nicht nur die Klassen, sondern auch die Nationen ihre Führer mitunter von ihren Feinden nehmen – und die Oberklasse an die Unterklasse. In Wirklichkeit kann sich die Industrie, die in schwedischen Händen ist, im Bündnis mit den Russen besser entwickeln als in Abhängigkeit von Schweden. Die Russen haben lediglich politische Positionen in Finnland, keine ökonomischen. Und Snellman verrät scheinbar die Oberklasse an die Unterklasse in der Sprachenfrage, aber auch das hält der tieferen Musterung nicht stand. Der stumme und taube Mob kann die in immer stärkere Konkurrenzkämpfe eintretende Industrie nicht mehr bedienen. Das Kapital der Schwedischfinnen beugt sich aus Profitinteressen unter den Zarismus und unter den finnischen Nationalismus zugleich. Snellman wird im Alter ein Halt der Reaktion.
Während ich einige Technik aus der nichtaristotelischen Dramaturgie für das von Hella Wuolijoki geplante Snellman-Stück zur Verfügung stelle, werde ich mit kleinen Omeletten gefüttert, die aus dem Blut junger Kälber gebacken sind und mit Thymian und saurer Sahne genossen werden.

19. 8. 40
Die *Sauna* des Gutes ist ein kleines viereckiges Holzhaus am Fluß. Durch das Auskleidezimmerchen kommt man in den kleinen, dunklen Baderaum, der von einem riesigen Steinofen beherrscht wird. Man nimmt den Holzdeckel ab und gießt aus einem danebenstehenden großen Eisentopf heißes Wasser über faustgroße runde Steine, die direkt über dem Feuer gehäuft sind. Dann klettert man ein paar Stufen hoch auf eine Holzestrade, wo man sich niederlegt. Wenn der Schweiß ausbricht, peitscht man die offenen Poren mit Birkenwedeln, und dann geht man auf den Steg hinaus und steigt in den Fluß. Klettert man wieder hoch – das kühle Wasser erscheint einem nicht kalt –, läßt man Birkenblätter zurück.

Auch nachts, im Bett, findet man einige. »Man schläft mit der Birke«, sagt Hella Wuolijoki.
Die finnischen Soldaten bauten Saunas selbst in der vordersten Stellung.

19. 8. 40
Im Augenblick kann ich nur diese kleinen Epigramme schreiben, Achtzeiler und jetzt nur noch Vierzeiler. Den »Caesar« nehme ich nicht auf, weil der »Gute Mensch« nicht beendet ist. Wenn ich zur Abwechslung den »Messingkauf« aufschlage, ist es mir, als werde mir eine Staubwolke ins Gesicht geblasen. Wie kann man sich vorstellen, daß dergleichen je wieder Sinn bekommt? Das ist keine rhetorische Frage. Ich müßte es mir vorstellen können. Und es handelt sich nicht um Hitlers augenblickliche Siege, sondern ausschließlich um meine Isolierung, was die Produktion betrifft. Wenn ich morgens die Radionachrichten höre, dabei Boswells »Leben Johnsons« lesend und in die Birkenlandschaft mit Nebel vom Fluß hinausschielend, beginnt der unnatürliche Tag, nicht mit einem Mißklang, sondern mit gar keinem Klang. Das ist die *Inzwischenzeit*. – *Brentano*, dem ich nach langer Zeit zum erstenmal wieder schrieb, um über Feuchtwanger etwas zu erfahren, schreibt zurück, er wisse nichts, hasse England und hoffe, es werde ihm die Lust vergehen, »uns« in Zukunft leichtfertig Krieg zu erklären. Tatsächlich soll, nach dem deutschen Radio, in Deutschland große Empörung darüber herrschen, daß Dschärdschild seinen Fliegern Auftrag erteilt, deutsche Kulturdenkmäler wie Goethes Gartenhaus in Weimar und ein Bismarckmausoleum (das scheint planmäßig) zu bombardieren.

21. 8. 40
Boswells Buch läßt mich an Deutschland denken. Merkwürdig, wie formlos dort die Typen sind, außer wo sie, in der Provinz, roh und unzivilisiert sind. Und Deutschland hat Provinz, aber keine Hauptstadt! Der schnelle nationale Einband, in den sie gesteckt wurden, hat sie vollends außer Rand und Band gebracht. Tatsächlich gibt es, sucht man etwa für ein Drama ein Milieu, kaum irgendein berühmtes oder besonders geprägtes, kaum eine Stadt, die groß klingt oder auch nur poetisch. Erst das jetzige Regime hat Hintergründe geschaffen, grausige. Eine düstere Poesie beginnt um die Moore mit ihren Lagern zu wehen, und die Statthalter ge-

ben den Rheinstädten einen shakespearischen Beiklang. Selbst München hat Bedeutung bekommen durch die Bräuhäuser, in denen der erste blutige Putsch startete, die Feldherrnhalle, das Braune Haus und den Kuhhandel um Böhmen. Spät tritt Deutschland als Nation auf, und als was für eine!

22. 8. 40
Die Sprachwaschung, die ich mit den finnischen »Epigrammen« vornehme, läßt mich natürlich an die Entwicklung der Lyrik denken. Welch ein Abstieg! Sofort nach *Goethe* zerfällt die schöne widersprüchliche Einheit, und *Heine* nimmt die völlig profane, *Hölderlin* die völlig pontifikale Linie. In der ersten Linie verlottert die Sprache in der Folge immer mehr, da die Natürlichkeit durch kleine Verstöße gegen die Form erreicht werden soll. Außerdem ist die Witzigkeit immer ziemlich unverantwortlich, und überhaupt enthebt die Wirkung, die der Lyriker aus dem Epigrammatischen zieht, ihn der Verpflichtung, lyrische Wirkung anzustreben, der Ausdruck wird mehr oder weniger schematisch, die Spannung zwischen den Wörtern verschwindet, überhaupt wird die Wortwahl, vom lyrischen Standpunkt aus betrachtet, unachtsam, denn es gibt im Lyrischen eine eigene Entsprechung für das Witzige. Der Dichter vertritt nur noch sich selber. Die pontifikale Linie wird bei *George* unter der Maske der Verachtung der Politik ganz offen konterrevolutionär, d.h. nicht nur reaktionär, sondern wirkend für die Konterrevolution. George ist unsinnlich und setzt dafür verfeinerten Kulinarismus. Auch *Karl Kraus*, der Repräsentant der zweiten Linie, ist unsinnlich, weil rein spirituell. Die Einseitigkeit beider Linien macht eine Beurteilung immer schwieriger. Bei *George* hat man einen extremen Subjektivismus, der als objektiv auftreten möchte, indem er formal klassizistisch auftritt. In Wirklichkeit ist die Lyrik *Krausens* bei aller scheinbaren Subjektivität doch objektnäher, trägt mehr Sache. *Kraus* ist schwächer als *George*, das ist unglücklich. Er wäre so sehr viel besser sonst. Im Gegensatz zum Bürgertum befinden sich beide (George ist klerikofeudal, das »Heidnische« bei ihm ist natürlich Religion; Kraus ist »radikal« kritisch, aber rein idealistisch, liberal), so daß jedenfalls bei beiden Linien sichtbar wird, wie das Einhalten der kulturellen Linie an die Preisgabe bürgerlicher Interessen geknüpft ist. Die Schule, die *George* gebildet hat, wird nur dann etwas ergeben, wenn sie sich an Übersetzungen hält. Dabei verschafft sie sich

nämlich die Sache, die sie sich auf keine andere Weise verschaffen kann. Kraus gibt in seiner eigenen Lyrik kaum Muster für seine Sprach- und Verslehre, man muß sich ziemlich direkt an diese halten.

24. 8. 40

Ich warf nicht viel mehr als einen Blick in einen kleinen Band von *Wordsworth*s Gedichten, von Arnold herausgegeben. Ich traf auf »She was a phantom of delight« und dachte über diesem uns so entfernten Stück, wie vielfach die Funktion der Kunst ist und wie achtsam man sein muß beim Aufstellen von Vorschriften. Selbst solche Schubladen wie »kleinbürgerliche Idylle« sind gefährlich. Es gibt kleinbürgerliche Tendenzen, ausgehend auf die Verewigung und Befestigung des Kleinbürgertums als einer Klasse, und es gibt im Kleinbürgertum Tendenzen anderer Art, im Widerspruch mit jenen Tendenzen. Der Kleinbürger, der heute mit Jagdflinte und Dynamitflasche (»gegen Tanks erprobt im spanischen Bürgerkrieg«, wie der General im Radio versichert) Englands Felder durchpatroulliert, mag seinen Wordsworths einige Schuld geben können, aber gerade in dieser entmenschten Situation kann

»a lovely apparition, sent
to be a moment's ornament«

die Erinnerung wachrufen an menschenwürdigere Situationen. Zumindest im Augenblick dient diese Dichtung nicht mehr »to haunt, to startle, to waylay«. Die Kunst *ist* ein autonomer Bezirk, wenn auch unter keinen Umständen ein autarker. Ein paar Thesen:

1) Ein Kriterium für ein Kunstwerk kann sein, ob es noch die Erlebnismöglichkeiten irgendeines Individuums bereichern kann. (Unter Umständen: eines Individuums, das, wenn voraus, von der Masse eingeholt werden kann, bei der vorauszusehenden Wegrichtung.)

2) Ausdrucksmöglichkeiten können bereichert werden, welche nicht eigentlich Erlebnismöglichkeiten sind, sondern eher Kommunikationsmöglichkeiten. (Unter Umständen kann gefragt werden: wieweit ist das Wie an das Was gebunden und das Was fixiert an gewisse Klassen.)

3) Lyrik ist niemals bloßer Ausdruck. Die lyrische Rezeption ist eine Operation so gut wie etwa das Sehen oder Hören, d.h. viel mehr aktiv. Das Dichten muß als menschliche Tätigkeit angesehen werden, als gesellschaftliche Praxis mit aller Widersprüchlichkeit,

Veränderlichkeit, als geschichtsbedingt und geschichtemachend. Der Unterschied liegt zwischen »widerspiegeln« und »den Spiegel vorhalten«.

27. 8. 40
Zu meiner großen Freude erfahre ich aus Stockholm, daß in New York die Ankunft Feuchtwangers in Lissabon bestätigt wurde. Er ist mir keinen Tag seit vielen Wochen aus dem Kopf gewesen.
Tombrock schickt Radierungen zum »Leben des Galilei«, die sehr schön sind. Er hat sehr fleißig und intelligent den *Breughel* studiert, und auch in diesen Blättern ist die Leichtigkeit und Heiterkeit, welche für die Historie und die Kritik so wichtig sind.
Mit Hella Wuolijoki ein Volksstück für einen finnischen Wettbewerb begonnen. Abenteuer eines finnischen Gutsbesitzers und seines Schofförs. Er ist nur menschlich, wenn er betrunken ist, da er dann seine Interessen vergißt.

28. 8. 40
In den altgriechischen Epigrammen sind die von den Menschen verfertigten Gebrauchsgegenstände ohne weiteres Gegenstände der Lyrik, auch die Waffen. Jäger und Krieger weihen den Bogen der Gottheit. Ob der Pfeil die Brust des Menschen oder des Rebhuhns durchbohrt, macht keinen Unterschied. Es sind in unserer Zeit nicht zuletzt moralische Hemmungen, welche das Aufkommen solcher Lyrik der Gegenstände verhindern. Die Schönheit eines Flugzeuges hat etwas Obszönes. Als ich in Schweden, vor dem Krieg, einen Film vorschlug, der die Parole »Das Flugzeug der Arbeiterjugend!« hatte – diese Waffe ist in festen Händen – und den einfachen Traum der Menschheit vom Fliegen ausdrücken wollte, wandte man sofort ein: Sollen sie Bombenflieger werden?

2. 9. 40
Arbeit am »Puntila«. Hella Wuolijokis Stück, halb fertig, ist eine Konversationskomödie. (Der nüchterne Puntila ist nur der Betrunkene mit einem Katzenjammer, also übellaunig, der gewöhnliche Trinker. Sein Schofför ist ein Gentleman, der die Fotografie der Tochter gesehen und sich als Schofför hat engagieren lassen. Usw.) Jedoch zieht sie noch einen Film zu, aus dem wertvolle Elemente kommen (die Fahrt nach legalem Schnaps und die Bergbesteigung), Elemente epischer Art. Was ich zu tun habe, ist, den zu-

grunde liegenden Schwank herauszuarbeiten, die psychologisierenden Gespräche niederzureißen und Platz für Erzählungen aus dem finnischen Volksleben oder für Meinungen zu gewinnen, den Gegensatz »Herr« und »Knecht« szenisch zu gestalten und dem Thema seine Poesie und Komik zurückzugeben. Das Thema zeigt, wie Hella Wuolijoki mit all ihrer Gescheitheit, Lebenserfahrung, Vitalität und dichterischen Begabung durch die konventionelle dramatische Technik gehindert wird. Was für eine hinreißende Epikerin ist sie, auf ihrem Holzstuhl sitzend und Kaffee kochend! Alles kommt biblisch einfach und biblisch komplex.

6. 9. 40
Tief im »Puntila«. Das Ganze beruht auf einem Tonfall. Es macht mir viel Vergnügen. Die Engländer und Franzosen haben nach dem 17. Jahrhundert nur noch die Komödie, die Deutschen haben sie im 19. Jahrhundert noch nicht. *Puntila* und sein Knecht *Kalle* passen gut in die Galerie der *Baal, Kragler, Anna Balicke, Gaveston, Galy Gay, Witwe Begbick, Johanna Dark, Mauler, Pächter Callas, Galilei, Courage, Shen Te.*

7. 9. 40
Dem *Goethe* floß aus seiner Zeit mehr zu als dem *Schiller.* Er besorgte die private, nicht die politische Befreiung, nicht die des Kollektivs, sondern die des Individuums. Im Ideologischen sehen wir deshalb den Schiller reichlicher versehen mit Zeitgemäßem.

10. 9. 40
Es ist zwölf Uhr zwanzig. Ich hörte eben den Ansager in dem bombardierten London. Er sitzt im Luftschutzkeller, die deutschen Bomber sind wieder über der »Hauptstadt der Welt«. Das Feuer wütet noch von den gestrigen und vorgestrigen Bombardements, es ist »beinahe in jedem Fall under control«. Über einem zerstörten Geschäft in der City habe der Inhaber heut früh die Aufschrift angebracht »Gegründet 1628, immer noch in Betrieb«.
Die Slums an den Docks stehen in Brand.

14. 9. 40
Auch Dudow ist aus Paris entkommen, jedoch mit einer schweren Pleuritis, wie es scheint. Er hält sich mittellos in der Schweiz auf. Das schlimme ist, daß ich ihm nichts schicken kann.

Ich mache mich an die vorletzte (9.) Szene des »Puntila«. Der Aufriß hat seine Beschränkungen von der Vorlage her, und der Schwejk-Ton setzt ebenfalls Grenzen, aber das Ganze macht doch Vergnügen und ist eine Erholung nach dem »Sezuan«-Stück. Dazwischen lese ich eine Kontroverse zwischen Matthew Arnold und Newman über Homerübersetzen. Immer wieder: Was diese Engländer für eine Literatur haben!

14. 9. 40
Aus dem Fenster sehe ich zu, wie ein Arbeiter im offenen Holzschuppen gegenüber Kleinholz macht. Er arbeitet in so perfektem Rhythmus und mit solcher Leichtigkeit, daß ich an einen jener Filmstreifen denke, die zurückgerollt werden, so daß das gestürzte Pferd sich in der Zeitlupe aufrichtet und über die Hürde zurückspringt, nein schwebt, wobei volle Logik exekutiert wird und kein Moment bleibt, der außerhalb der Gesamtbewegung existiert. Während die Linke das Scheit vom Boden aufhebt, setzt sich die Rechte mit dem Beil in Bewegung; es geht wie durch Butter, und es fällt gleichsam durch die eigene Schwere durch das Scheit durch. Benötigt der Mann zwei Schläge, weil ein Ast im Holz ist, dann trifft er ohne weiteres in den ersten Schnitt, und es gibt keinen Moment des Zielens. Einmal fällt ein Scheit ungespalten vom Pflock, er bückt sich nicht danach, er wird es später aufheben oder es ungespalten lassen. Seine Hand greift schon nach einem andern Scheit, das Schauspiel ist um so eindrucksvoller, als ich nur die Hände an der Arbeit sehe, der Mann steht im Dunkel der Hütte.

16. 9. 40
Es wäre unglaublich schwierig, den Gemütszustand auszudrücken, in dem ich am Radio und in den schlechten finnisch-schwedischen Zeitungen der Schlacht um England folge und dann den »Puntila« schreibe. Dieses geistige Phänomen erklärt gleichermaßen, daß solche Kriege sein können und daß immer noch literarische Arbeiten angefertigt werden können. Der Puntila geht mich fast nichts an, der Krieg alles; über den Puntila kann ich fast alles schreiben, über den Krieg nichts. Ich meine nicht nur »darf«, ich meine auch wirklich »kann«.
Es ist interessant, wie weit die Literatur, als Praxis, wegverlegt ist von den Zentren der alles entscheidenden Geschehnisse.

20. 9. 40
Was eine nationale Literatur und hiermit eine Literatur schlechthin ist, ging mir eigentlich erst diesen Sommer auf, als ich mehr Englisch las. Diese große Aufeinanderfolge von Geschlechtern in der literarischen Welt, diese Kämpfe und Kommunikationen, diese Neuerungen, welche Korrekturen sind, diese Tradition, welche den Fortschritt erleichtert, statt ihn zu hemmen! Diese Literaten dreier Jahrhunderte scheinen in einer einzigen Stadt zu gleicher Zeit zu leben, sie kennen sich und rivalisieren miteinander, und man hat eine Börse, welche Werte notiert, man hat Kriege und Schlachten, echte Daten, wahre Monumente. Und alles ist konkret. Es handelt sich um Bücher, Vorschüsse und Auflagen, es ist ein Riesenhandel mit Einfällen und Reputationen.

21. 9. 40
Die »Berliner Illustrirte« ist immer sehr interessant. In der Nr. 38 finde ich auf einander folgenden Seiten das Bild des gebombten London und dann *Deutsche Baumeister.*

22. 9. 40
Steff hat, zwei Wochen auf der Schule in Helsingfors, den »Faust« (beide Teile) durchgelesen und ist sehr befriedigt davon. Einige Verse kann er auswendig. Weitere Ausbeute: Jacob Burckhardt (da Faust etwas mit der Renaissance zu tun hat), die Goethesche Cellini-Übersetzung, der Vasari. Groß beeindruckte ihn Kafkas »Prozeß«.

24. 9. 40
Hella Wuolijoki liest eben den »Puntila« und scheint sehr erschrocken. Er ist nicht dramatisch, nicht lustig usw. Alle Personen sprechen gleich, statt verschieden wie im Leben und in Hella Wuolijokis Stücken. Solche Partien wie das Gespräch des Richters mit dem Advokaten in der Küche sind langweilig (man weiß das in Finnland) und führen die Handlung nicht weiter. Kalle ist kein finnischer Schofför. Die Gutsbesitzertochter kann nicht vom Schofför Geld borgen wollen (wohl aber ihn heiraten wie in Hella Wuolijokis Stück), alles ist zu episch, um dramatisch zu sein. Dazu wird noch viel kommen, und man kann zwar vermittels der Logik nachweisen, wie unrealistisch die naturalistische Schablone oder die landläufige Familienblatt-Psychologie ist, auch Baufehler usw.,

aber nicht, daß etwas lustig ist oder sublime Prosa. Dabei ist es wünschenswert, daß Hella Wuolijoki nicht den Mut verliert, das Stück für das Richterkomitee zurechtzumachen, abends sprachen wir darüber, und es gelang mir, in einigem beruhigend zu wirken. Ich brachte vor, daß allzuviel Spannung mir nicht erwünscht scheint, da man mit gespannten Bauchmuskeln nicht gut lacht, daß die Fülle und Vitalität des Puntila nicht nur in einer großen Suada, sondern auch im Reichtum des Gestischen gestaltet werden kann und daß es nicht einmal für die Finnen langweilig sein muß, beschrieben zu hören, was »sie wissen«. So klug und bescheiden Hella Wuolijoki ist, und so begierig zu lernen, war es mir doch nicht möglich, ihr etwa begreiflich zu machen, daß der Gang und Habitus der Szenen bei mir Gang und Habitus des Puntila in Ziellosigkeit, Lockerheit, in seinen Umwegen und Verspätungen, Wiederholungen und Unpäßlichkeiten nachmacht. Die Frauen von Kurgela will sie früher kommen lassen, gleich nach der Einladung, damit das Publikum sie nicht vergessen hat. Sie sieht nicht die Schönheit darin, daß sie eben schon beinahe vergessen sind, vom Publikum wie von Puntila selber, und dann auftauchen, so lang nach dem Morgen, an dem sie eingeladen wurden. Auch darin, daß eigentlich niemand eine besondere Fortsetzung erwarten wird, wenn Puntila sie an diesem schönen Morgen eingeladen hat, da ja die Einladung alles ist und das Kommen nur den Mißbrauch darstellt.

1. 10. 40
Ich las in *Diderots* »Jakob der Fatalist«, als mir eine neue Möglichkeit aufging, den alten *Ziffel*-Plan zu verwirklichen. Die Art, Zwiegespräche einzuflechten, hatte mir schon bei *Kivi* gefallen. Dazu habe ich vom »Puntila« noch den Ton im Ohr. Ich schrieb probeweise zwei kleine Kapitel und nannte das Ganze »Flüchtlingsgespräche«.
Das Laub wird gelb, die Kühe werden dem Stall zu getrieben, häufig gibt es Regen.

3. 10. 40
Hella Wuolijoki verkauft Marlebäk. Der Betrieb wird immer schwieriger. Da kein Benzin verkauft wird, kehrt die Landwirtschaft zu Pferd und Menschenkraft zurück, und die Hauptstadt hat sich in die Entfernung zurückgezogen, die sie gegen Ende des vorigen Jahrhunderts hatte. Der Milchtransport zur Bahn wird ein

Problem, er nimmt vier Stunden statt eine halbe. Das Personal reicht nicht mehr aus, und mehr Leute zu füttern ist fast unmöglich. Der Wert des Guts ist gestiegen, seit die Deutschen Durchfahrtsrecht nach Norge erhalten haben, was vorige Woche geschah.
Hella Wuolijoki ist nun sehr zufrieden mit dem »Puntila«. Beim Übertragen ins Finnische, sagt sie, habe sie gesehen, daß das Stück sehr reich und Puntila eine nationale Figur geworden sei.

7. 10. 40
Zurück in Helsingfors. Die Sandsäcke, Verschalungen vor den Fenstern, weißgestrichenen Autos des Kriegswinters sind verschwunden, dagegen sehe ich eine erste Schlange vor einem Milchladen. Wir haben zwei Zimmer und Küche in der Repslagergatan im Hafenviertel. Ich sehe auf Himmel, ein Stück Hafen mit kleinem Dampfer und die Holzschuppen einer Kistenfabrik. Das Haus ist modern, die Zimmer sind geweißnet.
Mit *Parmet* die Musik zur »Courage« besprochen. Ich möchte die Nummern als mechanische Einsprengseln, etwas darin von dem plötzlichen Aufschallen jener Butiken-Apparate, in die man einen Groschen wirft. Für die Musiker ist es schwer, nicht alles selbst zu produzieren, d.h. der Bühne Raum auszusparen; andrerseits das Individuelle zu bewahren, wenn sie sich der Funktion (der dramaturgischen) unterwerfen. Sie sind meist interessiert von der Aufgabe, Gesten und Gestenwechsel musikalisch zu fixieren, fürchten jedoch, als Epigonen *Weills* zu scheinen, der als erster machte, was ich für die Bühne brauchte. Ich sagte ihm: der zweite Mann, der ein Sonett verfaßte, hatte es schwer, dem Vorwurf des Epigonentums zu entgehen.

8. 10. 40
Welche Ausbeute für das Theater bieten die Fotos der faschistischen illustrierten Wochenblätter! Diese Akteure verstehen die Kunst des epischen Theaters, Vorkommnissen banaler Art den historischen Anstrich zu geben.

16. 10. 40
Ein Buchhändler hier bittet mich, vor dem Studententheater einen Vortrag über das Theater zu halten. Ich schlug den »Über experimentelles Theater« vor, den ich vor einundeinhalb Jahren in Stockholm hielt. Den Titel aussprechend, hatte ich das Gefühl, ich

nännte ein völlig antiquiertes Thema. Und nicht nur ein im Krieg unaktuelles. Den üblen Klang, den der Begriff »Experiment« heute hat, muß er in der vorbaconischen Ära gehabt haben. Die Dynamik der Ereignisse in Europa ist der leere Auslauf des Alten, hektisches Leben des Überlebten, mit nichts Experimentellem in sich. Die Versuche eines in den Sumpf Gefallenen, den festen Boden zu erreichen, sind natürlich keine Experimente. Neues zu wollen ist veraltet, neu ist, Altes zu wollen.
Ein Musiker, dem ich die Texte der »Courage« zum Komponieren gab, nebst einigen Anleitungen, machte drei Kompositionen, spielte sie seinen Bekannten vor, hörte, er kopiere *Weill*, und sprang ab. Umsonst, daß ich ihm erklärte, nur das Prinzip sei von ihm beibehalten, ein Prinzip, das nicht Weill gefunden hat. (Ich erzählte ihm, wie ich Weill seinerzeit als Busoni- und Schrekerschüler antraf, als Verfasser atonaler, psychologischer Opern, und ihm Takt für Takt vorpfiff und vor allem vortrug usw.) Freilich muß der zweite und dritte, der das Prinzip benutzt, den Vorwurf des Kopierens einstecken, wie der zweite und dritte, der einstmals die Sonettform benützte. Auch mir wird man sagen, ich wiederholte mich nur. Denn man will solche Dinge wie die »Dreigroschenoper« nur als originellen Einzelfall. Dabei waren meine Arbeiten eigentlich niemals extrem, weit weniger »modern« als andere Arbeiten. Einige wenige Prinzipien wurden aufgestellt, und sie wurden immer erklärt und begründet.

28. 10. 40
Leichter Anfall von Ischias, immerhin unangenehm genug, mich am Arbeiten zu hindern. Ich stelle bei solchen Gelegenheiten fest, wie sehr ich beim Schreiben auf Gesundheit angewiesen bin, ich schreibe von oben herab.
Hella Wuolijoki erzählt, der von ihr geschätzte Paavolainen habe den »Puntila« als klassisches finnisches Nationallustspiel erklärt. Er kenne kein Werk, wo so gedrängt so viel über Finnland gesagt sei. Ich bin jetzt überzeugt, daß die »Edda« von einem Juden geschrieben ist und der »Jesaias« von einem Babylonier.

1. 11. 40
Diese *praktikablen Abbilder* von Vorgängen unter Menschen, welche das nichtaristotelische Theater liefern will, machen dieses Theater noch nicht zu einem rein utilitären. Beabsichtigt sind nur

Abbilder, welche die Welt einem nicht nur betrachtenden, sondern auch praktischen Menschen abbilden, d.h. die Welt wird als änderbare gefaßt. Ein moralischer Imperativ »Ändert sie!« braucht nicht wirksam zu werden. Das Theater bekommt einfach einen Zuschauer, der die Welt produziert. Es muß sich natürlich nicht darum handeln, daß jeder Zuschauer eine Patentlösung der Welträtsel ausgehändigt bekommt. Nur als Mitglied der Gesellschaft wird er instand gesetzt zu praktizieren. Und der Begriff *Praxis* bekommt eine ganz neue mächtige Bedeutung. – Die Abbilder brauchen auch nicht etwa »objektiv« zu sein.

5. 11. 40
Schnee. Immer noch Ischias.
Heute wählt Amerika. Hier fällt eine wichtige Entscheidung. Seit dem *Pakt* fiel keine so wichtige.
Im allgemeinen glaubt hier niemand mehr ernstlich an Deutschlands Sieg, wie es scheint. Man nennt Dunkerque die Marne von 1940. Die ausgebliebene Invasion wird viel besprochen.

10. 11. 40
Merkwürdig, wenn man in Gesprächen über Kunst erlebt, wie das, was man anstrebt, als besonders primitiv und rückständig berichtet wird. So erwähnte die Kritikerin Hagar Olsson als Zeichen der Rückständigkeit des hiesigen Publikums, daß es beim Anblick eines Bildes, auf dem ein Haus abgebildet ist, von dem Haus rede. Eben das erstrebt dann die am meisten fortgeschrittene Kunst wieder.

11. 11. 40
Ich lese über das Leben des *Kungfutse*. Was das für ein lustiges Stück wäre! Der Zwanzigjährige ist Pacht- und Steuereintreiber des Fürsten. Aus seiner einzigen größeren Stellung, die der Goethes in Weimar gleicht, wird er verdrängt durch Kurtisanen und Pferde, die der Fürst bekommt. Man denkt an den Weimarer Hund. Dann zieht er 20-30 Jahre herum, einen Fürsten zu finden, der ihn Reformen machen ließe. Man lacht überall über ihn. Er stirbt, überzeugt, daß sein Leben ein Fehlschlag und Durchfall gewesen sei. – Man müßte all dies humoristisch behandeln und dazwischen, unvermittelt, seine Lehre bringen, soweit sie noch weise erscheint. Allein die Szene, in der er die Geschichte Lus verfaßt, sich an die Wahrheit haltend, würde das Stück verlohnen.

16. 11. 40

Das finnische Nationaltheater führt Hella Wuolijokis »Die junge Wirtin von Niskavuori« auf. Es ist das erste Stück einer Trilogie über einen Großbauernhof in Tavastland. Die Trilogie zeigt, wie der Hof nicht für die Menschen, sondern die Menschen für den Hof da sind; wie der Besitz die Familie formt und alle Beziehungen der Individuen vernichtet. Die Zeitungen sehen das aber keineswegs. Grund: das Werk ist in der naturalistischen Manier verfaßt, so daß all dies nur Hintergrund wird, es kommt alles nur vor, es kommt nicht nach vorn. Die Höhepunkte des Dramas fallen nicht mit den Höhepunkten oder Nervenpunkten dieses Stoffes zusammen. (Bei *Shaw* wird der Hauptstoff als Gesprächsthema gebracht oder – in der Vorrede.)

18. 11. 40

Hielt den Vortrag über experimentelles Theater vor Studenten (vom hiesigen Studententheater). Nette junge Leute, anscheinend ganz ohne Interessen, weder am Studieren noch am Theater. Ein Grauen, zu denken, vor dieser Schicht so etwas wie nichtaristotelisches Theater etablieren zu wollen. Als die Autotaxe schon gemeldet war, hatte sich eine Zuhörerin zu einer Diskussionsfrage aufgerafft. Ob ich Tendenztheater wolle. Ich stieg lieber in die Taxe als auseinanderzusetzen, daß man auf nichtaristotelische Art Tendenztheater und tendenzloses Theater machen kann.
Der große Dramatiker ist hier, wie anscheinend auch in Schweden, im Augenblick Maxwell Anderson.

4. 12. 40

Im letzten Jahr saß *Steff* stundenlang am Radio, wenn Jazzmusik gespielt wurde. Dann nahm ich ihn mit zu einem deutschen Musiker, der uns ein Mozartquartett vorspielte. Es gefiel ihm, und jetzt geht er jeden Samstag in eine kleine Kirche, wo alte Kirchenmusik gespielt wird. Mit der Malerei ging es ähnlich. Zuerst imponierte ihm das Modernste, Futurismus und Surrealismus, jetzt kauft er sich Dürer- und Holbeinmappen. Im übrigen interessiert ihn der V-Effekt, von dem er etwas auffing, als er einige Blätter des »Messingkauf« durchstöberte. Er hat gut gelernt zu lernen. Im Sommer aß er viel Grünes, obgleich er Gemüse nicht mag, und trank viel Milch, da Zeiten des Mangels bevorstanden. Nun härtet er sich ab, zieht möglichst wenig an usw. Seine Skepsis baut er unermüdlich aus. Moral interessierte ihn bis vor kurzem sehr. Ich hatte ihn zu Egoismus ermutigt, sein Mißtrauen gegen altruistische Zumutungen geschärft. Das nahm störende Formen an, wie man sich denken konnte. Ich erwähnte beiläufig, daß der Egoismus des kleinen Mannes besonders interessant sei. Wenig produktiv, leicht verletzlich könne er sich Großzügigkeit nicht leisten und nur mit äußerstem Egoismus selbst in den kleinsten Dingen sich eben halten. Mehr als einen, nämlich sich selber zu unterhalten, sei er gar nicht imstande, usw. Das Resultat sehe ich noch nicht, jedoch haben die krassen Äußerungen abgenommen. Noch vor zwei Jahren stahl er wie eine Ratte Grammophonplatten in Läden, Bücher in Bibliotheken. Ich versuchte das ohne Diskussion des Eigentumbegriffs abzustellen, indem ich auf unsere exzeptionelle Lage verwies und an seine politische Einsicht appellierte. Es war anscheinend nicht erfolglos. Sein schlimmster Fehler ist vielleicht eine gewisse Rachsucht, er vergißt nicht kleine Verstöße anderer und läßt schnell (und anscheinend mit Genuß) Menschen fallen.

4. 12. 40
Grete hat hohes Fieber; da sie die letzten Wochen sehr abgenommen hat, große Sorge. Die Blinddarmoperation im Frühjahr kann die Tbc aktivisiert haben. Dazu waren wohl die Saunas von Marlebäk ein Fehler, und jetzt grassiert hier eine böse Influenza. Auch sind für uns Visa von Mexiko gekommen, die sie nicht einschließen.

6. 12. 40
Anschließend an die Untersuchungen in der »Straßenszene« müßte man andere Arten alltäglichen Theaters beschreiben, die Gelegenheiten aufsuchen, wo im täglichen Leben Theater gespielt wird. In der Erotik, im Geschäftsleben, in der Politik, in der Rechtspflege, in der Religion usw. Man müßte die theatralischen Elemente in den Sitten und Gebräuchen studieren. Die Theatralisierung der Politik durch den Faschismus habe ich schon ein wenig bearbeitet. Aber dazu müßte das alltägliche Theater studiert werden, das die Individuen ohne Publikum machen, das geheime »eine Rolle Spielen«. So müßte man das »elementare Ausdrucksbedürfnis« unserer Ästhetiken einzirkeln. Die »Straßenszene« bedeutet einen großen Schritt entgegen der Profanisierung, Entkultisierung, Säkularisierung der Theaterkunst.

9. 12. 40
Das Schwedische Theater hier interessiert sich für eine »Mutter Courage«-Aufführung. (?) Ich nehme das zum Anlaß, ein paar Szenen mit dem Schauspieler Greid durchzuarbeiten. Das Zerschneiden der großen Szenen in Teilszenen geht leicht, jedoch gelang es bis jetzt Greid nicht, auch nur einen einzigen Titel zu finden. Als Beispiel die 2. Szene.

Vorschlag G	*Vorschlag B*
Mutter Courage wird beim Verkauf einer schon rar gewordenen Ware durch die Ankunft ihres Sohnes Eilif begünstigt. (2 Szenen zusammengeschlagen!)	Mutter Courage treibt Lebensmittelwucher in der Küche des Feldhauptmanns. (a) Wiedersehen der Courage mit ihrem Sohn nach zweijähriger Trennung. Sie benützt seine Ankunft und seinen Ruhm zur Preistreiberei. (b)
Eilif berichtet seine Heldentat.	Mutter Courage hört, wie gefährlich das Soldatenleben ihres Sohnes ist. *Zugleich*: Eilif wird wegen eines Raubüberfalls auf Bauern vom Feldhauptmann als klug und kühn gefeiert.
Mutter Courage über schlechte Feldhauptleute.	Mutter Courage ärgert sich über den Feldhauptmann, weil er von ihrem Sohn Heldentaten verlangt.

Usw.
Von diesem Ergebnis etwas enttäuscht, suche ich Methoden zur Titelfindung. Man könnte ein Schema von Wirkungsquanten aufstellen, nach denen die Szenen befragt werden müssen. Poetische, dramaturgische, sittengeschichtliche, sozialpolitische, psychologische (die Menschenkenntnis fördernde) usw. Über diese Quanten könnten Sätze gebildet werden, die in ästhetischen, sittengeschichtlichen, historischen, psychologischen Büchern stehen könnten. Als Beispiel der erste Titel der 2. Szene; aufgelöst in Sätze über einzelne Wirkungsquanten:

a) Poetisch ist der Kapaun und das Lob seiner hervorragenden Eigenschaften.

b) Die Courage macht Geschäfte am Krieg.
c) Die Händler brandschatzten ihre eigenen Heere wie die Bewohner des bekriegten Landes.
d) Die Interessen der Obrigkeiten und des Volkes sind nicht immer dieselben.
e) Kunst des Handels.

10. 12. 40
Diktonius geht es finanziell sehr schlecht. In kleinen Ländern wäre den Lyrikern nur durch staatliche Unterstützungen zu helfen. Am besten, wenn diese die Form von staatlichen Aufträgen hätten. Z.B. könnte der Staat Übersetzungen klassischer Werke bezahlen. – Solche Aufträge gehörten zum Kulturaufbau jedes Staates. Es gäbe noch andere. So könnte man die alten Werke ohne viel Kommentar aufführen, die neuen ohne viel Zensur, wenn man zeitgenössische Dichter kleine Stücke dichten ließe, komische oder tragische, die man nach den betreffenden Werken aufführen kann. Keine »Faust«-Aufführung ohne nachfolgende Satire.

11. 12. 40
Johanson zeigt große Zuversicht, da er sonst nichts zu zeigen hat. Die Römer, welche das System noch nötiger hatten als die Germanen und welche es vor allem ein Jahrzehnt länger genießen, erleiden infolgedessen entsetzliche Niederlagen. Die letzte Nummer der »Berliner Illustrirten« ist wie eine »Stürmer«-Nummer. Die Germanen scheinen einen zweiten Feldzug in Polen siegreich beendet zu haben. Unter Lublin befanden sich jüdische Warenlager, welche jetzt erbeutet wurden. Man weiß jetzt, warum die Lebensmittelknappheit. Immerhin, die Schlacht von Lublin beweist, daß die Erfolge weitergehen. Und nun tritt Johanson als großer Sozialist auf. Er hat große Pläne für die Arbeiter nach dem Krieg. Hauptsächlich kulturelle, sie werden aber auch wohlhabend. Die sozialen Schranken sind schon gefallen, das beweist seine eigene Karriere. Er ist nicht einmal Jurist und doch ihr Führer. Er baut auf den Arbeiter. Schon 14-18 fiel ihm der Arbeiter auf. Der Reiche hatte allen Grund, sein Land, wo es ihm gutging, zu verteidigen, aber der Arme? Und er verteidigte es doch! Nach der Niederlage richtete Johanson sein Auge wieder auf ihn, unverwandt. Er würde es noch einmal tun, bestimmt, so wie er gebaut war.
Die Donau friert ein. Rumänische Ölquellen stehen in Brand. Ame-

rika erwägt Kredite. Der Balkan sperrt sich ab. Spanien schließt Verträge mit USA und England. Frankreich lehnt den Frieden ab.

11. 12. 40
Den »Hamlet« des Schwedischen Theaters angesehn. Was für eine Vereinigung von Finessen und Kruditäten! Das ältere Stück schaut überall durch, jedoch wirken wohl die plumpen Metzgereien doppelt plump, weil die Intrigen anscheinend weggestrichen sind, um für die Reflexionen Platz zu schaffen. Es ist so ziemlich die roheste Handlung, die Shakespeare bearbeitet hat (der »Titus Andronicus« zählt nicht mit); er hat den empfindlichsten Helden hineingestellt. Seine Verletzlichkeit führt andauernd zu Verletzungen. Ich glaube nicht, daß die Deutung der Späteren richtig ist, wonach der Sinn des Stückes in der Darstellung des zaudernden intellektuellen Menschen besteht – wiewohl seine Bedeutung darin bestehen mag. Hamlet ist einfach ein Idealist, den der Zusammenprall mit der realen Welt aus der Bahn schleudert. Der Idealist, der zum Zyniker wird. Nicht: handeln oder nicht handeln ist die Frage, sondern schweigen oder nicht schweigen, billigen oder nicht billigen. – Nichts ist komischer als die seriöse Weise, in der unsere Theater den Shakespeare aufführen. Er mag theatralisch sein, aber er ist niemals repräsentativ. Unsere Spießbürger können sich Naivität und Komplizität nicht zusammen vorstellen. Shakespeare schrieb für ein kleines Theater mit starker Bedeutung, einen intimen Biergarten. Seine Größe ist nicht mit dem Meterstab zu messen. Seine Bühne war das, was wir surrealistisch nennen, freilich ohne die Shockwirkung, auf die der Surrealismus ausgeht, es ist ein unschuldiger Surrealismus. (Die Feldherrnzelte zweier feindlicher Heere auf *einer* Bühne, gleichzeitiges Spiel usw.) »Hamlet« ist für die Shakespearezeit schon ein Märchen, ein wirres und blutiges, mit Geistern, vergifteten Schwertgriffen, herumziehenden Heeren usw. Der Schluß, mag er auch ein Kompromiß sein mit dem Kidschen Hamletdrama, ist eine ungeheure Kühnheit vom Standpunkt Shakespeares: all dies Denken und Planen, all diese Krämpfe des Gewissens enden unsicher, zufällig, in einem Chaos von Intrigen und Planlosigkeit. Noch auf die Bestätigung seines Verdachts, man trachte ihm nach dem Leben, wartend, stirbt Hamlet schon, selber ein mehrfacher Mörder. Diese trübsinnige Metzelei ohne Moral, Selbstvernichtung eines Clans vermochte nur ein Theater wie das Elisabethanische zu produzieren.

Die Aufführung, sehr provinziell (d.h. repräsentativ), zeigte mir übrigens, wieviel davon abhängt, daß der Darsteller des Hamlet die Handlung spielt und nicht nur das Exhibitionistische und Reflektorische bringt. Hier versagen die meisten Hamletdarsteller.

12. 12. 40
Hella Wuolijoki äußert sich über den *neuen Menschen*, der immer wieder gesehen oder postuliert wird. Sie findet überall den alten Menschen »mit seinen ewigen Eigenschaften, Passionen, Problemen usw.«. Ich finde das Postulat selber ein religiöses, es ist der alte neue Adam. In Wirklichkeit ist der neue Mensch der alte Mensch in den neuen Situationen, d.h. derjenige alte Mensch, der den neuen Situationen am besten gerecht wird, den die neuen Situationen nach vorn treiben, das neue Subjekt der Politik. Die neuen Aktions- und Reaktionsweisen konstituieren den »neuen Menschen«; das Alte an ihm bleibt, daß er eben ein Mensch ist. Alle Postulate an den Menschen, welche über die Postulate hinausgehen, welche die Situation stellt, sind zu verwerfen, solche Neuheitsbegriffe sind wertlos.

15. 12. 40
Die goldene Zeit der *Tuis* ist die liberale Republik, aber den Gipfel erklimmt der Tuismus im Dritten Reich. Der Idealismus, auf seiner niedersten Stufe angelangt, feiert seine gigantischsten Triumphe. Philosophisch – und damit adäquat – ausgedrückt: das Bewußtsein zu dem Zeitpunkt, wo es dem gesellschaftlichen Sein am tiefsten versklavt ist, wirft sich auf, ihm in der herrischsten Weise diktieren zu wollen. Die »Idee« ist nichts mehr als ein Reflex, und dieser Reflex tritt in besonders gebieterischer und terroristischer Form gegenüber der Realität auf.
Ein Teilaspekt: Streit der demokratischen Tuis mit den autoritären Tuis. Die ersteren haben die Verträge geheiligt, welche durch ökonomische Druckmittel aufgezwungen und durch ökonomische Schliche außer Kraft gesetzt wurden. Die letzteren benützen militärische Mittel. In den demokratischen Ländern ist der Gewaltcharakter der Ökonomie nicht enthüllt (d.h. verhüllt), in den autoritären Ländern steht es so mit dem ökonomischen Charakter der Gewalt.

25. 12. 40
Ich dachte daran, ein für Kinder spielbares Stück zu schreiben, und am besten scheint mir »Das Leben des Konfutse« geeignet. Es muß eine bedeutende Figur sein, dazu eine, welche eine humoristische Darstellung aushält. An und für sich müßte das Stück nicht gerade für ein kindliches Publikum bestimmt sein, jedoch ist es auch für ein solches schreibbar. Ich habe eine starke Abneigung dagegen, irgend etwas irgendeinem Verständnis anzupassen. Die Erfahrung (ich denke z.B. an die »Mann ist Mann«-Aufführung durch die Schüler des Neuköllner Aufbaugymnasiums) zeigte immer wieder, daß Kinder das, was zu verstehen sich einigermaßen lohnt, ganz gut verstehen, ebenso wie Erwachsene. Und es lohnt sich für sie ungefähr dasselbe. Interne seelische Vorgänge, atmosphärische Valeurs, Tragik usw. mögen sie nicht sich die Mühe nehmen zu verstehen. Bei einer Konfutsebiographie würde es sich um anderes handeln. Man kann sich übrigens, unter gewissen Voraussetzungen sozialer Art, gut kindliche Berufsschauspieler vorstellen. Die Schulung zu Schauspielern müßte sowieso viel früher beginnen, als sie bei uns beginnt. Und die Verknüpfung von allgemeiner Schulbildung mit Arbeit ist nur unter den gegenwärtigen Bedingungen unheilvoll.
Es wäre sicherlich nicht schlecht, die Darstellung des Weisen den Kindern zu übergeben. Andrerseits gibt gerade diese Figur mit den großen Schlappohren, vortretenden Zähnen, Knollennase und Beule theatralisch den Kindern viel. Für die Proben könnte man Kontrollszenen schreiben, welche den Inhalt der eigentlichen Szenen in die Welt der Kinder selbst projizieren.

3. 1. 41
Im Sommer erzählte Hella Wuolijoki von estnischen Kriegsliedern aus dem Volk. Sie hat als Studentin eine Auswahl zusammengestellt. Das estnische Volk hat kein einziges kriegsbegeistertes Lied. Sie las einiges vor, sang es halb, in der estnischen Weise. Ich hielt sie an, das Ganze zu übersetzen. Sie hat es nun Grete, und als sie nicht schreiben sollte, mir diktiert und mit einer erstaunlichen Kenntnis des Deutschen; ich brauchte nur wenig zu machen. Es ist ein großes Gedicht.
(Merkwürdig die widerspruchsvollen Doppelverse wie: Mein goldenes Heim / Mein silbernes Heim / oder: Bellte der graue Hofhund / Grollte der rote Hofhund. Hier fällt ein dialektisches Mo-

ment auf. Über eine gewisse Weite und Vagheit kommt man zu einer größeren Plastik. Der Sänger legt sich nicht fest, tippt nur die Phantasie und Erinnerung an, benützt alle Hofhunde aller Höfe aller Zuhörer, in mächtiger epischer »Breite«, erzielt aber zugleich wohl auch beim primitiven Zuhörer den plastischen Eindruck, indem der Gegenstand von mehreren Seiten angegangen, in verschiedenem Vorkommen fixiert, zur Kongruenz gebracht wird. Und es stecken eben auch V-Effekte hier. Jedenfalls könnte man diese Verse so beschreiben, solange man nicht exakte Forschungen zur Verfügung hat.)

5. 1. 41

Die »Mutter Courage« durchstudierend, sehe ich mit einiger Zufriedenheit, wie der Krieg als riesiges Feld erscheint, nicht unähnlich den Feldern der neuen Physik, in denen die Körper merkwürdige Abweichungen erfahren. Alle Berechnungsarten des Individuums, gezogen aus Erfahrungen des Friedens, versagen; es geht nicht mit Kühnheit, es geht nicht mit Vorsicht, nicht mit Ehrlichkeit, nicht mit Betrug, nicht mit Brutalität noch mit Mitleid, alles bringt Untergang. Aber es bleiben die Kräfte, welche auch den Frieden zu einem Krieg machten, die unnennbaren.

10. 1. 41

Der Grund dafür, daß Dichter wie Gelsted im Politischen so versagen: ihnen ist die Ausbeutung oder der Klassenkampf keine poetische, sondern eine moralische Kategorie. Solche Dinge haben sie lange für natürliche angesehen, wenn auch für unästhetische. Nunmehr sehen sie sie als unnatürliche, und Unnatürliches ist niemals Feld der Ästhetik. In der Dichtung besteht das Sittliche nicht in der Entrüstung, sondern in der Wahrhaftigkeit. Dazu kommt, daß diese Dichter den Arbeitern gern eine hohe Mission auferlegen. Das erfüllt diese mit berechtigtem Mißtrauen, denn sie wollen nicht das Kanonenfutter ethischer Missionen sein. Ihr Ziel ist nicht die Ethik, wenn es auch ethisch ist. Sie brauchen niemandem etwas zu versprechen außer sich selber.
Gegen den Kapitalismus sind diese Dichter, weil er nicht harmlos ist wie sie. Den Arbeitern kommen sie als streitbare Hascherl vor.

14. 1. 41
Zum »Konfutse«: Das schickliche Benehmen, das ihm vorschwebt, könnte am ehesten das des patriarchalischen Gemeindewesens Alt-Chinas sein. Hierher der Mythos von paradiesischen Zeiten. Und darum das Scheitern Kungs, der das alte Benehmen auf der neuen Basis reproduzieren möchte. Zu Beginn seiner Laufbahn mag er, der ärmlich Aufgezogene, sehr wohl echte Reformen (hauptsächlich des Steuer- und Pachtwesens, aber überhaupt der korrupten und parasitären Verwaltung) angestrebt haben, welche, durchgeführt, möglicherweise eine Basis für mildere Lebensformen abgegeben hätten. Niedere Steuer zu nehmen, gehörte wohl zum schicklichen Benehmen des Fürsten. Jedoch erlebte er es, wie nur diejenigen seiner Vorschriften wirklich beachtet wurden, welche die bestehenden Eigentumsverhältnisse konservierten.
Ein Stück dürfte sich nicht um die Zutaten späterer, zivilisierter Zeiten kümmern; es müßte unbekümmert und frisch das Kämpferische und Halbbarbarische des Gründers der Zivilisation zeigen. Es besteht ein Unterschied darin, ob der goldene Mittelweg begangen oder gebaut wird. Und es besteht ein Unterschied zwischen einer Benehmens- und einer Zeremonienlehre.
Grete, welche das (bißchen) Material studierte, darunter die »Analects«, findet alles enorm reaktionär. Die Forderung nach *einem* Fürsten (statt einem Dutzend von Baronen, die *nur* Exploiteure waren), die Haltung zur Frauenfrage usw. stoßen sie ab.

16. 1. 41
Mit dem Musiker Pergament über das Lehrstück »Die Horatier und die Kuriatier« gesprochen. (Er ist seit acht Jahren arbeitslos, obgleich der beste Dirigent des Landes, und kann jetzt noch keine publike Stellung bekommen, da er für die Schweden ein Jude und für die Finnen ein Schwede ist.) Eigentlich fehlt ein Schlußkapitel. Die Horatier siegen militärisch, aber die Kuriatier erleben eine Umwälzung und kämpfen mit neuen Mitteln, so daß ein echter Friede möglich wird, der beiden Völkern recht ist.

19. 1. 41
Finnland kämpft mit großen Schwierigkeiten. Die Kindersterblichkeit in Lappland war 1938 etwa 8,6 %, ist aber jetzt auf das Drei- bis Vierfache gestiegen, wie »Socialdemokraten« berichtet. An der Grenze wurden im August 1614 Kinder untersucht und da-

von 300 vollkommen gesund befunden. 90 % der Kinder an der östlichen Grenze leiden an Rachitis, von den evakuierten Kareliern 50 – 60 %.

20. 1. 41
Die Lage ist nach wie vor sehr schwierig zu beurteilen. Deutschland hat eine gewaltige Ausgangsbasis für Blockade und Invasion geschaffen, seine Ernährungslage durch die Okkupationen verbessert, seine Armee verstärkt; jedoch ist es zweifelhaft, ob seine Brennstoffvorräte ausreichen für größere Operationen und den weiteren Wettlauf in der Vergrößerung des Kriegspotentials. Die Kommunikationslinien haben sich ungeheuer verlängert. Italien ist eine offene Wunde, da die geographische Lage ungünstig ist und die Industrie anscheinend schwach arbeitet. Frankreich ist aus dem Krieg ausgeschieden, jedoch nicht ganz, da Flotte und Kolonien noch verhältnismäßig intakt sind. Das Regime stützt sich auf die deutsche Armee. England hat sein Empire in den Krieg gebracht und die USA an sich gebunden. Es führt den Krieg auf konservativer Linie. Der Ausfall der französischen Armee beraubt England der Initiative einem eventuell besiegten Deutschland gegenüber. Es hat keine Kontinentalarmee mehr. Die Invasionsgefahr ist nach wie vor sehr groß. Die Aufrüstung der USA kommt sehr langsam in Schwung, inzwischen geht die Destruktion der englischen Industrie weiter. Die USSR hat sich bisher einer Verwicklung in den Weltkrieg entzogen und hat Zeit, sich gegen den Sieger zu rüsten. Sie scheint immer noch einen Zusammenschluß der Kriegführenden gegen sich für die Hauptgefahr zu halten und anzunehmen, daß der Sieger nach dem Krieg halb so stark als vor dem Krieg sein dürfte. Sie bindet sehr starke Kräfte der Kriegführenden und zwingt sie zu eigentümlich unpraktischen, halben und teuren Aktionen. (Churchill: »Hitler kann gegen uns nur so viele Flugzeuge verwenden, als seine Besorgnis vor der USSR ihm gestattet.« Möglicherweise unterblieb deshalb schon die Invasion nach dem Zusammenbruch Frankreichs. Der Balkan ist gesperrt. Auch England muß gewisse Gebiete stark besetzt halten, auf die Mitarbeit der Türkei verzichten, seine Syrienarmee in Reserve lassen usw.). Da die USSR sämtliche Regierungen für feindlich zu halten scheint und sämtliche Regierungen noch sehr stark sind, glaubt sie wohl, keinerlei Bindungen eingehen zu dürfen.

22. 1. 41
Wir sehen den Film nach *Steinbecks* »Grapes of Wrath«. Man sieht noch, daß es sich um ein großes Buch handeln muß, und die Unternehmer wollten wohl nicht »die Kraft aus ihm nehmen«. Sie kochen das Thema in Tränen weich. Wo nicht »suggestives Spiel« vorherrscht, gibt es starke Wirkungen (die Traktoren als Tanks gegen die Farmer, der faschistische Streikbrechercamp, die Autofahrt durch die ganzen Staaten auf Arbeitssuche, das Begräbnis des alten Farmers). Das Ganze eine interessante Mischung von Dokumentarischem und Privatem, Epischem und Drrramatischem, Informativem und Sentimentalem, Realistischem und Symbolischem, Materialistischem und Idealisierung.

26. 1. 41
»Das Lied vom Rauch« beendet, »Das Lied vom achten Elefanten« und »Das Terzett der entschwindenden Götter auf der Wolke« gemacht (das erste vom Rauch mit Grete). Hella Wuolijoki hat den »Puntila« hauptsächlich für das Preisausschreiben für finnische Dramatiker haben wollen; ihn dem Komitee eingereicht, aber keinen Preis bekommen. Grund scheint mir: sie hat nicht intrigiert. Als ob nicht gerade das Gute unbedingt am meisten Reklame, Intrige und Schiebung benötigte!

27. 1. 41
Wenn eine Invasion in England wirklich gemacht wird, so kann sie kaum ganz mißglücken. Solche technischen Unternehmungen sind in hohem Maß kalkulierbar. Ein Tank ist kein Pferd, er hat weder second spirit, noch scheut er. Die Apparatur hat, hegelisch ausgedrückt, einen Horror vor dem Zufall. Natürlich sind da die Friktionen. Aber da ist auch Gas. Es ist den Deutschen gelungen, das Gas zu einer geheimen Waffe zu machen.
Interessant, wie Technik immer mehr Technik verlangt. Die Bomber sind nicht den Geschützen, sondern den Projektilen zu vergleichen. Entscheidend sind ihre technischen Basen. All dies hochgradig Verwundende ist hochgradig verwundbar.
Nach Gamelin gleicht die moderne Armee von 1939 der Flotte von 1914, indem sie eben ein Technikum ist. Und ungeheuer teuer. So daß sie also nur nach enormen Vorbereitungen zu den entscheidenden Schlägen eingesetzt werden kann. Es dauert lange, den Blitz zu machen.

So bekämpfen sich die Industrien ökonomisch und militärisch.

30. 1. 41
»Der gute Mensch von Sezuan« ist das sechste Stück, das zunächst nicht wird aufgeführt werden können (»Die heilige Johanna der Schlachthöfe«. »Furcht und Elend des Dritten Reiches«. »Leben des Physikers Galilei«. »Mutter Courage und ihre Kinder«. »Herr Puntila und sein Knecht Matti«.) Ebenfalls sechs Stücke sind es, die aufgeführt sind, wenn ich von »Trommeln in der Nacht« und »Im Dickicht der Städte« absehe, die mir fremd geworden sind (»Baal«. »Leben Edwards II. von England«. »Mann ist Mann«. »Dreigroschenoper«. »Rundköpfe und Spitzköpfe«. »Die Mutter«.)

4. 2. 41
Steff arbeitet seit Wochen an einem 40 Seiten langen Aufsatz über die englische Revolution im 17. Jahrhundert für die Schule. Er versucht die Klassenkämpfe zu analysieren, auf Grund sehr schlechter Geschichtsbücher (das beste ist von Buckle, die Kulturgeschichte). Er hat ein bißchen Kautsky gelesen und den »Caesar«. In einem Schlußwort trägt er einen Disput mit seinem Rektor aus, indem er materialistische Geschichtsauffassung mit etwas Positivismus (der Physikbücher) mixt, um gegen die metaphysischen Bedürfnisse des Pädagogen anzukommen. Jede Geschichte ist lediglich eine Konstruktion, ob die Wirklichkeit ihr entspricht, ist höchst unsicher, soweit die Konstruktion logisch geschlossen ist und Fakten benutzt, ist sie wahr im alten Sinn. Die materialistische Methode benutzt er, weil sie praktisch (und elegant) ist, für jetzt Winke enthält, mit heute plastischem Vokabular zu bedienen ist. Das einzelne Individuum folgt höchst unscharf (nur mit statistischer Kurve versehbar) der Bewegung seiner massenhaften Formation. Es fällt Steff immerhin auf, daß er den König dann als Masse behandeln muß (wenn er mit Klassen verhandelt, kämpft usw.). Das stört ihn aber nicht weiter, da ja die Konstruktion, die das verlangt, hinreichenden Nutzen sichert. So stößt er auf die Erfahrung, daß die dialektische Methode es immer mit Massen zu tun hat, alles in Massen auflöst, das Individuum nur als Massenteil behandelt, wenn es dasselbe nicht ebenfalls in eine Masse zerlegt. Jedoch macht es ihm noch Schwierigkeiten, bestimmte Epochen als Einheiten zu sehen, in denen die verschiedenen Überbauschich-

ten in ganz besonderer Beziehung zueinander stehen, ganz besondere Wichtigkeiten haben usw. (Religion ist im 17. Jahrhundert nicht ebenso Opium fürs Volk wie im 20.) Natürlich gerät er mit seiner an sich ausgezeichneten Darstellung ins Hintertreffen, da sie nicht den besonderen König Karl enthält usw., d.h. jeder König an diesem Punkt des Feldes ausgereicht hätte, so daß seine Darstellung farb-, geruch- und geschmacklos ist wie eben ein mechanisches Grundmodell. Der Pädagoge müßte es leichthaben, es als etwas Totes, Graues, Unmenschliches zu kennzeichnen.

18. 2. 41
Die norwegischen Zeitungen bringen Kochrezepte neuer Art: wie man Krähen und Möwen zubereitet. Und die Gottesdienste werden von Polizisten überwacht.
Reisende berichten immerfort, das deutsche Volk sei kriegsmüde. Das mag sein, aber es bedeutet zunächst nicht viel mehr, als ein Bericht bedeuten würde, die Arbeiter der oder jener Fabrik seien arbeitsmüde. Der Krieg ist zu einer Industrie geworden. Er hängt hauptsächlich davon ab, ob das Öl ausgeht, nicht davon, ob der Fleiß ausgeht. Im Augenblick sucht Hitler einen Markt für seine »Produkte«, einen Kriegsschauplatz.

4. 3. 41
Gorelik schickt mir sein Buch über modernes Theater. Er behandelt episches Theater sehr fähig und vorsichtig, wenn es auch ein wenig nach Karbol riecht, da er seine Vorliebe für Laboratorien nicht verleugnen kann. Es wird mir klar, daß man von der Kampfstellung »hie ratio – hie emotio« loskommen muß. Das Verhältnis von ratio zu emotio in all seiner Widersprüchlichkeit muß exakt untersucht werden, und man darf den Gegnern nicht gestatten, episches Theater als einfach rationell und konteremotionell darzustellen. Die »Instinkte«, welche, automatisierte Reaktionen auf Erfahrungen, zu Gegnern unserer Interessen geworden sind. Die verschlammten, eingleisigen, vom Verstand nicht mehr kontrollierten Emotionen. Andrerseits die emanzipierte Ratio der Physiker mit ihrem mechanischen Formalismus. Jedenfalls, selbst wenn sich die Interessen der Künstler nicht in besonders emotioneller Form äußern sollten – wahrscheinlich tun sie es –, sie äußern sich eben doch in emotioneller Form. Die epischen Prinzipien garantieren eine kritische Haltung des Publikums, aber diese Haltung ist

eminent emotionell. Diese Kritik ist nicht zu verwechseln mit Kritik in bloß wissenschaftlichem Sinn, sie ist weit umfassender, keineswegs fachbegrenzt, viel praktischer und elementarer. Dann gibt es auf epischer Basis Lösungen für die Darstellung von Vorgängen, welche in der alten Form kaum dargestellt werden konnten. Die sozialen Motoren sind nun in Funktion sichtbar, während sie lange nur hinter einer »Situation« versteckt vorkamen. Das *Nach-und-Nach*, das *Mehr-und-Mehr*, der *Sprung*, kurz das *Prozessuale* wird verfolgbar. Unzählige Vorgänge, die den Dramatiker und das Publikum interessieren und leidenschaftlich bewegen, haben im alten Theater keinen Platz. Allein schon eine Untersuchung der Darstellungen des *Fehlers* (den der Held macht) würde die Mangelhaftigkeit des sogenannten dramatischen Prinzips alter Art erweisen.

7. 3. 41
Der große Irrtum, der mich hinderte, die Lehrstückchen vom »Bösen Baal dem asozialen« herzustellen, bestand in meiner Definition des Sozialismus als einer *Großen Ordnung*. Er ist hingegen viel praktischer als *Große Produktion* zu definieren. Produktion muß natürlich im weitesten Sinn genommen werden, und der Kampf gilt der Befreiung der Produktivität aller Menschen von allen Fesseln. Die Produkte können sein Brot, Lampen, Hüte, Musikstücke, Schachzüge, Wässerung, Teint, Charakter, Spiele usw. usw.

8. 3. 41
Anläßlich *Diderots* »Jacques le fataliste«: Auffällig, daß wir in Deutschland keinerlei Anzeichen einer verfeinerten Sinnlichkeit haben! Die Liebe ist dort (siehe »Faust«!) etwas Himmlisches oder etwas Teuflisches, aus welchem Dilemma man sich zog, indem man eine Gewohnheit daraus machte! Nur Goethe und Mozart wären zu nennen, und der letztere verlegte seine Liebesdramen weislich auf ausländische Schauplätze. Die Lyrik hat nichts zwischen dem Ätherischen, Überspannten, Immateriellen und der Zote der Wirtinnenverse. Keller hat einige Meriten, Heinrich Mann schildert nur Ausschweifungen. Im Mittelalter scheint der einzige Kulturträger auch auf diesem Gebiet der Klerus gewesen zu sein. Der deutsche Adel war genußunfähig, das Bürgertum dann idealiter puritanisch, d.h. realiter schweinisch. Der deutsche Student »tat es« nach solchem Bierkonsum, daß andere gekotzt

hätten, wo er koitierte. – Es wäre für die Deutschen gesund, ihr erstes Liebeslustspiel (ihr Mandragola) etwa in einem *Luther-und-Kätter*-Drama zu bekommen!

10. 3. 41
An das amerikanische Theater denkend, kam mir jene Idee wieder in den Kopf, die ich einmal in New York hatte, nämlich ein Gangsterstück zu schreiben, das gewisse Vorgänge, die wir alle kennen, in die Erinnerung ruft. (The gangsterplay we know.) Ich entwerfe schnell einen Plan für 11 – 12 Szenen. Natürlich muß es in großem Stil geschrieben werden.

28. 3. 41
Inmitten all des Trubels um die Visas und die Reisemöglichkeit arbeite ich hartnäckig an der neuen *Gangsterhistorie*. Nur noch die letzte Szene fehlt. Die Wirkung der Doppelverfremdung – Gangstermilieu und großer Stil – kann schwer vorausgesagt werden. Noch die der Ausstellung klassischer Formen wie der Szene in Martha Schwerdtleins Garten und der Werbungsszene aus dem Dritten Richard.
Steffs Kenntnisse über die Verwebungen der Gangsterwelt mit der Verwaltung kommen mir zustatten.

1. 4. 41
Im »Ui« kam es darauf an, einerseits immerfort die historischen Vorgänge durchscheinen zu lassen, andrerseits die »Verhüllung« (die eine Enthüllung ist) mit Eigenleben auszustatten, d.h. sie muß – theoretisch genommen – auch ohne ihre Anzüglichkeit wirken. Unter anderem wäre eine zu enge Verknüpfung der beiden Handlungen (*Gangster-* und *Nazihandlung*), also eine Form, bei der die Gangsterhandlung nur eine Symbolisierung der andern Handlung wäre, schon dadurch unerträglich, weil man dann unaufhörlich nach der »Bedeutung« dieses oder jenes Zuges suchen würde, bei jeder Figur nach dem Urbild forschen würde. Das war besonders schwer.

7. 4. 41
Man macht vielleicht einen primitiven Denkfehler, wenn man einen Kriegsausgang als unbedingt identisch mit einem Sieg des einen Partners denkt. Das Hornberger Schießen kann auch in totaler

Form und in modernisierter Ausgabe vorkommen. Es können lange Phasen von Halbkriegen entstehen. Teilpazifizierungen. Solche Grade von Erschöpfungen, daß der Krieg unmittelbar in die Anarchie übergeht. Die Kämpfe der Monopolkapitalismen können sich so komplizieren, daß sie überhaupt nicht mehr zu den »friedlichen« (unmilitärischen, ökonomischen) Formen der vergangenen Epoche zurückfinden. Dies, wenn die klassische Verwandlung solcher Kriege *nicht*, oder in unzulänglichem Maß passiert.

8. 4. 41
Merkwürdig, wie sich die Tragödie des kleinen Geschäftsmanns gegenüber den Trusts wiederholt in der Tragödie der kleinen Nationen. Völker, halb so groß wie die Einwohnerschaft Berlins, führen eine Politik, ausgehend von der Gleichberechtigung aller Völker!
Hier hält man die Invasion Englands für abgelöst durch den Balkankrieg, den sich – infolgedessen – niemand erklären kann. Wahrscheinlich ist er die Vorbereitung zur Invasion. Dieses Zweitakt-Angriffssystem, mit dem Gewicht auf dem zweiten Takt ist ja bekannt aus dem vorigen Jahr (Norwegen-Frankreich). Italien hat Schiffbruch gelitten mit seiner Aufgabe, die englische Flotte im Mittelmeer zu fixieren, damit der Atlantik entblößt bleibt und vielleicht auch Japan Amerika in Schach halten kann. Jetzt müssen das die Deutschen selber machen.

9. 4. 41
Die Welt hält wieder den Atem an. Die deutsche Armee rollt nach Saloniki in genau dem Tempo, das die Autos eben hergeben. Man hatte sich einen monatelangen Kampf vorgestellt, es waren Tage. Man erwartete dort die englische Wavellarmee zu sehen, es war nichts. Es ist, als ob nur diese Armee sich bewegen könnte. Sie allein schafft und beherrscht den Schlachtwürfel, der das Schlachtfeld abgelöst hat. Die veralteten Armeen konkurrieren da wie der Spinnrocken gegen die Jenny. Tapferkeit verliert gegen Fahrkunst, Unermüdlichkeit gegen Pünktlichkeit, Ausdauer gegen Fleiß. Die Strategie ist zur Chirurgie geworden. Ein feindliches Land wird »geöffnet«, nachdem es betäubt worden ist, dann wird tamponiert, desinfiziert, genäht usw. Alles mit der Ruhe.

12. 4. 41
Merkwürdig, wie das Manuskript während der Arbeit zum Fetisch wird! Ich bin ganz abhängig vom Aussehen meines Manuskripts, in das ich immerfort einklebe und das ich ästhetisch auf der Höhe halte. Immer wieder ertappe ich mich darauf, daß ich, nur damit die Seite ausgeht, versuche, mit einer ganz bestimmten Anzahl von Versen auszukommen für eine Änderung!

12. 4. 41
Ich habe den »Ui« ständig die Aufführungsmöglichkeit vor Augen geschrieben; das machte einen Großteil des Vergnügens aus. Aber jetzt verspüre ich die Lust, etwas ganz und gar und überall Unaufführbares hinterherzuschicken: »Ui, Zweiter Teil«. Spanien / München / Polen / Frankreich.

13. 4. 41
Über uns wohnen Österreicher, ein Schutzbündler mit seiner Frau. Sie sind entsetzt über den schnellen Fall von Saloniki. Dort werden ihre Armeen geschlagen, meinen sie.
Es ist klar, ein Sieg Hitlers würde das Zeitalter der eisernen Ferse einleiten. Die Frage ist nur: hat das Bürgertum die Kraft, auch der Phase des Monopolkapitals ihren vollen politischen Ausdruck zu verleihen? Eines ist schon klar: daß diese Phase zu tiefen Umwälzungen führt – Liquidierung der kleinen Nationen, Schließung des freien Arbeitsmarktes, Sistierung der formalen Demokratie, Produktionskontrolle (ohne Aufhebung des Profits) usw. – aber, natürlich, sie kann sehr kurz sein. Wird sie kurz sein? Rein historisch gesehen ist ja da noch ein fight fällig. Da sind noch Ressourcen. Die neue Organisationsform und die neue Waffe deuten eine Epoche an. Es ist ein Sieg möglich, des einen Systems über das andere, das kann eine Epoche einleiten. Der gegenseitige Vernichtungswille der beiden Systeme enthält außerdem einen Konservierungswillen für das System, das beide Systeme einschließt – das lähmt das ältere System. Und auch das macht eine »neue« Epoche möglich, denn es inhibiert eine allzuweit gehende Vernichtung.

14. 4. 41
Solche Intellektuellen wie die Kritikerin und Romanschriftstellerin Hagar Olsson sinken jetzt rapid zurück in Mystik und Pessimismus. Ihre Haltung zu Hitler ist charakteristisch steril. Er ist nicht der Hauptweg des Kapitalismus, sondern der Abweg. Er ist die Anomalie des Kapitalismus, nicht der Kapitalismus ist die Anomalie. Er hat den Krieg »vom Zaun gebrochen«, als ob es Zäune gäbe, wo kein Eigentum ist! Wenn ich genießerisch sage: er ist die feinste Blüte, die der Kapitalismus hervorgebracht hat, das »bisher letzte Wort«, die gereinigte, verbesserte Ausgabe, die alles enthält und neues dazu, sieht man mich an, als sei ich ein betrübendes Opfer seiner Propaganda.

14. 4. 41
Frühjahr, Zeit des Schmutzes und der Geburten. Die Aussicht, Ischias, Wanzen und Nationalismus zurückzulassen. – Tragödienstoff: Veranstaltung eines »soziologischen Experiments«, indem ein Mensch sich vernichten läßt, um den Destruktionsapparat in Funktion zu zeigen. Ein Lehrer, umgeben von seinen Schülern?

15. 4. 41
Vala erzählt von einem Gedicht, das ein junger finnischer Dichter dieser Tage geschrieben hat. Hoch im Gebirge kämpfen die letzten Truppen. In äußerster Bedrängnis schicken sie einen Kriegshund aus, mit einer Bitte um Hilfe. Sie geben ihm kein Ziel an. Irgendwo muß Hilfe sein, wir wissen nicht, wo, sagen sie. Der Schluß des Gedichts: Fallen darfst du nicht, du Hund, denn mit dir stürbe alle unsere Hoffnung. – Das ist die Stimmung vieler hier, besonders natürlich vieler Intellektueller, die von der deutschen Panzerwaffe erschrecken.

16. 4. 41
Erinnere mich bei der Lektüre von Maurois' »Tragedy in France« an den Plan zu einem Stück »Die Straße der Ministerien (Governmentstreet)«. Ein Blinder sieht, wie es kommen muß. In der Straße der Ministerien hat der blinde Bettler Jean Savour seinen Stand. Aus kleinen Anzeichen, unterrichtet von dem Portier des Außenministeriums, erkennt er, daß das Land Krieg haben wird, daß es den Krieg verlieren wird und wie. Es gelingt ihm, die kleinen Angelegenheiten seiner Freunde zu fördern.

18. 4. 41
Es ist mir jetzt, wie ich merke, fast unmöglich, wishful thinking zu vermeiden, d.h. unerschrockene Faktenanalyse zu betreiben. Immerfort ertappe ich mich auf dem Gedanken: das überdenke ich in USA.
Ich hätte Lust, eine »Kassandra« zu schreiben. Sie hat natürlich nicht das Zweite Gesicht, sie benützt nur ihr gewöhnliches Sehen. Und ihre schwarzen Voraussagen haben den praktischen Zweck, die Menschen aufzurütteln. So kommt das Morbide in Wegfall zusammen mit dem Mystischen. Es bleibt das tragische Los des Überbringers schlechter Nachrichten. Sie ahnt, was kommen wird, wenn sie sieht, wie wenig vorbereitet auf Abwehr ihre Umgebung ist; sie weiß, wie sich unter den kommenden Verhältnissen die Menschen ändern werden, auch die nächststehenden. Sie läuft von den Fürsten zu den Priestern, von den Kaufleuten zu den Fischern. Ihre Mutter ermahnt sie, zu schweigen. Sie versucht es, vergebens. Als Defaitistin erwartet sie ihren Prozeß, verabschiedet sich von ihren Kindern. Ihre Richter spricht sie an wie lauter Todgeweihte. Andere Szene: Verjagung des Pessimisten und Krittlers.

20. 4. 41
»Der gute Mensch von Sezuan« ist in zahlreichen Exemplaren seit Monaten an Freunde (in der Schweiz, in Amerika, in Schweden) verschickt, und noch nicht ein einziger Brief darüber ist eingelaufen. Die Bajonette der Sieger von 1870 mögen das »Kapital« in Europa zum Sieg geführt haben, die Tanks der Sieger von 1940 begraben unter sich den »Guten Menschen von Sezuan«.
Mit jedem Siegesrapport Hitlers verliere ich an Bedeutung als Schriftsteller. Selbst der Buchhändler und Kritiker Olsoni in Helsingfors findet nicht die Zeit, mein Stück zu lesen. Und es gibt immer weniger Besucher. (Dabei finden sie hier weder Verzweifelte noch Optimisten!)

21. 4. 41
Daß diese Aufzeichnungen so wenig Privates enthalten, kommt nicht nur davon, daß ich selbst mich für Privates nicht eben sehr interessiere (und kaum eine Darstellungsart, die mich befriedigt, dafür zur Verfügung habe), sondern hauptsächlich davon, daß ich von vornherein damit rechnete, sie über Grenzen von nicht über-

sehbarer Anzahl und Qualität bringen zu müssen. Der letztere Gedanke hält mich auch davon ab, andere als literarische Themen zu wählen.

22. 4. 41
Am 19. wurde im Züricher Schauspielhaus die »Mutter Courage« aufgeführt. Heut kommt ein Telegramm von der Direktion und eines von Giehse, Lindtberg und Otto, daß die Premiere erfolgreich war. Es ist mutig von diesem hauptsächlich von Emigranten gemachten Theater, jetzt etwas von mir aufzuführen. Keine skandinavische Bühne war mutig genug dazu.

22. 4. 41
Warum ist die »Courage« ein realistisches Werk?
Es bezieht für das Volk den realistischen Standpunkt gegenüber den Ideologien: Kriege sind für die Völker Katastrophen, nichts sonst, keine Erhebungen und keine Geschäfte.
Es nimmt nicht den moralischen Standpunkt ein, d.h. es geht nicht aus von der momentan herrschenden Moral, ist aber sittlich.
Für die Handlungen der Personen sind Motive angegeben, welche, erkannt und berücksichtigt, die Behandlung von Menschen erleichtern.
Das Werk arbeitet mit dem gegenwärtigen Bewußtsein der Mehrheit der Menschen.

24. 4. 41
Wenn ich meine letzten Stücke betrachte und vergleiche, »Galilei«, »Mutter Courage«, »Furcht und Elend«, »Der gute Mensch von Sezuan«, »Herr Puntila und sein Knecht Matti«, »Aufstieg des Ui«, so finde ich sie abnorm uneinheitlich in jeder Weise. Selbst die Genres wechseln unaufhörlich. Biographie, Gestarium, Parabel, Charakterlustspiel im Volkston, Historienfarce – die Stücke streben auseinander wie die Gestirne im neuen Weltbild der Physik, als sei auch hier irgendein Kern der Dramatik explodiert. Dabei ist die Theorie, die ihnen unterliegt oder abgezogen werden kann, ihrerseits sehr bestimmt gegenüber andern Theorien. Man darf vielleicht auch nicht vergessen, daß die Zeit die verschiedenen Werke eines Dichters zusammenschmilzt; wie könnten sonst »Räuber«, »Braut von Messina«, »Tell« oder »Iphigenie«, »Faust«, »Clavigo« unter einen Hut geraten sein?

24. 4. 41
Werken eine lange Dauer verleihen zu wollen, zunächst nur eine »natürliche« Bestrebung, wird ernsthafter, wenn ein Schreiber Grund zu der pessimistischen Annahme zu haben glaubt, seine Ideen (d.h. die von ihm vertretenen Ideen) könnten eine sehr lange Zeit brauchen, um sich durchzusetzen. Die Maßnahmen, die man übrigens in dieser Richtung hin trifft, müssen die aktuelle Wirkung eines Werks keineswegs beeinträchtigen. Die nötigen epischen Ausmalungen des für die Zeit des Schreibens »Selbstverständlichen« stellen für diese Zeit nur wertvolle V-Effekte dar. Die begriffliche Autarkie der Werke enthält ein Moment der Kritik: der Schreiber analysiert die Vergänglichkeit der Begriffe und Wahrnehmungen seiner eigenen Zeit.

25. 4. 41
Lange Unlust, dann Gretes Krankheit haben die Arbeit am »Guten Menschen von Sezuan« hinausgeschoben. Jetzt beende ich ihn. Da das Stück sehr lang ist, will ich es noch mit Poetischem versehen, einigen Versen und Liedern. Es mag leichter und kurzweiliger werden dadurch, wenn es schon nicht kürzer werden kann. Das Stück beweist, daß die neuere Dramatik eine Kürzung der Arbeitszeit verlangt. Es kann leicht sein, daß sogar Mittagsstunden für sie frei gehalten werden müssen. Die klassische griechische Dramatik bediente sich der Tagesstunden, auch die elisabethanische; so hatte sie mehr Intelligenz und Frische zur Verfügung. – Man sieht, es gibt einige Hindernisse, welche nur Weltkriege hinwegräumen könnten.

25. 4. 41
Meine beiden Produktionsmittel, die Zigarren und die (englischen) Kriminalromane, gehen aus und müssen rationalisiert werden.

12. 5. 41
Abends geben hiesige Freunde uns ein Abschiedsessen in einem Turmrestaurant. Hella, Diktonius, Vala dabei. Wie wir weggehen – wir sind sehr vergnügt, weil Grete heut vormittag endlich vom amerikanischen Konsul ein Touristvisum zugesagt wurde –, kommt der Restaurantdirektor gestürzt und erzählt, Heß sei in Schottland gelandet als Flüchtling. Noch läuten die Siegesglocken

vom Balkanfeldzug, und schon tritt in ein schottisches Bauernhaus hinkend ein Flüchtling, der drittmächtigste Mann des Siegerstaats. Hitler sagt die Vernichtung der Insel voraus, sein Stellvertreter bringt sich dorthin in Sicherheit! Sehr epische Dramatik, das!

13. 5. 41
Sehe mit Vala deutschen Fliegerfilm (Thema: rauhe Schale, goldenes Herz bei Vorgesetzten). Am interessantesten, wie völlig diese militärische Welt vom Leben abgeschlossen ist. Man sieht im ganzen Film nur ein nichtmilitärisches Milieu, die Kasernenkantine, und nur zwei Zivilisten, den Kantinenwirt, der Bier bringt, und ein Bauernmädchen auf einem Acker neben dem Flugfeld, das ihren Geschlechtsteil bringt. Außerdem sieht man, wie diese Welt für sich einsatzbereit gemacht wird. Das Heer ist der Spieleinsatz. Er wird auf die große Roulette geworfen, er wird von der Scharre des Croupiers weggerafft werden oder verdoppelt zurückkommen. Die Spieler entscheiden. – Gut, wie ein Flugplan von 1918 sich einfach wie durch Zauberei in einen von 1939 verwandelt, Frieden ist nur Waffenstillstand.

13. 7. 41
Im Dezember 40 wurden wir von Stockholm aus verständigt, daß für mich, Helli und die Kinder mexikanische Einwanderungsvisen bewilligt waren. Grete bekam keines, Kabels und Eingaben blieben fruchtlos, uns teilte man aus USA mit, wir sollten fahren, die neue mexikanische Regierung könne jeden Tag die Visen annullieren. Ich betrieb also die amerikanischen Visen, für Grete ein Besuchsvisum, da sie die medizinische Untersuchung für ein Einwanderungsvisum nicht passieren konnte. Die Lage in Finnland wurde schnell bedrohlich. Unsere amerikanischen Einwanderungsvisen bekamen wir am 3. Mai 41, und die finnischen Freunde drängten heftiger auf unsere Abreise. Die deutschen motorisierten Divisionen vermehrten sich im Land, Helsinki war voll von deutschen »Reisenden«, die Spannung zwischen Deutschland und der USSR nahm zu. Endlich, am 12. Mai bekam Grete als Hellas Sekretärin für Amerika ein Besuchervisum. Wir fuhren am 13. ab und waren am 15. in Leningrad. In Moskau brach Grete, die sich noch an der Grenze wegen der Manuskripte abgehetzt hatte – sie allein sprach Russisch –, zusammen. Die karge Kost in Finnland (fast kein Fleisch, wenig Fette, kein Gemüse, kein Obst), die Aufregungen

und Ängste, besonders auch die Furcht, sie könne schuld daran sein, daß wir alle nicht mehr wegkommen würden, dann auch die Reise hatten sie völlig erschöpft. Von ihren sechs Lungenflügeln arbeiteten noch fünf. Sie kam in eine Klinik. Als wir unsere Billette für ein schwedisches Schiff nach harten Kämpfen endlich bekamen, versuchte ich sie umzutauschen gegen die auf einem späteren Schiff; es wurde mir aber gesagt, das sei nicht möglich. Jedoch wurde mir versprochen, für Grete, falls sie erholt war, würde bestimmt ein Schiffsbillett besorgt werden können. Da so der Weg für sie offen war (Visum und Billett gesichert), war sie recht beruhigt und eifrig, sich zu erholen, um die lange Fahrt aushalten zu können. Ich ließ ihr Manuskripte und alles zurück. Den Ernst ihrer Lage ahnte sie, jedoch schob ich alles auf ihr Herz, was sie glaubte.
Am 30. 5. fahren wir ab nach Wladiwostok. Die allgemeine Ansicht ist, daß die USSR noch geraume Zeit Frieden haben wird, aber der Eintritt Amerikas in den Krieg bevorsteht. Der sibirische Expreß braucht zehn Tage von Moskau bis Wladiwostok. Wir wechseln täglich Telegramme. Am 1. 6.: »Am 31. Mai während der Nacht fühle ich mich mittel. Am 1. während des Tages fühle ich mich schlecht. Gruß Grete und Maria.« Maria ist Maria Greßhöner. Am 4. 6. 41 früh 9 Uhr stirbt sie. Sie hat um 8 Uhr noch mein Telegramm erhalten und ist sehr ruhig danach. Ich erfahre es um 10 Uhr abends, jenseits des Baikalsees. Unser kleiner mongolischer Dolmetsch übersetzt mir das Telegramm.
Am 13. Juni fahren wir mit der »Annie Johnson« nach den USA ab. Nach einem Aufenthalt von fünf Tagen in Manila kommen wir am 21. Juli in San Pedro an.

Wortlaut des Telegramms vom 4. 6. (wörtliche Übersetzung des Dolmetsch), mitgeschrieben in Ulan-Ude:
»Acht Uhr Morgen Grete bekam Ihr Telegramm und las es ruhig. Um 9 Uhr morgens starb sie. Mit tiefem Mitgefühl und Gruß, Ihre Hand, *Fadejew, Apletin.*«

Aus Autobiographischen Notizen

Moskau, 1941

29. 5. 41 (Donnerstag)
Vormittags packe ich für sie, auch Helli hilft.
Sie sucht ihren kleinen Ring, findet ihn nicht. Sie ist aber zuversichtlich.
Ich weiß, daß ihre Überführung lebensgefährlich ist.
Mittags fahre ich mit ihr in einem alten Krankenauto in das Sanatorium Hohe Berge in Moskau. Sie muß mehrmals Sauerstoff nehmen, sieht sehr müd und verändert aus und sagt oft: Schreib mir.
Es ist aber noch nicht sicher, ob wir Fahrkarten bekommen. Ich kaufe einen Ring und besuche sie um 5 Uhr. Sie ist sehr ruhig, und wie gewöhnlich gehe ich fast heiter weg.
Ich habe ihr gesagt, daß ich fahren werde, Billetts bekommen habe. Sie lächelt und sagt mit tiefer Stimme: Das ist gut.

30. 5. 41 (Freitag)
Mittags um 12 bin ich im Sanatorium mit einem kleinen Elefanten, der sie sehr freut.
Ich habe ihr ein Kopfkissen mitgebracht. Sie sagt: Ich komme nach, nur zwei Dinge können mich abhalten: Lebensgefahr und der Krieg.
Sie ist wieder ruhig und lächelt, als ich gehe, ohne Anstrengung.
Sie sagt: Du hast mir solche Dinge gesagt, daß ich ganz ruhig bin.

5 Uhr fahre ich ab nach Wladiwostok.
Den ganzen Juni geht kein anderes Schiff mehr. Der Eintritt Amerikas in den Krieg steht bevor. Auch Flugverkehr nach Wladiwostok gibt es nicht.

Die nächsten Tage kein Telegramm.
Am 4. 6. 41 früh 9 Uhr stirbt sie. Sie hat um 8 Uhr ein Telegramm erhalten und war sehr ruhig.

Ich erfahre es um 10 Uhr, jenseits des Baikalsees (4 Uhr Moskauer Zeit).

Aus den Briefen, 1941

An Hans Tombrock

Helsinki, April 1941

Lieber Tombrock,
noch eine *sehr eilige* Sache: Am 15.4. ging ein schwedisches Schiff von Wladiwostok nach Amerika. Leider war es längst zu spät, Plätze zu bestellen, als ich von dem Schiff hörte. Aber nun erfahre ich, es soll regelmäßig hin- und hergehen. Bitte geh doch gleich zu Intourist (hier gibt es kein Büro von ihnen) und erkundige Dich, wann das nächste Schiff geht, wie teuer, Name usw., und bestelle doch, wenn möglich, für mich 6 Plätze (darunter einen für ein Mädchen von 10 Jahren, vielleicht kann Barbara für halben Preis fahren?). Danach würde ich Dich bitten, in Cooks Reisebüro zu gehen und da Dich zu erkundigen nach Anschlußschiffen von San Francisco nach Mexico, genaue Abfahrtszeiten, Preise usw. Die Sache eilt sehr. Du verstehst, ich kriege keinerlei amerikanische Visen, wenn ich dem Konsul nicht angeben kann, wann ich fahre, Name des Schiffes und Bestätigung, daß ich Plätze bestellt habe.
Nebenbei: Wie steht es mit den kleinen Geschichten von Grete? Versuch doch, sie unterzubringen! Wenn es aber nicht geht, möchte ich Dich bitten, sie in ein Kouvert zu stecken und an Ninnan Santesson, Tegenersgatan 37 ö.g.V., zu schicken. Und wenn es von mir noch eine unveröffentlichte Novelle gibt, leg sie doch dazu! (Es eilt.) Ninnan Santessons Schwester ist Übersetzerin, vielleicht kann sie die Sachen unterbringen. Schreib mir aber auf alle Fälle darüber gleich, ja? (Von der kleinen Novelle, die die »Morgenbrise« damals von Grete druckte, ich glaub, sie hieß »Die Antwort«, haben wir leider gar kein Manuskript, kannst Du's nicht der »Morgenbrise« herausreißen? Das wäre sehr nett von Dir.)
Ich wäre froh, wenn es endlich los ging (und wenn Du mitfahren könntest), aber es hängt von so vielem ab. Schreib mir aber auf alle Fälle gleich.

In Eile herzlich Dein

An Hoffman R. Hays

Ende Juli/August 1941

Lieber Hoffman Hays,
nach einer Fahrt von fast einem viertel Jahr sind wir nun doch in den Staaten gelandet, ganz zufällig in San Pedro. Da es wenig Sinn zu haben scheint, jetzt nach New York zu gehen, bleibe ich zunächst hier, wo es billiger zu sein scheint, auch habe ich einige Freunde hier. Meine Hauptsorge ist allerdings, wie ich Übersetzungen von meinen Stücken kriegen kann. Ich habe einiges mitgebracht und vielleicht bestehen für irgendwas doch Chancen hier. Freilich habe ich wenige Illusionen, ich kenne New York vom Jahr 35 her und es wird kaum besser geworden sein. Ich überlegte mir vor einem Vierteljahr in Helsinki lange, wie ich Ihnen meine Ansicht über Aufführbarkeit oder Unaufführbarkeit der »Courage« schreiben könnte, fand aber keine Form dafür. Von Helsinki aus erschien die Verbreiterung und Verwandlung des Krieges als bevorstehend. – Beinahe die meisten Chancen scheint mir jetzt »Furcht und Elend des Dritten Reiches« zu haben, 27 Szenen aus den Jahren 33-38, welche das Leben unter der Diktatur der Nazis zeigen, und zwar das Leben der Arbeiter, Kleinbürger, Intellektuellen in Familie, Schule, Kaserne, Klinik, Gerichtshof usw. Ich habe nur noch ein einziges Exemplar, aber Elisabeth Hauptmann könnte Ihnen wohl noch eines verschaffen, das Piscator hat oder Eisler. Sie wohnt Colonial House, Greenwich, Conn. Ich wäre froh, wenn Sie sich das Stück ansähen. – Es ist sehr, sehr schad, daß wir nicht uns zusammensetzen und miteinander reden können. Ich sitze hier wie auf Tahiti, unter Palmen und Künstlern, it makes me nervous, aber there you are. (Das Schlimmste: hier versuchen alle Leute, sich und alle Leute in Rekordzeit in Vollblutamerikaner zu verwandeln, was bei mir nur eine Art Seekrankheit erzeugt.)
Bitte, schreiben Sie mir.

Mit kameradschaftlichem Gruß Ihr
bertolt brecht

1954, Argyle Ave. Hollywood, Cal.

An Karl Korsch

Hollywood, Anfang/Mitte August 1941

Lieber Korsch,
wir sind zunächst immer mehr nach Norden gezogen, von Kopenhagen nach Stockholm, von Stockholm nach Helsinki und jetzt sind wir mit dem letzten Schiff von Wladiwostok hier eingelaufen, zufällig in Los Angeles, wo wir aber viele Freunde vorfanden, so daß wir für die erste Zeit hier bleiben wollen. Wie nun sich wieder einmal treffen? Sie kommen wohl kaum je nach dem Goldenen Westen? Nach New York? Und ich hätte gern, was Sie geschrieben haben in der Zwischenzeit. Und die Marxmonographie habe ich ja auch nicht mitnehmen können und möchte sie doch gern wieder haben, es können Korrekturfahnen sein. Helli geht es gut, sie ist nur ein wenig dünn geworden; Barbara nimmt menschenähnliche Formen an und Steff ist ein großer Lackel geworden mit guten Muskeln vom Koffertragen. Alle wollen Sie sehen.

Mit sehr herzlichen Grüßen
Ihr alter
brecht

Hollywood*, 1954 Argyle Ave.

* Das bedeutet (leider) keinen Job, vorläufig nur einen Fingerzeig der Vorsehung, welche das letzte Schiff eben hier landen ließ. Und, bitte, schieben Sie nicht das Zusenden von Arbeiten an mich auf!

2
Für den beiliegenden Brief wartete ich nur auf Ihre Adresse, Pollocks Karte damit kam gleichzeitig mit Ihrem Brief. Es wäre großartig, wenn Sie über Los Angeles kommen könnten, da ich noch nicht weiß, ob und wann ich nach New York kommen werde. *Vielen* Dank für das »Prelude«, »The Fight for Britain« und die *Nickerson*-Kritik! Ich verschlang das heißhungrig. Thomas Mann treffe ich höchstens zufällig und dann schauen 3000 Jahre auf mich herab. Aber mit Reichenbach kann ich sprechen, in einer Woche ziehe ich ganz in seine Nähe (nach Santa Monica), will aber schon vorher mich mit ihm treffen. Daß Langerhans heraußen ist, ist großartig. Und eine kleine fliegende Enzyklopädie über all die verschmierten Slogans wäre jetzt sicher möglich. Ich schreibe nicht sehr geordnet, es ist da so viel. Wenn Sie es irgend einrichten

könnten, über Los Angeles zu kommen, sollten Sie es tun, einige Monate lang komme ich sicher nicht nach dem Osten und das ist jetzt eine lange Zeit, eine ganze Epoche. –
Bitte, grüßen Sie herzlich Hanna und seien Sie herzlich und enthusiastisch begrüßt von Ihren

brechts

Aus dem Journal

Amerika, 1941-1947

21. 7. 41
Wir kommen in San Pedro, dem Hafen von Los Angeles, an. Marta Feuchtwanger und der Schauspieler Alexander Granach holen uns am Pier ab. Elisabeth Hauptmann hat durch eine Freundin ein flat für uns mieten lassen. Sie selber hat einen Job bei New York.

22. 7. 41
Feuchtwanger wohnt in Santa Monica, in einem großen Haus in mexikanischem Stil. Er ist im Wesen unverändert, sieht jedoch gealtert aus. Er arbeitet an einem Stück über einen deutschen Astrologen und Scharlatan für das hiesige Theater. Sein Rat ist, hier zu bleiben, wo es billiger ist als in New York und wo mehr Aussichten zu verdienen bestehen.

1. 8. 41
Fast an keinem Ort war mir das Leben schwerer als hier in diesem Schauhaus des easy going. Das Haus ist zu hübsch, mein Beruf ist hier Goldgräbertum, die Glückspilze waschen sich aus dem Schlamm faustgroße Goldklumpen, von denen dann lange die Rede ist, wenn ich gehe, gehe ich auf Wolken wie ein Rückenmärkler. Und gerade hier fehlt Grete. Es ist, als hätte man mir den Führer weggenommen gerade beim Eintritt in die Wüste.

9. 8. 41
Ich komme mir vor wie aus dem Zeitalter herausgenommen, das ist ein Tahiti in Großstadtform; jetzt eben schaue ich auf ein Gärtchen hinaus mit Rasen. Rotblühenden Büschen, einer Palme und weißen Gartenstühlen, und eine Männerstimme singt etwas Sentimentales zum Klavier – nicht im Radio. Sie haben Natur hier, da alles so künstlich ist, haben sie sogar ein verstärktes Gefühl für Natur, sie wird verfremdet. Von Dieterles Haus aus sieht man das Fernandovalley; ein strahlend beleuchteter unaufhörlicher Strom von Autos bricht durch Natur; aber man erfährt, daß alles Grüne nur durch Bewässerungsanlagen der Wüste abgerungen ist. Kratz ein bißchen, und die Wüste kommt durch: zahl die Wasserrech-

nung nicht, und nichts blüht mehr. 15 000 Kilometer weg quer durch ganz Europa, wo es am längsten ist, Tag und Nacht ein blutiges Gemetzel, unser Schicksal entscheidend, erzeugt einen schwachen Widerhall im Treiben des Kunstmarktes.

Walter Benjamin hat sich in einem kleinen spanischen Grenzort vergiftet. Die Gendarmerie hatte den kleinen Trupp, zu dem er gehörte, aufgehalten. Als seine Reisebegleiter am nächsten Morgen ihm mitteilen wollten, daß die Weiterreise gestattet sei, fanden sie ihn tot. Ich lese die letzte Arbeit, die er dem Institut für Sozialforschung eingeschickt hat. Günther Stern gibt sie mir mit der Bemerkung, sie sei dunkel und verworren, ich glaube, auch das Wort »schon« kam darin vor. Die kleine Abhandlung behandelt die Geschichtsforschung und könnte nach der Lektüre meines »Caesar« geschrieben sein (mit dem Benjamin, als er ihn in Svendborg las, nicht allzuviel anfangen konnte). Benjamin wendet sich gegen die Vorstellungen von der Geschichte als eines Ablaufs, vom Fortschritt als einer kraftvollen Unternehmung ausgeruhter Köpfe, von der Arbeit als der Quelle der Sittlichkeit, von der Arbeiterschaft als Protegés der Technik usw. Er verspottet den oft gehörten Satz, man müsse sich wundern, daß so was wie der Faschismus »noch in diesem Jahrhundert« vorkommen könne (als ob er nicht die Frucht aller Jahrhunderte wäre). – Kurz, die kleine Arbeit ist klar und entwirrend (trotz aller Metaphorik und Judaismen), und man denkt mit Schrecken daran, wie klein die Anzahl derer ist, die bereit sind, so was wenigstens mißzuverstehen.

Und nun zu den Überlebenden! Bei Rolf Nürnberg, auf einer gardenparty den Doppelclown Horkheimer und Pollock getroffen, die zwei Tuis vom Frankfurter Soziologischen Institut. Horkheimer ist Millionär, Pollock nur aus gutem Hause, so kann nur Horkheimer sich an seinem jeweiligen Aufenthaltsort eine Professur kaufen »zur Deckung der revolutionären Tätigkeit des Instituts nach außen hin«. Diesmal ist es an der Columbia, aber seit die großen redsrazzias stattfinden, hat Horkheimer die Lust verloren, »seine Seele zu verkaufen, was an einer Universität doch immer mehr oder minder stattfindet«, und sie ziehen in den paradiesischen Westen. Was sind akademische Palmen! – Mit ihrem Geld halten sie etwa ein Dutzend Intellektuelle über Wasser, die dafür alle ihre Arbeiten abliefern müssen ohne die Gewähr, daß die Zeitschrift sie jemals druckt. So können sie behaupten, daß »das Geld des Instituts zu retten, ihre hauptsächlichste revolutionäre Pflicht durch all die Jahre war«.

4. 10. 41

Ich erzähle, nach Filmstoffen aus, *Reyher* den Plan zu »Jae Fleischhacker in Chikago«, und in ein paar Stunden entwickeln wir eine Filmstory »Der Brotkönig lernt Brot backen«. Es gibt kein richtiges Brot in den Staaten, und ich esse gern Brot, meine Hauptmahlzeit ist nachts, und es ist Brot mit Butter. Reyher meint, die Amerikaner seien immer noch Nomaden, und Nomaden verstehen nichts vom Essen. Da muß man studieren, was der Boden bringt usw. Sie können richtiges Brot nicht brauchen, es läßt sich nicht in Schnitten verkaufen, und es müssen Schnitten sein, die man schnell, im Weggehen oder Stehen essen kann. Es sind tatsächlich Nomaden. Sie wechseln die Berufe wie Stiefel, bauen Häuser für nur 20 Jahre und wohnen die Zeit nicht aus, so ist ihre Heimat nichts Lokales. Nicht umsonst hat sich die *Große Unordnung* hier so üppig entwickelt.

5. 10. 41

Der Interessenkonflikt zwischen den verschiedenen Schichten in Frankreich und England, die Außenpolitik betreffend, hat sich in diesen Jahrzehnten ständig und rapid verschärft. Diese Länder kämpfen kaum noch als Nationen. Die Bank von Frankreich wechselte von den englischen Torys zu den deutschen Ruhrindustriellen hinüber (mitten im Krieg), weil sie an der Seite der Deutschen besser das französische Volk besiegen konnte. – Die Geschichte wird diesen Krieg wirklich *the wrong war* taufen.

8. 10. 41

Mit Feuchtwanger über die Omnipotenz der Geschichtsschreiber gestritten. Er sagt, mit einem Gemisch von Staunen und Triumph, er finde es merkwürdig, wie die Beschreiber über die Geschichte triumphieren, wie Horaz den Augustus »gemacht« habe, die Propheten der Bibel die Könige »aufgebaut« hätten. Das braucht er, um zu der Vorstellung zu gelangen, *er* werde »am Ende« die Meinung der Nachwelt über Hitler bestimmen. Ausgehen wir von dem Nachruhm Caesars. Wenn ich das Portrait Machiavells mit dem Mommsens konfrontiere, sieht er lediglich Schriftsteller, Individuen, Geschmäcker am Werk. Die »Qualität« ihrer Formulierung entscheidet dann. Daß Machiavell den Kondottiere sieht, Mommsen den aufgeklärten Monarchen, der mit dem Bürgerstand geht usw., interessiert Feuchtwanger wenig, da es dem Tui die Allmacht nimmt.

20. 10. 41
Abends bei Mankiewicz, dem Mitarbeiter des Orson Welles, dessen Film »Citizen Kane« (über den Zeitungsmagnaten Hearst) viel besprochen wird.
Ben Hecht, der aus New York gekommen ist, gibt Mankiewicz eine deliziöse Aufzählung aller New Yorker Flops, sozusagen sein Gastgeschenk. »Niemand schreibt mehr ernsthafte Stücke«, sagt er. Die Wirkung der 29er Krise und des New Deal scheint aufgebraucht, sie war zu schwach, die Dramatik auf die Beine zu stellen. Der Broadway siegte und demonstrierte seinen Mithridatesmagen für kleinere Gifte. Die Schmutzaufwirbler verwandelten sich in gold diggers.

21. 10. 41
The wrong war geht weiter, das Gemetzel der Janusköpfe. Mit jeder Woche verlängert sich der Krieg um ein Jahr. Die Zukunft wird nur noch von den Astrologen behandelt. In *Langs* Villa sitzen erwachsene Leute, Flüchtlinge, und hören zu, wie der englische Hofastrolog Wohl (ein ehemaliger Romancier der »Berliner Illustrirten«), ein fetter Bubi, als Ursache des Hitlersiegs über Frankreich die Gestirnkonstellation im Mai 40 aufdeckt. Er wird sehr böse, wenn eingewendet wird, Hitlers Übermacht an Tanks und Flugzeugen wäre vermutlich im April oder Juni ebenso groß gewesen.

22. 10. 41
Merkwürdig, wie sehr verschieden hier die Situation der Dramatik ist von der in Skandinavien. Die Hindernisse waren dort ziemlich rein politische, das hielt einen nicht ab, zu schreiben. Hier sind es auch noch die allgemeinen einer total kommerzialisierten Bühne. *Ben Hecht* etwa kommt in eine Bar und erzählt von einem Stückplan, d.h. er gibt Milieu (die Morgue) und ein paar Gags, und ein Kollege sagt sofort: Put me down with 1000 $, Ben. Dieses System könnte funktionieren, so scheußlich es ist, wenn die politische Si-

tuation anders wäre (vielleicht war das System an der Wiege des Kapitalismus, bei den Elisabethanern, nicht viel anders als an seinem Grabe jetzt). Aber man braucht die große Tabula rasa, auf der man spielt, das Beginnergefühl, das Publikum, das produktiv mit öffentlichen Dingen, eben der res publica, beschäftigt ist.

22. 10. 41
Die Stellung zum Geld verrät hier den Kolonialkapitalismus. Man hat das Gefühl, als seien alle Leute, wo sie sind, nur um wegzukommen. In USA sind sie nur, um dort Geld zu machen. Es ist ein Nomadentheater, von Leuten unterwegs für Leute, die sich verlaufen. Time is money, die Typen werden fertig zusammenmontiert, die Proben sind reine Montagearbeit. In den Kolonien lebt man nicht.

25. 10. 41
Abends bei Döblins. Kleines möbliertes Haus für 60 $ im Monat, aus dem sie heraus müssen, jetzt, wo er (zusammen mit acht andern, darunter Heinrich Mann, die, aus Frankreich ankommend, Picturewriterkontrakte bekamen) fired ist. Er steht vor dem Nichts, zeigt aber seinen alten Berliner Humor. Was für ein Geschäft aufmachen? Um ein Arztexamen zu machen, müßte er ein Jahr studieren, als healer müßte er englisch können (ich kann nich 'nen Mann in Hypnose ersuchen, er soll mir 'n Wort sagen, das mir für ihn fehlt). Aus der Filmindustrie könnte man vielleicht was rausschlagen, wenn man ein Bordell für ältere Damen errichtete, denn das würde die Zensur mildern, die hauptsächlich von diesen Damen ausgeübt wird. – Ich schlage ihm vor, ein halbes Dutzend klassischer Werke zu verzeitlichen.

26. 10. 41
Nachmittag bei dem Physiker Reichenbach, der hier an der kalifornischen Universität Philosophie liest, Empiriker, Logistiker, Einsteinschüler. Er macht mir Komplimente über den physikalischen Teil des »Galilei« und das Historische daran, aber dann kommen ein paar Psychoanalytiker, und ich lenke das Gespräch auf Astrologie. Und aus dem Glauben an die Astrologie wird sogleich ein Mutterkomplex – der Glaube an Hitler ist auch nur so was; dann ist da Narzißmus darin, daß man die Gestirne mit sich beschäftigt usw. usw. Reichenbach spricht von wishful selection

bei den Aussagen, aber auch er verschont die Totemisten mit seiner neuen Logik. Ich selber nehme kaum noch an einer Diskussion teil, die ich nicht sogleich in eine Diskussion über Logik verwandeln möchte.

27. 10. 41
Korsch schickt einige Aufsätze in »Living Marxism«. In einem davon gibt er einen kurzen Überblick über den gegenwärtigen Stand der Monopolisierung der USA, der gegenüber tatsächlich die demokratischen Prinzipien keinerlei Funktion mehr haben können. In gewisser Hinsicht treten die Ähnlichkeiten der beiden großen Bewegungen Faschismus und Bolschewismus, welche den planwirtschaftlichen Tendenzen entsprechend die neuen autoritären Staatsgebilde geschaffen haben, mehr hervor als ihre Unähnlichkeiten. Da sind die allmächtigen Parteien, sowohl in den Parlamenten als auch mit zivilen Militärformationen arbeitend, die revolutionären Formen, die Hierarchien, die Polizeisysteme, Jahrespläne, Propagandamethoden, Jugendmilitarisierungen, Mythen, kommandierten Preise, Terrorwellen usw. usw., aber da sind auch ganz verschiedene Klassen, in deren Auftrag die Zentralisierung der Wirtschaft durchgeführt wird (was diesen verschiedenen Klassen allerhand kostet). Möglich, daß die faschistische Konterrevolution dem Proletariat da eine sehr trübe Phase erspart, indem sie sie erledigt (im Doppeltsinn). Das alles machen besser Korporationen als Räte. Schade, daß Karl Korsch das nicht zu sehen scheint!

27. 10. 41
Salka Viertel, die viele der großen Garbofilme geschrieben hat, erzählt, wie aus einem Film, gemacht für die Garbo, der das Leben der Frau Curie darstellen sollte, die Szene wegfiel, die anfänglich als die Hauptszene des Films gedacht gewesen war. Die Curies weisen ein amerikanisches Riesenangebot für ihre Radiumerzeugung ab, da sie als Wissenschaftler Erfindungen nicht monopolisieren können. Die Industrie wollte das nicht drehen, obwohl es ihr anfänglich, wie gesagt, besonders gefallen hatte. Es ist unsittlich, etwas umsonst zu machen.

27. 10. 41
Die Nazis dringen in die Krim ein, bedrohen den Kaukasus, Leningrad und Moskau, die Engländer schauen »beunruhigt« zu, aber *Feuchtwanger* zeigt alleräußerstes Erstaunen, wenn jemand daran zweifelt, daß die Russen noch siegen könnten. Ein Zweifel daran erscheint ihm reiner Aberwitz. Ich freue mich sehr.

1. 11. 41
Feuchtwanger erzählt, daß »Colliers« auf einen Artikel von ihm über Hitler verzichtet haben, weil er »wishful thinking« enthalte. Er hatte *Hitler* als ein Nichts dargestellt, ein bedeutungsloses Sprachrohr der Reichswehr, einen Schauspieler, der den Führer spielt usw. Kurz, Hitler soll keine »Persönlichkeit« sein. Ich, der ich allerdings gegen den Persönlichkeitskult allerhand habe, lege Wert darauf, daß er eine ist. Aber der Amerikaner versteht überhaupt nicht, wie ein Mann nichts sein könnte, wenn die USA 40 Milliarden zu seiner Vertilgung ausgeben wollen. Natürlich ist er eine ganz andere Persönlichkeit als die Lavals, Daladiers, Chamberlains, Halifaxs, Stresemanns, Brünings usw. Feuchtwanger wiederum wirft ihnen vor, sie messen am Erfolg. Woran sollen sie sonst messen? Freilich, da wird der alte Unsinn vorgebracht, daß ein Schundroman mehr Erfolg habe als ein Shakespearestück. Nun ist die Hitlerbeurteilung letzten Endes nur deshalb wichtig, weil sie bei all diesen »Er-ist-nichts-ern« die Grundlage bildet für die Beurteilung der ganzen Umwälzung in Deutschland. Da wird nämlich der Nationalsozialismus zum Auswuchs, Abweg, Irrtum. Und was ist mit dem Hauptkörper, dem geraden Weg, der Lösung?

1. 11. 41
Über Theater zu schreiben nirgends schwieriger als hier, wo lediglich theatralischer Naturalismus betrieben wird.

14. 11. 41
Es ist hier für Emigranten schwer, nicht entweder in ein wildes Geschimpfe auf »die Amerikaner« zu verfallen oder »mit dem Wochenscheck im Maul zu reden«, wie Kortner es denen vorwirft, die gut verdienen und gut reden. Die Kritik betrifft im allgemeinen gewisse hochkapitalistische Erscheinungen, die weit fortgeschrittene Merkantilisierung der Kunst, die Selbstzufriedenheit der Mittel-

klasse, das Vorkommen der Bildung als Tauschwert anstatt als Gebrauchswert, den formalistischen Charakter der Demokratie (der das ökonomische Fundament, nämlich die Konkurrenz selbständiger Warenproduzenten, abhanden gekommen ist). So wirft Homolka den Bruno Frank hinaus, weil der aufsteht und donnert: ich lasse es nicht zu, daß hier der Präsident kritisiert wird, Kortner entlarvt Lang als Äußerer einer antisemitischen Bemerkung, Nürnberg haßt Lorre usw.

16. 11. 41
In Chinatown für 40 Cts. einen kleinen chinesischen Glücksgott gekauft. Überlegte ein Stück »Die Reisen des Glücksgotts«. Der Gott derer, die glücklich zu sein wünschen, bereist den Kontinent. Hinter ihm her eine Furche von Exzessen und Totschlag. Bald werden die Behörden aufmerksam auf ihn, den Anstifter und Mitwisser mancher Verbrechen. Er muß sich verborgen halten, wird illegal. Schließlich denunziert, verhaftet, im Prozeß überführt, soll er getötet werden. Er erweist sich als unsterblich. Lachend sitzt er gemütlich zurückgelehnt im elektrischen Stuhl, schmatzt, wenn er Gift trinkt usw. Völlig erschöpft ziehen die verstörten Henker, Richter, Pfaffen usw. ab, während die Menge vor dem Totenhaus, die von Furcht erfüllt zur Exekution gekommen war, von neuer Hoffnung erfüllt, weggeht...

16. 11. 41
In einem jüdischen Club lesen Deutsch, Thimig und *Kortner.* Kortner liest das meiste aus der »Deutschen Kriegsfibel«, und die Wirkung ist überraschend stark. (Das Publikum besteht aus jüdischen Emigranten, die meisten wohlhabend.) Kortner liest nicht die einzelnen lakonischen Gedichte, sondern macht eine Rhapsodie aus dem Ganzen, zuerst leise, musikalisch, ein wenig traurig lesend, dann sehr aggressiv endend, meisterhaft.

18. 11. 41
Kortner, hier allgemein gefürchtet als der große Thersites, schimpfend mit biblischer (bzw. lutherischer) Kraft und Plastik, ist tatsächlich exemplarisch in seiner Fähigkeit, sich nicht anzupassen. Er denunziert selbst das Klima; die Frühlingslüftchen, die hier, in God's own country, sofort übergehen in Tornados, die ganze Landstriche verwüsten, die »seltenen« Regen, die dann zur Sint-

flut anwachsen, der ewige Sonnenschein, der die Gehirne so austrocknet, daß die Leute am End nur noch Hollywoodfilme schreiben können usw. usw. Ehern entschlossen, am Berliner Staatstheater doch noch den »Lear« zu spielen, fand er es im Sommer 40 für angezeigt, die Wiederwahl Roosevelts zu betreiben. Er überredete die Kolumnistin Dorothy Thompson (frühere Frau Sinclair Lewis'), von Willkie abzufallen und für Roosevelt einzutreten, was von eminenter Bedeutung war, schrieb Reden und Artikel für sie usw. Selbst der »Stürmer« bildete ihn ab, wie er, als semitischer Teufel, der Thompson Artikel diktiert. Aber zu einem Tee ins Weiße Haus zu fahren, hatte er nach der election nicht das Kleingeld...

22. 11. 41
Der Neger *Clarence Muse* hat eine Bearbeitung von »Dreigroschenoper« gemacht und will eine Negeraufführung produzieren.

2. 12. 41
Arbeite mit dem deutschen Schauspieler und Conferencier Robert Thören an einem Filmlustspielstoff. Ein tolles Milieu, tolle Methoden! Er ist writer in den Studios von Metro-Goldwyn-Mayer, der größten Firmfirma der Welt. Er hat eine luxuriöse Villa und eine Hühnerranch zur Erholung. Zwischen dem Arbeiten telefoniert er ununterbrochen, ständig nach dem Beifall der Zimmerinwohner angelnd, posiert als reizender Ehemann und junger Vater, küßt lange seine Frau, Tochter eines deutschen Malers und hiermit lebenslängliches Modell, und schwadroniert ohne jede Unterbrechung, ohne Plan, mit sorgfältigster Vermeidung alles Nachdenkens drauflos (der Held hat jetzt nur folgende Möglichkeiten: er kann seine Mutter ohrfeigen oder schwängern oder um Geld bitten oder aushalten oder sein Leben für sie aufs Spiel setzen. Gesetzt, er tut das erste... usw.). Es existieren keinerlei Gesetze der Psychologie, des gesunden Menschenverstands, der Ökonomie, der Moral, der Wahrscheinlichkeit. Als richtig gilt, was schon einmal fotografiert wurde und »durchging«, als gut, was ein Honorar erhöhte. Das Herumraten, Puzzlespielen, Schwadronieren, der dauernde Inzest des Beklatschten und Bezahlten mit dem Beklatschten und Bezahlten in neuer Position ist so weit gediehen, daß die einfachsten Lustspiele bereits (wie der neue Garbofilm) für die Scripts 250 000 $ aufbrauchen, da nur eine Armee von writers

und Produzenten noch eine mittelmäßige Fabel zusammenstoppeln können, lauter Hemmungslose, wie jene armen gedopten Neger, die nur noch mit allen Gliedmaßen, darunter auch dem Kopf, schlottern können, Verzweifelte! Niemand kann mehr eine Fabel anhören; die großen Firmen drehen einfach nach soundso vielen Monaten Studiokrampf herunter, was sie haben, und sehen dann an, ob es geht, schmeißen eventuell das Ganze weg und beginnen von neuem. Der jährliche Reingewinn der Metro ist dabei 17 Millionen $...

3. 12. 41
Mit Kortner, Heinrich Mann, Ludwig Marcuse bei Feuchtwanger. Man ist etwas irritiert über den schlechten Start der englischen Libyen-Offensive, die mit solchem Trompetengeschmetter losrollte. Feuchtwanger ist optimistisch, meint, am End werde eben Nazirommel doch geliefert sein, die Engländer arbeiten langsam, ohne showmanship, without expenses in reason usw. Ich selber meine, daß keine Waffe so jung sein kann, daß sie nicht versagen muß in den Händen einer Klasse, die so alt ist wie die englische Aristokratie. Dann unterstützt mich der alte *Mann* strahlend, als ich unterstreiche, wie die erste militärische Niederlage der Nazis, die im Donezbecken, verknüpft ist mit dem Widerstand der Rostower Zivilbevölkerung, über die sich die Nazis jammernd beschweren. Die Rostower Arbeiter scheinen die Panzertruppen mit Bratpfannen in den Stiegenhäusern erschlagen zu haben. Sie nehmen den Krieg als Privatsache, und da sie Waffen haben... Die Nazis nennen das empört »ungesetzlich«, und *Mann* sagt vergnügt: »Ja, Tanks sind erlaubt, aber nicht Bratpfannen.« – Er geht allwöchentlich stempeln, holt sich 18 $ 50 Arbeitslosenunterstützung ab, da sein Kontrakt mit der Filmfirma wie der Döblins abgelaufen ist. Er ist über 70. Sein Bruder Thomas baut sich eben eine große Villa.

5. 12. 41
Lilli Laté hat Barbara vor Monaten eine kleine weiße Hündin geschenkt, die sehr verschüchtert ankam aus einem Hundezwinger, zitternd stand, ohne sich umzuschauen, und komisch sich an den Wänden lang und unter die Möbel ringelte, so daß wir sie Mrs. Wriggles tauften. Am zweiten Tag saß ich im Garten mit Viertel und hörte ein drohendes Bellen: Auf der Schwelle des Hauses

stand Wriggles und insultierte kräftig einen großen Schäferhund, der es wagte, im Garten zu lungern. Sie verteidigte den Job. Als Barbara krank wurde, hatte sie einige Zeit nur Wriggles. Dann wurde Wriggles läufig, wir sperrten sie ein, da sie zu jung für Liebesfreuden war; um das Haus tobten wochenlang wilde Hunde, und eines Mittags kam Steff hereingelaufen: Wriggles war von ihm hinausgeführt, an der Leine an einen Baum gebunden worden, und ein großer Hund hatte sie besprungen und kam nicht mehr weg von ihr, man konnte das Schmerzensgeheul hereinhören. Ein Schaff mit Wasser trennte die Liebenden, und Wriggles war einen Tag lang so ungeheuerlich lustig, sprang in die Luft, drehte sich vergnügt im Kreis und fuhr entzückt in alle Ecken. Jetzt schleppte sie sich mit immer schwererem Bauch, leise seufzend und traurig blickend, und nachts brachten Helli und Steff sie in die Hundeklinik. Sie trägt lauter tote Hündlein und ist schwer krank, but has a fighting chance. Für mich liegt ein Schatten über dem Tag, aber Barbara ist ganz kühl.

8. 12. 41
Ich stecke mit Kortner in einer Filmstory für Boyer, wenn Kortners Junge hereinkommt mit der Nachricht, Japan habe den Angriff auf Hawaii eröffnet. Als wir das Radio andrehten, wurde es uns klar, daß wir wieder »auf der Welt« waren. Eine riesige Nation erhob sich, halb schlaftrunken, um in den Krieg zu gehen. Auf der Straße horchen die Autofahrer auf ihre Radios mit sonderbar kauernder Haltung. Kortner sah im Drugstore einen jungen Soldaten aus der Tasche etwas (was er für ein Amulett hielt, es wird eine Erkennungsmarke gewesen sein) ziehen und es sich um den Hals hängen, im Gespräch, ein wenig lächelnd.

8. 12. 41
Interessant, ob nun Rußland die Gelegenheit zu einem lull ergreifen wird, wie England sie im Sommer dieses Jahres ergriffen hat; ob es sagen wird, es hätte, jetzt eingreifend, die Hauptlast dieses (auch dieses) Krieges zu tragen und könne das nicht, oder ob es sogleich Krieg erklären wird? Das hieße feurige Kohlen auf das Haupt Englands sammeln, die allerdings irgendwo herausgeholt werden müßten...

9. 12. 41
Feuchtwanger meint, der Krieg sei nötig gewesen, damit closed shop und 6 % Gewinnbegrenzung sowie überhaupt große Produktion ermöglicht wurde. Das »Arsenal der Demokratie« war anders nicht in Gang zu bringen.
Adolf zu Hiro: Was immer ihr vorhabt, Brüder, tut's am weekend! – Dies zu der Katastrophe in Hawaii. Sie ist schrecklich.

10. 12. 41
Blackout an der ganzen kalifornischen Küste. Japanische Landungen auf den Philippinen, in der Nähe davon eine Seeschlacht. Gerüchte, daß zwei amerikanische Schlachtschiffe versenkt sind. London bestätigt die Versenkung von zwei der größten und neuesten Schlachtschiffe der britischen Flotte durch Bomber. Hitler hat den Reichstag einberufen für morgen. Er muß irgendwas starten, nach dem Debakel im Osten. Sehr möglich, daß die Engländer ihre Sechsmonatferien noch bereuen werden. Gäbe es jetzt eine zweite Front in Europa, könnten die Russen in Sibirien ihre Kräfte ganz anders einsetzen. Nun, all das sind Mutmaßungen im Blackout. Man hat auch hier Nazis festgesetzt, hoffentlich alle.

18. 12. 41
Kortner erzählt eine klassische Geschichte über Hollywood. Der Komödienschreiber und Schauspieler Curt Goetz hatte zuerst einen großen Kontrakt beir Metro-Goldwyn-Mayer. Eines Tages sprach er in der Kantine darüber, daß seine wertvolle Hündin keinen Liebhaber finden könne. Vom Nebentisch erhob sich ein berühmter Regisseur, stellte sich Goetz vor und bot ihm seinen Hund an. Im streamlined car wird die Hündin zu dem Hund gebracht, in einem andern nicht weniger stromlinigen zurück. Frau Goetz schickt Frau X Blumen, ein Jahr vergeht. Goetz ruft wieder bei dem Regisseur X an: seine Hündin ist wieder läufig und braucht den Hund. Goetz kann den X nicht mehr erreichen, am End bekommt er den Bescheid von der Sekretärin, der Hund sei unpäßlich. Die Hündin kann keinen Liebhaber mehr bekommen: Goetzens Kontrakt bei der Metro-Goldwyn-Mayer ist nicht erneuert worden, er ist joblos.

23. 12. 41
Die Russen haben Hitlers »größte Armee der Welt« zerbrochen: Hitler setzt seine Generäle ab und übernimmt selber das Kommando. Churchill fliegt nach Washington, mit Roosevelt zu konferieren.

24. 12. 41
Lese im deutschen Manuskript Feuchtwangers »Unholdes Frankreich« (»Devil in France«). Wahrscheinlich sein schönstes Buch. Merkwürdiger Epikureismus zwischen Pinien, Stacheldraht, Exkrementhäufchen, Entschlüsse geboren aus Bequemlichkeit und Einsicht, wenig Privatinitiative, Zivilcourage beträchtlich. Er bleibt auch in der zusammengetriebenen Horde der Herr, mit ein bis zwei Dienern, und bei einem gelegentlichen Durchbrennen unter Lebensgefahr vergißt er nicht, den Tafelwein sorgfältig auszusuchen. Sein Humanismus hat eine gesunde Grundlage.

25. 12. 41
Gestern ab früh sieben Uhr in Los Angeles, für Helli einen Schminkspiegel zu besorgen. Entreiße einem Chinesen den vierteiligen Rahmen und lasse Spiegel einsetzen. Sehe wieder einmal, wie sehr es hier drauf ankommt, daß man dem Handwerker sagt, wozu, warum und wie, kurz, daraus eine persönliche Sache macht.
Abends, um den Baum, Elisabeth Bergner, Czinner, Feuchtwangers, Granach, später Lang.

25. 12. 41
Churchill spricht vor dem Senat. Längster Beifall, wenn er von Rußland, langer, wenn er von China, sehr kurzer, wenn er von den Engländern in Libya spricht. Ständige Unterstreichung, daß der Krieg sehr lang sein wird. Es scheint gegen wishful thinking gerichtet, ist aber selber wishful thinking. Kriegsziel: Status quo ante.

26. 12. 41
Dieterles und Reyher hier. Reyher: »Kriege enden nicht durch Materialmangel. Sie enden, bevor das Material endet.« Er fürchtet Hitler als Oberbefehlshaber mehr als Brauchitsch. »Die Generäle machen den Krieg zu einer Sache der Fabrikanten. Die Materialmenge entscheidet. Der Wahnsinnige kümmert sich nicht um die

Gesetze der Kriegskunst, welche natürlich nicht verpflichtend sind. Das Unmögliche versuchend, versucht er lediglich das, was den Generälen unmöglich ist.« Daran ist etwas. Die französische Republik erfocht den Sieg im Weltkrieg im Dreyfusprozeß. Sie mußte erst ihre Generäle besiegen, bevor diese die feindlichen Generäle besiegen konnten. (Die Generäle schickten Hitler von der Front zurück und verbreiteten, er brauche seiner Gesundheit wegen Ruhe. Er setzte sie ab und zwang den Brauchitsch zu erklären, er habe ein schwaches Herz.) Man lacht über den Appell der Nazis an die Zivilbevölkerung, sie solle die Armee mit Wollsachen ausstaffieren. Selbst wenn die Sachen nie ankämen (sie werden aber ankommen), das »Hinterland« wird so einbezogen, mitverantwortlich, ins Strümpfestricken verwickelt. Die alten Frauen von Charkow haben die deutschen Panzertruppen auf den Hausstiegen mit Bratpfannen erschlagen? Hier ist der Gegenzug, natürlich ganz und gar kleinbürgerlich, aber nicht lächerlich über das hinaus.

26. 12. 41
Die Russen haben am 1. Dezember, heißt es, den ersten Kongreß der deutschen Kriegsgefangenen veranstaltet.

27. 12. 41
Homolka kommt, und wir spielen Schach. Ich erzähle ihm vom »Galilei«, und es ist, als erinnerte ich mich an ein seltsames versunkenes Theater alter Zeiten in untergegangenen Kontinenten. – Hier handelt es sich lediglich um den Verkauf von Abendunterhaltung. Man muß den Begriff to sell kennen, wenn man vom Verkauf spricht. Man »verkauft« jemandem zum Beispiel einen Witz, dabei kommt Geld noch nicht herein, verkauft ist der Witz, wenn er belacht ist. Der Käufer ist der Herr, schwer zu befriedigen, mißtrauisch, blasiert oder mit fremdartigen Wünschen geplagt, immerfort bereit, die Verkäufer wie lästige Fliegen wegzuscheuchen. Zwischen Verkäufer und Käufer (Diener und Herrn) drängen sich ganze Hierarchien von Experten und Agenten, die Bedürfnis und Wunsch des Käufers zu kennen vorgeben; so kommt es, daß die Verkäufer überhaupt nicht mehr an die Käufer herankommen, diese auch niemals mehr die Verkäufer zu Gesicht bekommen. Nur noch die Ware stellt sich vor, verkrüppelt und geschändet, beargwöhnt und gepriesen, auf einen Leib geschnitten, der sich nie-

mals selber vorstellte. Jeder Verkaufsakt wird so zu einer Niederlage, entweder des Verkäufers oder des Käufers, je nachdem nicht verkauft oder gekauft wird. Der Erfolg eines Autors bedeutet den Durchfall eines Publikums. Die Idee, daß auf dem Theater die Angelegenheiten eines Volkes behandelt werden könnten, ist ganz aus der Luft gegriffen, da das auch bei sonstiger Unterhaltung nicht geschieht.

28. 12. 41
Hans Viertel, Sohn Bertholds, in einer Fabrik in Frisco arbeitend, Winge, in einer Fabrik in Los Angeles arbeitend, und zwei Franzosen Dacharry da. Sie finden »Citizen Kane«, den Hearstfilm, eklektisch und den Stil zu uneinheitlich. Ich finde den Begriff eklektisch auf Techniken angewendet unfair und eine Vielfalt von Stilen für eine Vielfalt von Funktionen modern. Sie wenden sich gegen Orson Welles' showmanship. Aber er zeigt sozial Interessantes. Und als Schauspieler hat er vielleicht nur die showmanship noch nicht zu einem Stilelement ausgestaltet. Freilich entwickelt der Boden hier die Talente gar nicht.

30. 12. 41
Jemand sagt: »Man muß Deutschland den Russen überlassen. Warum soll es nicht kommunistisch werden dürfen? Nur ein kommunistisches Land interferiert nicht mit dem Welthandel. Und was die Vorherrschaft über Europa betrifft: warum nimmt man immer an, zwei kommunistische Staaten müssen ein Herz und eine Seele sein? Warum soll da nicht auch ein Equilibrium entstehen?« Möglich, daß die Amerikaner bei einer nunmehrigen Friedenskonferenz die Rolle übernehmen könnten, welche die Engländer auf der vorigen spielten.

31. 12. 41
Silvesterabend bei Bergner. Granach, Feuchtwangers. Herein tropft Remarque mit einem mexikanischen Hollywoodstar Lupe Velez. Remarque ist im Smoking, sieht aus wie Hannsheinzewers, und irgend etwas fehlt mir an seinem Gesicht, wahrscheinlich ein Monokel.

6. 1. 42
Lang zeigt mir deprimiert das Buch eines amerikanischen Schulmanns über die Jugenderziehung (»Education for Death«) in Nazideutschland. Tatsächlich handelt es sich um die wildeste Ausschweifung des deutschen Idealismus. Da geschieht alles vom »Geist« her. Nach den alten Schulregeln, wonach Geist nicht untergehen kann, müßte dieser Unfug sicher 1000 Jahre halten. In Wirklichkeit wird schon dieses Jahr nur das überleben, wofür die Nazis tatsächliche Fundamente sozialer Art gelegt haben, also sehr wenig.
So furchtbar diese Kinderschändungen im Millionenmaßstab sind, ihr praktischer Effekt wird gleich Null sein. Auch dieser germ lebt nur von seiner Suppe.

9. 1. 42
Schrieb »An die Hitlersoldaten in Rußland«, nachdem viel über eine Belieferung des Moskauer Radios gesprochen wurde.

14. 1. 42
Lese mit Interesse Louis Fischers »Soviets in World Affairs«. Die russische Frage beherrschte tatsächlich die ganze Pariser Friedenskonferenz. Interessant, wie die interalliierten Armeen sich als untauglich zur Bekämpfung der Sowjets erwiesen!

16. 1. 42
Die Regisseure und Schauspieler hier suchen Storys mit einer »message«, d.h. einer Moral, einem Metro-Goldwyn-Mayer-Evangelium für den kleinen Mann. Die Bergner etwa hat so was im Kopf wie: ein Mädchen wird hypnotisiert, entläuft in Trance, tut was in Trance, ist aber eigentlich gar nicht in Trance, tut nur so usw., und dann sollte eben eine message drin sein. Schwer.

19. 1. 42
Bei Lang. Er preist wieder einmal Atlantis über den grünen Klee-Ersatz. Er sieht einen speziellen Lebensstil, wo ich Hochkapitalismus sehe: möglich, daß ich eben vor lauter Hochkapitalismus das »eigentliche« Atlantis nicht sehe; er verstellt es eben. Hier hat man die ungemixte Ausgabe vor sich; Entwicklung, aber nichts, was sich entwickelt.

21. 1. 42
Merkwürdig, ich kann in diesem Klima nicht atmen. Die Luft ist völlig geruchlos, morgens und abends gleich, im Haus wie im Garten. Und es gibt keine Jahreszeiten. Überall gehörte es zu meinen Morgenverrichtungen, mich aus dem Fenster zu beugen und Luft zu schnappen; hier habe ich diese Verrichtung gestrichen. Da ist weder Rauch noch Grasgeruch zu haben. Die Pflanzen kommen mir vor wie die Zweige, die wir als Kinder in den Sand steckten; zehn Minuten später hingen die Blätter welk herab. Immerfort wartet man, auch hier könne die Bewässerung plötzlich abgestellt werden, und was dann? Mitunter, besonders im Auto nach Beverly Hills fahrend, nehme ich so etwas wie Züge einer Landschaft wahr, die »eigentlich« anziehend wirken: sanfte Hügellinien, Zitronengebüsch, eine kalifornische Eiche und auch die eine oder andre Tankstation ist eigentlich lustig; aber all das steht wie hinter einer Glasscheibe, und ich suche unwillkürlich an jeder Hügelkette oder an jedem Zitronenbaum ein kleines Preisschildchen. Diese Preisschildchen sucht man auch an Menschen. – Es liegt mir an sich nicht, mit einer Umgebung, unter diesen Umständen besonders, nicht zufrieden zu sein. Ich lege großes Gewicht auf meinen Stand, den distinguierten des Flüchtlings, und dem Flüchtling gegenüber schickt es sich eben gar nicht, so servil und gefallsüchtig zu sein, wie es diese Umgebung ist. Wahrscheinlich aber sind es die Arbeitsverhältnisse, die mich ungeduldig machen. Die Sitte hier verlangt, daß man alles, von einem Achselzucken bis zu einer Idee, zu »verkaufen« sucht, d.h. man hat sich ständig um einen Abnehmer zu bemühen, und so ist man unaufhörlich Käufer oder Verkäufer, man verkauft sozusagen dem Pissoir seinen Urin. Für die höchste Tugend gilt der Opportunismus, die Höflichkeit wird sogleich zur Feigheit.

21. 1. 42
Dieser Tage habe ich das ganze Journal oberflächlich überflogen. Natürlich ist es recht distortiert, unerwünschter Leser wegen, und ich werde Mühe haben, diese Anhaltspunkte wirklich einmal zu benutzen. Da werden gewisse Grenzen eingehalten, weil eben Grenzen zu überschreiten sind.

22. 1. 42
Eigentlicher Dienst der Dialektik: einem das Operieren mit widerspruchsvollen Einheiten zu gestatten. Das heißt nicht nur, relativistisch sein. Die Dialektik zwingt einen ja gerade dazu, in allen Prozessen, Institutionen, Vorstellungen den Konflikt aufzuspüren und zu benützen (russisch-englische alliance, englisch-amerikanische alliance, deutsch-japanische alliance, Sowjetdemokratie, Torystrategie usw. usw.). Andrerseits (zugleich) das einheitliche Funktionieren der einander bekämpfenden Klassen in Nazideutschland usw.

23. 1. 42
Wriggles, die Semmelräuberin. Helli beobachtet die Hündin, wie sie aus der Papiertüte auf der Schwelle drei Semmeln stiehlt und wie sie sie im Garten vergräbt. Sie frißt nicht Semmeln. Wenn die Semmeln ausgegraben werden, zeigt sie starke Unsicherheit und Betretenheit, ist deutlich schuldbewußt, oder so sehen wir jedenfalls ihr Benehmen (Helli zeigt ihr keine Empörung, sondern lacht). Noch wenn ich abends auf die Stelle deute, wo die Semmeln lagen, dreht Wriggles gequält den Kopf weg und bückt sich dichter zum Boden.
Ich kann selten widerstehen, wenn Hunde um ein Kraulen betteln. Es kommt mir vor, als dürfe ihr Appell nicht abgeschlagen werden, da es eben ein Appell ist, ein Anruf, der, einmal enttäuscht, womöglich nicht mehr wiederholt würde, womit jede Beziehung aufgehoben wäre, die Vernunft selber abgeschafft wäre. Keine Antwort, keine Frage.

25. 1. 42
Mich haben immer die Augenzeugenberichte von dem Auftreten *Lenins* interessiert. Manche natürlich suchen einfach den Aufstieg vom »unbekannten Emigranten« zum »roten Zar« damit durchzuromantisieren, daß sie seine »Unscheinbarkeit« in der Schweiz übertreiben. Aber es gibt zu viele Zeugnisse aus der Zeit, wo er schon im Kreml wohnte und immer noch »unscheinbar« war. Bei ihm scheinen große Taten kein Vermögen angesammelt zu haben, das nun eben den Eindruck der Größe selbständig vermittelte. Seine Mitarbeiter hatten weniger einen Eindruck von ihm als eine Erfahrung mit ihm. Daß er oft recht gehabt hatte, verlieh wohl seinen Ratschlägen Gewicht, jedoch versorgte er sie immer noch mit

Beweisgründen. Seine Intelligenz hatte nichts Übermenschliches an sich, aber Übermenschliches ist immer Unmenschliches. Er war autoritativ, er hatte die Autorität der Nützlichkeit. Er war hauptsächlich ein Funktionär und bewies sich, indem er funktionierte.

7. 2. 42
Abends *Kline* da, der mit Steinbeck einen Mexikofilm machte (Musik Eisler). Er meint, einige Widerstandskraft gegen Faschismus sei von dem demokratischen Sinn der Amerikaner zu erwarten. Leonhard Frank und Kortner waren skeptisch. Nun gibt es ganz zweifellos hier so etwas wie »demokratisches Benehmen«, wahrscheinlich weil die ganze Gesellschaft hier improvisiert wurde, kein Feudalismus bestand, Militarismus überflüssig war. Das heißt aber nur, daß der Klassenkampf hier ohne Salongetüh abgemacht wird, d.h. der Gewinner dem Opfer nicht auch noch Verachtung durch hochgezogene Augenbrauen zeigt und der Gewinn in ungebildeter Weise veraast wird. Ein amerikanischer Faschismus würde diese Formen oder Formlosigkeiten berücksichtigen und insofern demokratisch in amerikanischer Fasson sein (die Vigilanten taten es ja auch nicht nur der Uniform wegen).

9. 2. 42
Kline zeigte uns seine Reportagefilme (»Krisis«, die Tschechoslowakei 38, Spanien, England 39), wirklich großartige Dokumente. Schwer vergeßlich, wie die polnischen Bauern mit kleinen Schaufeln, ja sogar nur mit bloßen Händen, nach der Kriegserklärung kleine Gräbchen gegen die deutschen Tankmonsters ausheben.

13. 2. 42
Reyher lädt uns zum Abendessen. Er hat auf dem Farmer's Market eingekauft und eine Suppe gekocht, die alle Gemüse der Welt enthält. Außerdem serviert er einen virginian meatloaf mit Makkaroni. Alles zu Ehren der deutschen Flottenparade im Kanal, von der er sich eine entscheidende Schwächung der Torys erhofft. Freilich, das Kriegsende legt er auf 1948 – 50. – Er ist ein guter Cicerone für die Staaten, wenn er, auf seinem linken Schienbein kauernd, mit der rechten Hand sich unterm Hemd in der Achselhöhle kratzend, die jettschwarzen Äuglein in seinem gelblichen Fuchsgesicht funkelnd, die komischen Besonderheiten dieses Riesenbabys

Amerika erläutert. Ich mache etwa die Bemerkung, wie entwürdigt eine große Anzahl amerikanischer Frauen wirkt, die, in den Sechzigern, mit Kleidung und Schminke wie flappers herumflanieren, gezwungen von den Schminkfirmen und Movies, den sexuellen Konkurrenzkampf weiterzuführen bis zur Bahre. Er antwortet schnell und beunruhigt mit dem Argument, Amerika habe die Jugend der Frauen um 10 – 20 Jahre verlängert und werfe die 45jährigen eben nicht auf den Mist usw. Oder er verteidigt den Richterstand und schildert, wie Anwälte mit Riesenpraxis (100 000 $ im Jahr) eine Judgestelle mit 8000 $ annehmen, und immer wieder kommt er zurück auf den amerikanischen businessman vom Typ Knudsons, der nur eben organisieren will und das für jede Gesellschaftsordnung täte, die solche Kraftkerle unterbringen könnte. – Überall stößt man auf Apostel des großen Schmelztiegels, advertisers der Paradiesstadt New York (die ich auf dem Augsburger Plärrer in den Panoramen abgebildet sah, auf Bildern, aus den fünfziger Jahren stammend). Und die deutschen Emigranten, in dumpfer Wut vor so unsittlichen Aufforderungen, sich einzuschmelzen, legen los mit biblischen Invektiven.

18. 2. 42
Eine besondere Chance, die der Marxismus in Europa hatte, fällt hier weg. Die sensationelle Enthüllung der Geschäfte des bürgerlichen Staats gab dem Marxismus diesen Aufklärungseffekt, der hier nicht möglich ist. Hier hat man einen direkt vom Bürgertum eingerichteten Staat vor sich, der sich natürlich keinen Augenblick schämt, bürgerlich zu sein. Das Parlament ist mehr oder weniger eine Agentur und handelt und spricht als eine solche. Das ist kaum Korruption, da kaum eine Illusion besteht. Die Volksvertreter haben hier nicht einmal symbolisch Gewänder ohne Taschen, wie im alten Rom. Jetzt im Krieg wird »business as usual« mitunter angeprangert (übrigens wird alles angeprangert, der Pranger ist einfach die öffentliche Anschlagsäule) als schlecht für den Krieg, aber die Reform wird lediglich sein »business as unusual«, und gerade von diesem Geschäftsgeist kann man sich gewisse Niederlagen für Hitler erwarten, teure Niederlagen, aber eben doch Niederlagen.

19. 2. 42
Ludwig Renn ruft in der in Mexiko erscheinenden deutschen Zeitschrift »Freies Deutschland« zu einer Bewegung »Freies Deutsch-

Abbildungen

Berlin, Hardenbergstr. 1 A, Februar 1933: »Die Koffer sind gepackt.«

Kurt Kläbers Haus in Carona, Schweiz

Das »dänische Strohdach«, Svendborg, Skovsbostrand Nr. 8

Arbeitszimmer in Svendborg

Im Arbeitszimmer in Lidingö

Das Wohnhaus in Lidingö bei Stockholm

1954 Argyle Avenue, Hollywood, Kalifornien

817 – 25th Street, Santa Monica, Kalifornien

1063 – 26th Street, Santa Monica, Kalifornien

In New York, 1946

»Oktober 1947. Die Koffer sind gepackt.«

Berlin-Weißensee, Berliner Allee 190

Ein neues Haus

Zurückgekehrt nach fünfzehnjährigem Exil
Bin ich eingezogen in ein schönes Haus.
Meine No-Masken und mein Rollbild, den Zweifler zeigend
Habe ich aufgehängt hier. Fahrend durch die Trümmer
Werde ich tagtäglich an die Privilegien erinnert
Die mir dies Haus verschafften. Ich hoffe
Es macht mich nicht geduldig mit den Löchern
In denen so viele Tausende sitzen. Immer noch
Liegt auf dem Schrank mit den Manuskripten
Mein Koffer.

(Berlin, Mai 1949)

land« auf. Letzter Satz: »Thomas Mann sagte jüngst in einer Rundfunkrede in San Francisco, daß das deutsche Volk zu seinen demokratischen Traditionen zurückkehren werde. Die Bewegung Freies Deutschland wünscht nichts sehnlicher, als für diese Entwicklung zu wirken.« – In derselben Nummer ein Angriff von Kisch auf Gustav Regler, der die spanische Politik der USSR angegriffen, in Vernet mit der faschistischen Lagerleitung gearbeitet habe und jetzt in einem Stoßtrupp der fünften Kolonne mit andern Trotzkisten zusammen sich der Propaganda widme »gegen die demokratische Weltfront, der Verleumdung der Regierungen, die gegen Hitler kämpfen«, und »die Notwendigkeit einer ›Revolutio‹ im Hinterland der Demokratien proklamiere, womit durch deren Schwächung der Sieg des Faschismus begünstigt werde«.

20. 2. 42
Die Kriege nehmen einen revolutionären Charakter an und entwickeln allein die Produktivkräfte weiter. Die herrschenden Klassen zeigen sich außerstand, diese Geschäfte mit anderen Mitteln weiterzuführen. Die Uneffektivität der gedrosselten Destruktion ist gefährlicher als die der gedrosselten Produktion (der Friedenszeit). Es ist schwierig, wie ein amerikanischer writer hier sagte, im Boxkampf den Gegner so niederzuschlagen, daß er nur auf neun niedergeht. Singapore hat Indien verteidigt, vor allem gegen die Inder. Colonel Blimp versteht die Welt nicht mehr. – Was jetzt in Aussicht steht, ist ein langer Krieg, geführt bis zur Erschöpfung der Staaten und mächtigen Klassen. Ein kurzer Krieg bedeutet für die Tories anscheinend ihre eigene Mobilisierung als suicidesquadron.

25. 2. 42
Der Kongreß beschloß, sich eine Pension auszusetzen. Eine Bewegung wurde gestartet, Geschenke für den hungernden Kongreß zu sammeln.

26. 2. 42
Wir sind, da deutscher Abstammung, enemy aliens, und es besteht die Befürchtung, daß wir von der Küste weg müssen, wenn man nicht für Hitlers Feinde eine Ausnahme macht. Die japanischen Fischer und Gärtner hier kommen in Camps. Sie waren immer mißliebig hier bei den Farmern, und jetzt fürchtet man ihre Illoyalität. Ausnahme und Regel.

27. 2. 42

Feuchtwanger und andere können mit dem Phänomen *Hitler* nicht fertig werden, weil sie das Phänomen »herrschendes Kleinbürgertum« nicht sehen. Das Kleinbürgertum ist ökonomisch nicht eine selbständige Klasse. Es bleibt immer Objekt der Politik, jetzt ist es Objekt der großbürgerlichen Politik. (Die exilierten Sozialdemokraten klammern sich z.B. jetzt an die großbürgerlichen Klassen Englands und Amerikas an.) Das ist das »Hampelmännertum« Hitlers. Er ist ein »bloßer Schauspieler«, der den großen Mann »nur spielt«, der »Niemand« (»jeder andere wäre grad so gut«), der »Mann ohne Kern«, weil er eben das Kleinbürgertum vertritt, das in der Politik immer nur spielt (spielen ist hier acting *und* gambling). Für die Dramatik würde das bedeuten, daß *Hitler* nur als Charge (Galionsfigur) gestaltet werden könnte. Das wäre aber unzulänglich. Er ist »phony« nämlich »nur« als Vertreter des Machtanspruchs der kleinbürgerlichen Klasse, nicht persönlich. Innerhalb des Kleinbürgertums ist er nicht phony. Sein Schicksal ist ein echtes, wenn man ihn an die Grenzen der kleinbürgerlichen Möglichkeiten prallen läßt, dabei wird er plötzlich eine »Figur« und Hauptrolle.

8. 3. 42

Die grand strategy der Alliierten, die wohl eine tatkräftige Unterstützung der Russen in diesem Jahr vorsah, trifft anscheinend auf enorme Schwierigkeiten in England. Das Durchlassen der deutschen Schlachtschiffe im Kanal, das die Nordatlantik-Operationen und eventuelle Invasionen in Nordnorwegen und Finnland äußerst erschweren muß, dann das Bombardement von Paris, das Vichy und seine Flotte näher zu Hitler bringt, deutet auf Sabotageversuche englischer Torykreise in der Armee. Auch die Verzögerung des Dominionstatus für Indien, durch die man mehr englische Streitkräfte im Osten benötigt, geht in diese Richtung. Und die englische Zensur läßt jetzt Meldungen durch über amerikanische Truppenconvoys nach Australien.

16. 3. 42

Ich sehe häufig *Grete* mit ihren Sachen, die sie immer wieder in die Koffer packte. Das seidene Tuch mit dem Porträt, von Cas gemalt; die hölzernen und elfenbeinernen kleinen Elefanten aus den verschiedenen Städten, in denen ich war; den chinesischen Schlafmantel; die Manuskripte; das Leninfoto; die Wörterbücher. Sie verstand schöne Dinge, wie sie sprachliche Schönheiten verstand. Als ich sie in Moskau aus dem Hotel in die Klinik brachte, lag sie mit dem Sauerstoffkissen; aber sie regte sich auf, daß ich ihren braunen finnischen Kapuzenmantel mitnähme, und war erst ruhig, als ich ihn ihr zeigte. In diesem Mantel, erfuhr ich später, hatte sie 15 englische Pfund, seit Jahren gespart und versteckt, über die Grenzen geschmuggelt: das sollte ihr Freiheit verleihen. Ich liebte sie sehr, als ich das erfuhr.

16. 3. 42
Ich notiere Voraussagen zum Zweck späterer Nachprüfung:
Die deutsche Armee ist beträchtlich schwächer als voriges Jahr. Eine neue Offensive zu starten wird schwieriger sein, da die Kommunikationslinien größer sind. Die neu eingezogenen Jahrgänge müssen weniger sicher sein.
Eine echte zweite Front wird nicht erscheinen. Zehn bis fünfzehn Divisionen zu verschiffen, braucht es etwa ein und eine halbe Million Tonnen Schiffsraum und die eskortierende Kriegsflotte. Auch ein Dünkirchen würde diesen Sommer genügen, Hitler aus dem Kampffeld zu schlagen, aber ein solches Risiko wäre zwar für England, aber kaum für die Tories zu tragen. Washington scheint neuerdings durch direkte Abmachungen mit der USSR die andern Hemmungen Londons (Hitlerniederlage ohne englische Armee auf dem Kontinent) beseitigen zu wollen.
Hitler wird wohl zuerst Island besetzen.
Über das Jahr 42 wird entscheiden, ob der Krieg im Norden oder im Süden geführt werden wird. Alliierte Offensive im Norden würde Berlin bedrohen, Defensive im Südosten Kaukasus und Iran.
Japan wird USSR attackieren müssen. Seine militärische Kraft wird sich erschöpfen, und nur eine Torypolitik in Indien wird ihm neue Ressourcen öffnen.

18. 3. 42
Mir gefällt die Welt der Physiker. Die Menschen verändern sie, und dann präsentiert sie sich doch verblüffend. Wir können auftreten als die Spieler, die wir sind, mit unsern ungefähren Abwägungen, unserm Sogutwirkönnen, unserer Angewiesenheit auf andere, auf Unbekanntes, auf Selbständiges. So kann wieder mehre-

res zum Erfolg führen, nicht nur ein Weg ist beschreitbar. Merkwürdigerweise fühle ich mich freier in dieser Welt als in der alten.

18. 3. 42
Gestern begann das Auslosen der Kriegsdienstpflichtigen. Ich mußte mich am 16. 2. einregistrieren, da ich noch nicht 45 bin. Dieses Losen hat etwas Merkwürdiges für Europäer, obwohl es aus Europa stammt. Dieses Blindwählen unter den Millionen, Glückskonkurrenz zwischen Staat und Staatsbürger!
Horkheimer und Adorno grübeln noch über Reichenbachs Vortrag. Diese Verkündigung der Physiker, daß sie im Mikrokosmos Vorgänge entdeckt haben, in welche die uns bekannten kausalen Verknüpfungen nicht mehr installiert werden können, reizt sie sichtlich, weil die Physiker zugleich zum Angriff übergehen und das Postulat nach einer Anerkennung des Kausalgesetzes auch da, wo es prinzipiell nicht aufgestellt werden kann, verächtlich der Metaphysik überreichen – mit der Feuerzange. Die Philosophen beharren darauf, daß man sich Gründe vorstellen kann, die man sich nicht vorstellen kann. Die Physiker fühlen sich anscheinend irritiert durch die Zumutungen der strikten Kausaliker und sind dazu übergegangen, mit dem Wahrscheinlichkeitskalkül weiterzuarbeiten.

22. 3. 42
In gewissem Sinn haben die Nazis ein Recht, ihre Leistungen eine Revolution zu nennen. Das deutsche Bürgertum vollzieht da seine Revolution in Form eines Versuchs der Welteroberung. Es emanzipierte sich sofort als Sklaventreiber und meldete sich zur Stelle – als Räuber. Im Grund konnte es allerdings auch jetzt noch seinen Adel nicht erledigen, und so begann es sogleich seinen Raubkrieg; übersprang seinen Robespierre, unterwarf sich sogleich seinem Napoleon (der danach ist, ein Fötusnapoleon!). Daher diese eiserne Misere, diese minutiös geplanten Amokläufe, dieses Schwabinger Potsdam.

23. 3. 42
Bemerkenswert, wie hier eine alles depravierende billige Hübschheit einen hindert, halbwegs kultiviert, d.h. würdig zu leben. In meinem Gartenhaus in Utting, auch »unter dem dänischen Stroh-

dach« war es möglich, in der Frühe den »Bellum gallicum« zu durchblättern, hier wäre es eine arge Snoberei. Lidingö hatte die Diskussionen der 20 über die Fehler in Spanien, einige Gespräche mit Ljungdal über Hegels Dialektik, das kleine Maskentheater der jungen Arbeiter, das »Was kostet das Eisen?« aufführte. Finnland hatte Marlebäk mit dem Birkenhain ums Haus, den Kaffeestunden im Gutsgebäude nach der Sauna, und die Zweizimmerwohnung im Hafenviertel von Helsinki, gefüllt von guten Leuten. Diderot und die griechischen Epigramme des Meleander paßten gut hin, wo auch Marx hinpaßte. Hier kommt man sich vor wie Franz von Assisi im Aquarium, Lenin im Prater (oder Oktoberfest), eine Chrysantheme im Bergwerk oder eine Wurst im Treibhaus. Das Land ist eben riesig genug, um alle andern Länder selbst in der Erinnerung zu verdrängen. Man könnte Dramen schreiben, wenn es selber keine hätte und keine brauchte, aber es hat das alles, im nichtigsten Zustand. Der Merkantilismus erzeugt alles, nur eben in Warenform, und hier schämt sich der Gebrauchswert, nicht der Tauschwert in der Kunst.

24. 3. 42
Die Fragen sind nicht immer gleich dringend, aber da ist der Wunsch zu antworten: was bedeutet Schreiben anderes? Das ist wie eine Windmühle, die auch ohne Korn geht. Aber der ganze Mensch ist ja wie ein Staatswesen, manchmal in großer Uneinigkeit, ohne Regierung, halb verwüstet, unfähig, als Ganzes nach außen zu antworten. Nun, manchmal schreibt man aus gewissen Kräften, und manchmal versucht man, mit Schreiben Kräfte zu gewinnen. Hier in den Staaten ist man ein Objekt der Literatur, nicht ein Subjekt. Ein paar Wochen habe ich täglich mit Czinner und Bergner an einer Filmstory gearbeitet, jetzt ist sie in Washington, er in einem Film, die Story ist nicht fertig, aber auf Eis gelegt. Dieterle zeigte mir seinen letzten Film, der die Geschichte des *Jazz* erzählt. Er ist sein eigener producer, hat es also nur noch mit den Banken zu tun, und jetzt zwingen sie ihn, möglichst viele Neger herauszuschneiden, möglichst viel boy meets girl hineinzukleben. Der Film ist nur noch eine Brockensammlung. Ich dachte darüber nach, notierte einige Vorschläge, aber er rief nicht wieder an, läuft wahrscheinlich bei den Banken herum. Wenn ich auf dem indianischen Holzstuhl unter dem Zitronenbäumchen im Garten sitze, ab und zu einen großen Bomber über mir, sehe ich eine Kletterpflanze

und denke: für sie gibt es keinen Determinismus. Angenommen, sie benützt ein System von Gründen. Ein Mann kommt, streckt einen Arm aus und bindet sie an einen Draht – einmal in ihrem Leben. So etwas kann in ihrem System nicht als determiniert vorkommen. Ich denke dann: das sind morose Gedanken, stehe auf, eine Zigarre zu holen.

25. 3. 42
Etwa 100 000 Japaner (incl. amerikanische Bürger) werden von der Küste hier evakuiert aus militärischen Gründen. Wunderbar, wie die Menschlichkeit gegen alle Psychosen und Hetzen durchkommt. Im Registrierungsbüro, wo auch wir uns als »enemy aliens« einzuschreiben hatten, sah ich eine alte japanische Frau, halb blind, nicht eben sehr gefährlich wirkend. Sie ließ sich durch eine Begleiterin, ein junges Mädchen, bei den andern Wartenden entschuldigen, daß sie zum Schreiben so viel Zeit brauche. Alle lächelten; die amerikanischen Beamten waren sehr höflich. Kleine Leute kaufen zum erstenmal bei den Niseis (hier geborenen Japanern) ihr Gemüse, was sie nie taten, weil sie es nicht für sauber genug hielten; ihre Märkte sind so leer. Jetzt wird eine Stadt für die Zehntausende gebaut. Das Militär unterstreicht unaufhörlich, daß die Begleitmannschaften nur gegen etwaige Belästigungen durch Amerikaner mitgehen. Die Japaner können sich selber polizieren.

26. 3. 42
Ein gutes Gegenstück zu »Ui« und »Furcht und Elend« könnte heißen »Der Markt der Nationen«. Benes, der groß verkündet: Ich habe einen Plan, und dann stellt sich heraus, es ist ein Aero-Plan, mit dem er flüchtet. Daladier, der die Tschechoslowakei verkaufen muß, weil er die französische Volksfront verkauft hat. Die Tories schicken ihr Expeditionscorps ohne Flugzeuge nach Frankreich, weil der Autokönig Nuffield ein Monopol für Bomber haben will. Mandschukuo, Spanien, Abessinien werden verkauft, dann Frankreich (von Franzosen). Dazwischen scrap-iron, Öl, Gummi. In München wird die Sowjetunion verkauft, im Sommer 39 noch Finnland (an die USSR). Dann ist Daladier schon im Gefängnis, Chamberlain in der Westminsterabbey, und Heß kommt nach England. Der Winter in Rußland ist kalt, aber das Wetter im Kanal ist schlecht, acht Monate lang. Ein Nebel erhebt sich, und die

deutschen Schlachtschiffe fahren durch den Kanal und bedrohen die atlantischen Supplylinien. Singapore, die pazifische Polizeistation, fällt, die englischen Truppen hielten keine Manöver in den Reisfeldern und Gummiplantagen ab. Indien ist nur gegen Norden befestigt, eine Milliarde Pfund sind dort investiert. Wenn es ein clearinghouse gäbe für alle Verkäufe, wären dort einmal einige Offizierstellen an »zweite Söhne« verkauft worden.

27. 3. 42

Gespräch mit Wiesengrund-Adorno, der wegen des curfews sehr jumpy ist, über die Spezialität des Theaters gegenüber dem Film. – Man kann das *Lehrstück* natürlich vollständig ausnehmen, da die Spieler für sich selber spielen. Das Theater hat zunächst dem Film voraus die Dramatik, d.h. die Trennung von Stück und Aufführung. Prinzipiell könnte man freilich auch beliebig viele Verfilmungen eines Themas machen. Jedoch existiert bisher noch kein »Stück« dieser Art. Natürlich ist es heute, wo der Film von Kleiderhändlern und Bankiers geführt wird, schwer, sich einen künstlerischen Film vorzustellen. Tatsächlich produziert die USSR schon weit eher Filme, die nicht nach fünf Jahren lächerlich sind. Auch Chaplin stilisiert so, daß die Themen historisiert erscheinen und nach einiger Zeit noch goutierbar sind. Es gibt technische Einwendungen, die für die Musik gemacht werden und auch für die Sprache gelten. »The microphone is monaural (one-eared) and thus is unable to communicate music conceived in binaural terms with its inherent sound perspective. Moreover there is a legally imposed limit to the number of cycles per second which are transmitted. Finally, the problem of the hear-stripe.« In alldem können noch technische Verbesserungen gefunden werden, aber ich selber glaube nicht daran, daß *alle* technischen Probleme prinzipiell lösbar sind. Hauptsächlich meine ich, daß die Wirkung einer Kunstdarbietung auf die Zuschauer nicht unabhängig ist von der Wirkung der Zuschauer auf die Künstler. Das Publikum im Theater reguliert die Aufführung. Im Detail hat der Film ungeheure Schwächen, die prinzipiell unbehebbar scheinen. Da ist die Dislokalisierung des Tons (der Zuhörer muß jede Replik erst einer Person in den Mund legen). Dann die starre Fixierung der Perspektive: Wir sehen nur, was *ein* Auge (die Kamera) sah. Das bedeutet, daß die Schauspieler nur auf dieses eine Auge zuspielen müssen und alle Vorgänge ganz einlinig werden usw. Feinere Schwäche: alles bekommt durch die mechanische Reproduktion etwas Resultathaftes, Unfreies, Unveränderliches. Hier kommen wir wieder zum Grundeinwand: Das Publikum hat keine Gelegenheit mehr, die Leistung des Künstlers zu verändern, es sitzt gegenüber keiner Produktion, sondern dem Resultat einer Produktion, die in seiner Abwesenheit stattfand.

29. 3. 42
Ruth hat durch Bergner dem *Oboler* ein Radiostück über den Freiheitskampf Norwegens geben lassen. Er hat es jetzt gestohlen und unter seinem Namen aufgeführt. Geld bekommt er nicht dafür, da es für defence ist, jedoch den Ruhm. Er wundert sich, daß Ruth nichts für defence tun will, wie er sagt, als sie sich über den Diebstahl beklagt. Unterschied zwischen Opferbringen und Opfersuchen.

30. 3. 42
Die Elemente der Lebensweise hier sind unedel. Es muß die Unwürdigkeit der Produktionsverhältnisse sein, die da alles banal macht. Hier, wenn irgendwo, wäre Distanz nötig, aber niemand respektiert sie. Das Essen, das Betrachten der Landschaft, das Gespräch, das Schreiben eines Buches, das Lesen eines Buches, die Geschäfte, all das hat hier noch einen andern Zweck, keinen ganz gut riechenden, und ist so nicht würdig und nicht zulänglich in sich.

3. 4. 42
Über einem guten Mahl bei Ludwig Hardt sprechen wir, umringt von seinen Baudelaire-, Poe-, Kafka-, Heine-Fotos und Schmetterlingskästen, über die Evakuierung der Japaner von der Westküste und wie sich Demokratie nur in ständigem Kampf gegen red tape, Rigorismus und »eiserne Disziplin« durchsetzt, als ein emigrierter deutscher Schauspieler sagt: »In solchen Zeiten hat man einfach keine Zeit zur Menschlichkeit.« Vergoebbelte Köpfe. Der alte preußische Aberglaube, daß Unmenschlichkeit sich bezahlt macht!

5. 4. 42
Hier Lyrik zu schreiben, selbst aktuelle, bedeutet: sich in den Elfenbeinturm zurückziehen. Es ist, als betreibe man Goldschmiede-

kunst. Das hat etwas Schrulliges, Kauzhaftes, Borniertes. Solche Lyrik ist Flaschenpost. Die Schlacht um Smolensk geht auch um die Lyrik.

8. 4. 42

Dieterles da. Frau Dieterle treibt leidenschaftlich Astrologie. Dieterle beginnt seine großen Filme, wie es heißt, nur an günstigen Tagen. Ich greife nur zwei Punkte heraus. Wenn Hitler wirklich an Astrologie glaubt, dann könnte man aus einem Horoskop prinzipiell Aussagen auf das machen, was er zeitlich machen wird. (Vorausgesetzt, daß mehr als ein Astrolog dasselbe herausrechnet.) Am komischsten kommt mir die Charakterbestimmung nach Monaten der Geburt vor, hauptsächlich, weil ich kaum irgendeine der zwölf Charakterisierungen hören kann, die nicht auf mich paßt. Gerade wenn man das anhört, merkt man, wie unglaublich veraltet diese statischen Charakterisierungen nach Eigenschaften heute sind.
Dieterle fragt immerzu nach dem Filmstoff »Caesars letzte Tage«, den ich ihm einmal erzählt habe. Ich skizziere ihn für ihn, obwohl keine Chance besteht. Die Industrie macht keine Kostümfilme. Sie scheut die Nachthemden, in welche die Meininger alle Römer kleideten. In Wirklichkeit könnte man die Tuniken dunkel färben und ihnen einen eleganten Schnitt verleihen. Das Volk kann Hosen tragen und Blusen. Das Publikum würde sich so was sicher ansehen, da ja jetzt der Sinn für Historie und große Politik geweckt ist. Aber vor dem Publikum stehen seine Besitzer, die Filmverleiher und Theaterbesitzer, welche das Publikum »kennen«. Jeder weiß, daß sie das Krebsübel sind. Es ist ein gutes Beispiel für Scheindemokratie, das.

10. 4. 42

Sir Stafford Cripps, der große Freund Indiens, kehrte verrichteter Dinge und wutschnaubend in die »Hauptstadt der Welt« zurück. Kein Puppetregime hat sich gefunden. Es scheint sich den Tories hauptsächlich darum gehandelt zu haben, den Aufbau einer indischen Volksmiliz zu verhindern. Schmerzliches Erstaunen der Presse über den Undank dieser Inder gegenüber ihrem Befreier. Ziehen sie wirklich die japanischen Herren den britischen Herren vor? Die Inder sagen: nein. Aber sie sind nicht der Ansicht, daß die Engländer sie vor den Japanern schützen können. Wenn es ihnen jetzt gelingt, einen Volkskrieg (gegen den Willen einiger tee- und whiskysaufender Generäle und Blimps in den Hotels von Delhi) zu entfesseln, werden sie sowohl sich selber als den alliierten Nationen einen besseren Dienst erweisen können als durch faulen Kompromiß mit den Tories.

11. 4. 42
Vor Monaten erzählte mir Czinner einen Filmanfang (mit Hypnose) und fragte mich, ob ich eine Fortsetzung ausdenken wolle. Ich arbeitete mit ihm durch Wochen, auch mit Bergner. Am End hatte ich meine Geschichte. Die Bergner erzählte sie einigen Amerikanern, wie sie sagte, um ihr Urteil zu hören. Danach war sie zweiflerisch, verlor viel Impuls, obwohl sie finanziell schlecht dran ist, Schulden hat. Czinner fing an, Billy Wilder (filmwriter, Deutscher) beim Inszenieren zu helfen, und hatte keine Zeit mehr. Jetzt erzählt mir die Bergner, mein Film sei eben von jemand anderem verkauft worden, einem Freund Wilders, in allen Details der Fabel, nur in anderem Milieu – ohne die Hypnoseeinleitung. 35 000 $. Viel besser gewendet, die Bergner fand ihn charmant. Sie hat die Story gelesen...

12. 4. 42
Und Tag und Nacht tobt auf den Schneefeldern von Smolensk der Kampf um die Würde des Menschen.

14. 4. 42
Döblins hier. Er hat seinen zweiten Band des Romans über das Kriegsende 18 fertig (über 1100 Seiten). Keine Chance der Veröffentlichung. Ein Sohn in der französischen Armee vermißt, ein zweiter ohne Mittel in Marseille, bettelnd. Döblin ist witzig und schnoddrig wie je. Lange sehr antirussisch, ist er jetzt von den Büchern des Dean von Canterbury und des amerikanischen Botschafters Davis konvertiert. Mit ihrem Jungen sprechen sie immer noch französisch, aber die Rückkehr nach Berlin ist wieder ins Auge gefaßt. Von den Indern erwartet er nicht viel Kampf. Sie werden ein paar neue Nägel in ihre Bretter schlagen, auf denen sie liegen.

15. 4. 42
Da *Weill* dem Projekt einer Negroaufführung der »Dreigroschenoper« durch Clarence Muse Schwierigkeiten machte, bat ich Wiesengrund-Adorno, ihm zu schreiben. Weill antwortete ihm mit einem bösen Brief voll von Angriffen auf mich und einem Lobgesang auf den Broadway, der alles brächte, wenn es nur gut sei, und der die europäischen Experimente fortgesetzt habe. Das letzte Stück, zu dem er, Weill, die Musik gemacht habe, sei 14 Monate lang gelaufen. Es heiße »Lady in the Dark«. (Es soll ein amüsanter Reißer sein.) Der Brief beginnt damit, er schreibe diesen Brief auf englisch. »It's easier for me and I like it better.«

15. 4. 42
In der »Neuen Volkszeitung«, sozialdemokratisch, in New York herauskommend unter Gerhart H. Seger, ein Artikel von Rudolf Katz, in dem die Wintererfolge der Russen als »nicht sehr vielversprechend« dargestellt werden. Die wichtigsten der Vereinigten Nationen sind England und die USA. Der Krieg wird noch zwei bis sechs Jahre in Anspruch nehmen. Leningrad nennt Katz Petersburg.

16. 4. 42
Vormittags hier Mitreisende vom Schiff, Otto Bauers Frau und der junge österreichische Arbeiter Breiner. Er ist Schlosser bei der Southern Railway, verdient 45 $ in der Woche, hat ein kleines Auto und feine Schale. Er beschwert sich sehr über das politische Niveau der Kollegen. Alle machen antisemitische Äußerungen. Außerdem erleben sie jetzt einen Boom. Große Englandfeindschaft.

18. 4. 42
Dieses Land zerschlägt mir meinen »Tuiroman«. Hier kann man den Verkauf der Meinungen nicht enthüllen. Er geht nackt herum. Die große Komik, daß sie zu führen meinen und geführt werden, die Donquichotterie des Bewußtseins, das vermeint, das gesellschaftliche Sein zu bestimmen – das galt wohl nur für Europa.

20. 4. 42
Eisler hier. Er hat ein Stipendium vor der Rockefellerfoundation (Thema: Filmmusik). »15 Arten, Regen zu beschreiben« (Film-

streifen mit Regen, dazu strenge Musik). Vielleicht ist mein Tuiroman doch nicht... Eisler ganz der alte in Witz und Weisheit.

21. 4. 42
Ich hatte »Readers Digest« (Auflage etwa 3½ Millionen) zu ihrer Serie »Mein unvergeßlichster Charakter« etwas über Hitler eingeschickt. Es kam prompt zurück. Feuchtwanger berichtet, daß auch Thomas Mann und der hier sehr erfolgreiche Werfel ihre Beiträge zurückerhielten. Das Magazin setzt ein halbes Dutzend Experten an die Einsendungen. Einer prüft nur, ob das Ding auch braun ist, ein zweiter, ob es auch stinkt, ein dritter, ob es auch nicht feste Brocken enthält usw. So streng wird es geprüft, ob es auch Scheiße ist, bevor es genommen wird. (expert für Spannung, expert für Charakterisierung, expert für »Lebensnähe« usw.)

21. 4. 42
Ein wenig ist es, als würde ich in irgendeiner Menge stolpernd mit unklarem Kopf plötzlich angerufen mit meinem alten Namen, wenn ich Eisler sehe. Tatsächlich habe ich allerlei seit Juni 41 nicht gut verwunden, nicht Gretes Ausscheiden, nicht das neue Milieu, nicht einmal das weiche Klima hier. Und das Roulettespiel mit den Stories, die Konfrontierung mit den Erfolglosen und den Erfolgreichen, die Geldlosigkeit. Zum erstenmal seit zehn Jahren arbeite ich nichts Ordentliches, als Resultat von alldem und mit den zu erwartenden Folgen. Ich erinnere mich nicht eines frischen Atemzugs in allen diesen Monaten. Als säße ich einen Kilometer tief unter dem Boden, ungewaschen, unrasiert, wartend auf den Ausgang der Schlacht um Smolensk.

26. 4. 42
Kortner fragt Eisler nach dem New Yorker Theater. Eisler: Davon weiß ich nur vom Weghören, wenn meine Frau darüber schimpft. – Kortner erzählt, wie ein Wiener Komiker, in New York ankommend, vor den Pressefotografen die Erde küßt. Das darf einen nicht stören, sagt Kortner. Es bedeutet nur »Küß die Erde«.

27. 4. 42
Schönberg ist ein alter Tyrann, und Eisler beichtet lachend, wie er zittert, daß die Krawatte sitzt und daß er nicht zehn Minuten zu früh kommt. Dann erzählt er strahlend, daß Schönberg die 14 Be-

schreibungen des Regens beifällig aufgenommen hat, sogar den Film in seiner Vorlesung an der Universität vorführen wird. Es fiel mir ein, wir könnten versuchen, neue Volkslieder zu schreiben, komponiert in der neuen Art. Warum sollte das Volk nicht so singen, natürlich mit 37 Grad.
Lang, nach lauter Boxofficeerfolgen, wurden hintereinander ein paar Filme weggenommen, weil er sich zerstritt oder weil ein französischer Schauspieler einen amerikanischen Regisseur verlangte. Er wurde besorgt und bat Rolf Nürnberg, ihm die 80 000 $ zurückzugeben, die er für ihn verwaltete, seine Ersparnisse. Nürnberg machte einen unlustigen Selbstmordversuch und gestand dann, er habe das Geld seit Jahren für sich verbraucht. In diesen Wochen, während er seinen letzten Kontraktmonat abdiente, ging er zum Augenarzt. Der verdeckte sein eines Aug und wollte ihn Ziffern ablesen lassen. Lang sagte: »Aber Sie müssen die Lampe andrehen.« Die Lampe brannte längst. Jetzt weiß oder ahnt er, daß auch sein anderes Aug von Blindheit bedroht ist, wie bei seinem Vater. Mit ihm war die Laté, seit Jahren seine Freundin und Sekretärin, die aber jetzt mit Winge geht, was er ebenfalls weiß.

1. 5. 42
Wunderbar diese naiven Kommuniqués der sich treffenden Diktatoren mit ihren Ankündigungen bevorstehender Überraschungen. Ein Satz: »Das Vertrauen gründet sich auf die überwältigenden Siege der Achsenmächte.« Deutschland wird mitgeteilt, daß es von Hitlers Siegen überwältigt ist!

3. 5. 42
Barbara zurück von einem Kindercamp in den Hügeln. Dort und durch die Liegekur im Winter hat sie über 30 Pfund zugenommen. Blutsenkung normal, keine Geräusche mehr hörbar.

6. 5. 42
Gretes Sachen, die mir nachgeschickt wurden, sind wohl endgültig verloren. Ich höre, daß ganze Schiffsladungen damals hier verbrannt wurden. Ich erinnere mich ihrer Besitztümer. Der zum Platzen gefüllte Koffer der Armen mit zerbrochenem Kamm, unstopfbaren Strümpfen, Papierresten, Bleistiftstumpen, durchlaufenen Schuhen, Fotos von verblichenen Ausflügen. Sie wagen nichts wegzuwerfen.

7. 5. 42
Der Schauspieler Kalser erzählt vom Züricher Schauspielhaus, an dem emigrierte deutsche Schauspieler engagiert sind. Er bekommt noch jetzt Briefe, vier Monate verspätet, mit Rollenanalysen und Berichten wilder Diskussionen über Stilfragen. Er beantwortet sie pünktlich, seitenlang. In dem schrecklichen Frühjahr 40, als die Schweiz eine Invasion fürchtete, an einem der Wochenenden, gingen die Emigranten zwei Tage überhaupt nicht aus dem Theater heraus, probierten unaufhörlich, um nicht die Extraausgaben der Zeitungen lesen zu müssen. Sie probierten »Faust, zweiter Teil«.

7. 5. 42
Die halbfeudale Armut Finnlands, als Gütermangel vielleicht ärger, war doch bestimmt menschenwürdiger als die dieses Landes. Der Mangel hatte die Stetigkeit von Jahrhunderten, so hatte die Notdurft etwas Klassisches an sich, denn die Bewegungen der Menschen vereinfachen und veredeln sich im Elend wie in einer lange ausgeübten schweren Arbeit. Die Holzflößer und die Kätnerinnen erinnerten immer noch an die Hirten der homerischen Epen, und in einer gewissen Weise ist ihr Leben sozusagen literarisiert: sie leben in Geschichten und haben Lebensläufe, ihnen selber und dem Dorfe bekannt. Auch die Arbeiter in den Städten zeigen nicht diese Spekulantenzüge. Sie haben gegen Mannerheim gekämpft.

7. 5. 42
In Marlebäk, dem Gut Hella Wuolijokis, wurde folgendes Ereignis erzählt: Der Verwalter und die Schweizerin ruderten mit der Fähre Ochsen über den Sund. Aus irgendeinem Grund begann die Fähre zu sinken. Um sie zu entlasten, stieß der Verwalter das Mädchen ins Wasser. Sie konnte nicht schwimmen, so mußte er sie, sobald er die Ochsen ans Ufer gebracht hatte, herausholen, wobei sie beinahe ersoffen. Am selben Abend fuhren die beiden mit dem Fahrrad ins Dorf, um das Kino zu besuchen. Sie waren Liebesleute. Die Schweizerin war nicht ungebildet, sie hatte in Helsinki zwei Jahre lang die landwirtschaftliche Schule besucht.

8. 5. 42
Die Finnen kämpfen immer noch. Die menschliche Geduld ist etwas zum Verzweifeln. Welch ein Hunger schon vor einem Jahr! Bis

ich eine Orange erobert hatte für Grete oder ein Ei – ich brachte es, als hinge gerade an dieser Orange oder diesem Ei ihr Leben.

9. 5. 42
Eisler mag das Lied »Und was bekam des Soldaten Weib« nicht. Das »Ätsch« darin mißfiel ihm. Er sagt: Und was, wenn ich meiner Mutter 1917 aus Italien ein Stück Salami heimgeschickt hab? Die Generäl nehmen sich die Klaviere und Teppiche, und der gemeine Mann hält sich ein bissel schadlos, indem er seiner Frau Schuh kauft. Das ist, was er vom Krieg hat, wenig. – Es ist eine schwierige Frage. Ich könnte sagen, daß ich dem Weib nicht Essen, sondern nur Kleidungsstücke habe schicken lassen, geplünderten Plunder. Aber das macht keinen wirklichen Unterschied, sie braucht auch das. Ich könnte sagen: ich hätte das Gedicht nicht geschrieben, wenn der Witwenschleier aus Paris gekommen wäre. Die Frage bleibt immer: wie dem Proletariat den Führungsanspruch lassen und die Unverantwortlichkeit zubilligen? Im Kopf hatte ich beim Schreiben wohl: Und was bekam des SA-Manns Weib? So wird es heißen müssen.

9. 5. 42
Eisler weist mit Recht darauf hin, wie gefährlich es war, als wir Neuerungen rein technisch, unverknüpft mit der sozialen Funktion in Umlauf setzten. Da war das Postulat einer aktivisierenden Musik. 100mal am Tag kann man aus dem Radio hier aktivisierende Musik hören: Chöre, die zum Kauf von Coca-Cola animieren. Man ruft verzweifelt nach L'art pour l'art.
Als ich die unnatürliche Deklamation der Texte durch die Schönbergschule verspotte, verteidigt Adorno sie als veranlaßt von der »Entwicklung der Musik«, welche große und jähe Intervalle verlange. So sind es also ausschließlich bautechnische, beinahe mathematische Erwägungen und Postulate der Logik bei der Anordnung des tonalen Materials, was die Musiker zwingt, wie die sterbenden Schlachtpferde zu wiehern...

10. 5. 42
Wie kalt dieser Krieg ausgefochten wird! Man könnte von einer Vereisung der Kriegsführung sprechen. Diese riesige Maschinerie zur Güterbeseitigung bedarf so wenig des ideologischen Antriebs wie die Maschinerie zur Gütererzeugung, solang sie eine Profiter-

zeugung ist. Ein Appell an Revanchegelüste etwa wäre so überflüssig wie in der »normalen« Industrie ein Appell an die Schaffensfreude. Wie stupid diese Tankschlachten sind, in die so viel technische Intelligenz investiert ist. Ein Haufen Tanks rollt gegen einen andern Haufen Tanks, und dann schießen die Tanks aufeinander, wie sie sich begegnen; das einstmalige Handgemenge wird zum Maschinengemenge, am Abend rollen die Tanks zurück zur Reproduktion der Zerstörungskraft usw. usw. Die Feindschaft an der Spitze gleicht der Feindschaft zwischen konkurrierenden Firmen, welche die Bedingungen ihrer Fusion auskämpfen.

15. 5. 42
Die RAF-Offensive, seit dem 1. 5. eingestellt, ist schon gänzlich aus allen Gesprächen verschwunden.

15. 5. 42
Einen dieser Tage zum Lunch bei Max Reinhardt mit Feuchtwanger. Er residiert in einer großen Villa am Meer, ausgefüllt mit seinen Berliner Möbeln und Kunstgegenständen. Der alte Zauberer, klein, fest auf seinen Beinen stehend, abgeblaßt wie eine mit dem Löschblatt behandelte Tuschzeichnung, mit den langsamen, wirkungsvollen Bewegungen, der tiefen Stimme, immer noch die Zunge genießerisch in der Backe, die Thimig, ein müder, abgearbeiteter Todesengel.
Von den Bayern sagt er: »Sie wollen nicht Theater sehen, sie wollen nur Theater spielen.« – Dies für die Historiker, die das Lehrstück anthropologisch zu begründen wünschen!

15. 5. 42
Die Unterscheidung zwischen Hitlerdeutschland und Deutschland (»Hitler ist nicht Deutschland!«) ist naturgemäß, je länger der totale Krieg tobt, desto schwerer einleuchtend vorzutragen. Die Lesebuchfabel, daß das deutsche Volk oder zumindest die deutsche Arbeiterschaft gegen diesen Krieg ist, kann immer weniger den ungeheuren Furor der deutschen Riesenarmeen, die gewaltigen Leistungen der Industrie und die Stabilität der inneren Ordnung in Deutschland erklären. Der Widerstand der Hitlerarmee gegen die Sowjetoffensive in diesem Winter deutet nicht gerade auf brüchige »Moral« hin. Es ist für unsere kleinen Coriolane verhältnismäßig leicht, mit der Lesebuchfabel fertig zu werden und die Polizierung,

Isolierung, Auflösung und dauernde Diskriminierung der deutschen Nation zu fordern. Wenige Beispiele in der Geschichte beweisen so schlagend die Wahrheit des Satzes, daß das gesellschaftliche Sein das Bewußtsein bestimmt, wie der Einfall des deutschen Volksheeres in die Sowjetunion. Durch bestimmte gesellschaftliche Maßnahmen vermochte die deutsche Bourgeoisie unter Ausnützung einer bestimmten politischen Situation das Klassenbewußtsein der Arbeiterschaft zu betäuben, wie man sieht. Die Arbeiterschaft war daran gewöhnt worden, ihre Interessen durch die demokratischen Institutionen der Parlamente und Parteien der Parlamente sowie durch die Gewerkschaften wahrzunehmen. Die Auflösung dieser Institutionen usw. machte die Arbeiterschaft organisations- und hilflos. Die Arbeiterschaft, die sich zu schwach sah, ihre internationale Politik zu führen, fügte sich der nationalen Politik ihrer Bourgeoisie. Die Beseitigung der Arbeitslosigkeit, gewisse pseudosozialistische Institutionen, vielleicht auch die Erfassung der Jugend in »volksgemeinschaftlichen« Verbänden, dazu der politische und ökonomische Terror ergaben ein Feld des sozialen Seins, das erst durch einen zerstörenden Krieg erschüttert werden muß, damit es die klassischen Formationen zurückbekommt. Immerhin zeigt ein Vergleich zwischen dem Verhalten der Arbeiterschaft 1914 und dem 1939, daß das Tiefenfeld des sozialen Seins sogar verstärkte Wirkungen ausstrahlt. Die Schließung des freien Arbeitsmarktes hat mit ihrer Verlegung des Schwergewichts der Klassenkämpfe vom ökonomistischen zum politischen Bezirk die Arbeiterschaft in Verwirrung gestürzt, da ihre Organisationsformen damit überholt und veraltet waren; zugleich aber hat sie die Arbeiterschaft endgültig auf den politischen Bezirk getrieben, was sich zunächst freilich nur negativ auswirkt. Die Klage unserer kleinbürgerlichen Coriolane, dieses Volk werde wohl immer wieder in imperialistische Abenteuer »zurück«fallen, also eine dauernde Bedrohung der Welt, wie sie ist, bilden, ist natürlich begründet, wenn der Plan besteht, die ökonomisch-politische Basis des Imperialismus zu erhalten. Sie sind keineswegs gegen diesen Plan und hegen eigentlich nur die Befürchtung, die deutschen Massen könnten auch von »neuen« Bewußtseinsstufen aus (Pazifismus, Demokratismus) die unvermeidlichen Tendenzen einer ökonomisch-politischen Basis, ähnlich der von 1918 – 1933, nicht überwinden. Allerdings würde, was sie nicht wissen und nicht wissen wollen, auch eine solche

Basis, poliziert und regional zerstückelt, die vermuteten Tendenzen wieder produzieren.

17. 5. 42
Kortner erzählt, wie beim Haarschneiden ein Neger ihm die Schuhe putzte und sagte: I don't like camminisme, I like the russian system.

20. 5. 42
Überlegte mir für Reinhardt, der in New York eine Produktion starten will, einen theatralischen Rahmen für »Furcht und Elend des Dritten Reiches«. Eine Art »Private Life of the Master Race«. Man könnte den klassischen Blitzkrieglastwagen mit den bestahlhelmten Soldaten des Dritten Reiches auf die Bühne stellen, der Europa die neue Ordnung bringt, die dann in den Hauptszenen in Deutschland in Funktion gezeigt wird. Der Wagen könnte balladesk behandelt werden, zu einem barbarischen Horstwesselmarsch, viehisch und sentimental zugleich. Die Idee gefiel Reinhardt, der mir zum zweitenmal sagt, er finde »Wozzek« das stärkste Drama der deutschen Literatur, und die Szenen erinnerten ihn daran.

27. 5. 42
Sitze nachmittags für eine Stunde mit Feuchtwanger in seinem schönen Garten. Er erzählt, sie haben jetzt Hormoneninjektionen in der Armee, welche Homosexualität restlos entfernen (allerdings alle paar Monate erneuert werden müssen). So macht jetzt auch den Homosexuellen die Armee keinen Spaß mehr.

28. 5. 42
Mit Lang an der beach über Geiselfilm nachgedacht (anläßlich Heydrichs Exekution in Prag). Neben uns lagen zwei junge Leute, eng aneinander unter einem riesigen Badetuch, der Mann einmal über der Frau, ein Kind spielte daneben. Unweit steht ein großer eiserner Horchapparat, gewaltige Flügel, die sich im Bogen drehen; ein Soldat sitzt auf dem Sattelsitz dahinter, in Hemdärmeln, aber vor den paar kleinen Gebäulichkeiten steht ein vollbekleideter Wachposten mit Gewehr. Ungeheure Benzintanks rollen leise surrend die asphaltierte Beachstraße hinab, und man hört Kanonenschüsse hinter der Bucht.

29. 5. 42
Abends *Kline* mit Frau und Schwager da, als zwei FBI-Leute kommen und mein Registrationbüchlein einsehen, anscheinend Kontrolle wegen des curfews.

30. 5. 42
Eisler bringt *Odets*, white hope des amerikanischen Theaters. Er sitzt wohlgenährt und entspannt und sagt mit leuchtenden Augen: »Seit 20 Jahren habe ich alles, was in diesem Land etwas bedeutete, zusammenstürzen sehen, Moral, Charakter, Kunst, personality. Heute ist alles nivelliert. Niemand weiß mehr, wer er ist, wo er steht, was er denkt. Er kennt nicht seine Adresse, nicht seine Frau, nicht seinen Rock. Zwischen einer Schauspielerin, einer Bankdirektorstochter und einer Prostituierten ist kaum ein Unterschied. Wie soll ich auf der Bühne einen salesman charakterisieren? Jeder andere könnte sein, wie er ist. Das ist das einzige Charakteristische an ihm. Wenn Sie nach Hollywood kommen, tritt Ihnen jeder Star gegenüber mit: Sehen Sie, ich bin genau wie jeder andere, ich bin nicht korrumpiert durch meine Gage, ich denke, was Sie denken, ich bin nicht im geringsten bemerkenswert, just nice.« Ich sage ihm: »Etwas Faschismus, und Sie haben wieder alles, was Sie brauchen für ein Theater. Vor allem die Unterschiede. Und die großen Persönlichkeiten. Streicher. Göring. Goebbels. Thyssen. Und die riesigen Fabeln. Reichstagsbrand. Röhmmord. Bierputsch. ›Du bist gefeuert‹ ist ein schlechterer Jambus als ›Du schießt dich tot‹.« Dazwischen referiert er resigniert, was »man« in Amerika will; wie er ein Stück mit mehreren Schauplätzen schrieb, das 44 000 $ kostete und ein Flop wurde, so daß er nun Stücke mit einem Set schreibt. Kurz, wie zwischen ihm und dem nächstbesten Filmschreiber die Unterschiede zu verschwinden begonnen haben (was er allerdings nicht weiß). Ich berichte ihm den großen Eindruck, den ich von einigen Szenen aus »Waiting for Lefty« hatte, als sie bei einem Meeting im *Madison Square Garden* aufgeführt wurden. Diese dünne, elegante, intime Struktur eignete sich großartig für das Massentheater. (Kortner erwähnte, wie intim ihm New York vorkommt, etwa gegen Hollywood.) Das kleine Stück wandte die einzige Form an, welche hier Tradition hat, nämlich die des Vaudevilles. Odets beschrieb mit Verve dieses Vaudeville und hörte ein wenig erstaunt zu, als ich die Parallele zog. Er steckt heute tief im psychologischen Stück (Vorbild Tschechow). »Ich kann nicht

schreiben, wenn ich nicht weiß, wofür«, sagte er. »Schreiben Sie für den Broadway«, sage ich demagogisch, »nur bedenken Sie, daß er bald mitten in der Welt liegen wird. Zum erstenmal hat Amerika eine Rolle in der Weltpolitik.«

31. 5. 42
Für den Dramatiker ist jetzt John Lewis interessant, der als eine große sinistre Figur angesehen wird. Seine Bewegungen hier und dort überliefert nur das Gerücht. Er soll in seiner miner union Barbiergehilfen, dirtfarmers und Holzarbeiter sammeln, manch einer soll sich schon wundern, was alles ein miner ist. Er war gegen Roosevelt, und seine Tochter gehörte zu America first, und es gibt bis jetzt keine Äußerung von ihm zum Krieg. Viele nennen ihn einen Gangster, viele einen Faschisten, die Vorsichtigeren sagen: He is at least too ambitious. Man wirft ihm Machthunger vor. Die miner selber, heißt es, halten ihn nicht für einen Engel, jedoch sagen sie für ihn, daß er die Interessen der Arbeiter zäh verteidigt. Der Slogan »Nieder mit Hitler« darf für uns nicht bedeuten »Nieder mit den Löhnen«, sagen sie angeblich. Es ist wohl so, daß die amerikanische Arbeiterbewegung zu primitiv ist, um eine dialektische Politik zu betreiben. So repräsentieren ihre Führer die nackten Gegensätze. Ihre Gegner in der großen Industrie dagegen führen sehr wohl eine dialektische Politik. – Vom Standpunkt des Dramatikers aus: sollte der fünfte Akt des gigantischen Dramas *New Deal* ein tragischer oder ernüchternder werden, würde ein Lewis der Fortinbras sein.

1. 6. 42
Die Stadt Köln ist von der RAF dem Erdboden gleichgemacht worden. 1000 Bomber sind einundeinhalb Stunden über ihr erschienen. Jemand sagte: Wenn es die Einleitung einer zweiten Front ist, ist es gut, denn die könnte Hitler vernichten. Freilich, wenn es keine zweite Front danach gäbe, wäre es nicht so gut. Dann vernichtet es Deutschland.

1. 6. 42
»Chancen«: 1) Metro-Goldwyn-Mayer, überlege ersthaft eine Verfilmung der »Dreigroschenoper«. 2) Jean Renoir wolle mit mir einen Film schreiben. 3) May Wong wolle den »Guten Menschen von Sezuan« am Broadway aufführen. 4) Reinhardt »Furcht und Elend«.

5. 6. 42
Mit Eisler, Odets bei Lang lunchen. Wir entwerfen einen Filmrahmen für »Furcht-und-Elend«-Szenen. Odets sucht something uplifting. Ich spreche von dem Tank, der einfriert. Er sagt: Es müßte eine Nazimannschaft sein, die sich psychisch verwandelt. Ich schlage vor: ein Tank scheidet aus (in der Tankschlacht). Er fährt seitab und muß repariert werden. Nun Kälte und Guerillas und verschärfte Disziplinierung. Im Arbeitstempo zeigt sich der psychische Status an. Wenn der Tank repariert ist, fährt er zu den Russen und übergibt sich. – Nachmittags auf Granachs Betreiben bei Anna May Wong, einer chinesischen Schauspielerin, der er vom »Guten Menschen« erzählt hat. Sie hat Klabunds »Kreidekreis« in London gespielt. – Abends Thören, Kortner, Eisler, Hans Viertel, Winge. Thören erzählt, wie ein Ungar einem hiesigen producer »Wilhelm Tell« verkaufen will: »You know, I have written ›Zola‹. It was a picture for liberty and humanity. Now I have written another picture, titled ›Wilhelm Tell‹. In this picture is much more liberty and much more humanity.«

5. 6. 42
Versuche mit Lang eine Story »Silent City« zu entwerfen. Über Prag, Gestapo und Geiseln. Alles das ist freilich ganz einfach Monte Carlo.

7. 6. 42
In den Zeitungen tauchen mehr und mehr Artikel auf, die sich in großen Hoffnungen auf die Zeit nach dem Krieg ergehen. Das Produktionsvermögen zeigt sich nun, voll ausgenutzt für Kriegszwecke und verhältnismäßig geplant, als riesig, und die Technik entwickelt sich durch das eine Ziel stark, wenigstens im Hinblick auf dieses Ziel. Kriege sind nötig, um unsere Industrie in Schwung zu bringen, und die Nationen sehen staunend, was sie leisten könnten...

8. 6. 42
Der »Aufbau« ist eine der beiden deutschen Zeitungen in den USA (die andere ist die sozialdemokratische »Volkszeitung«). Kesten ist ein Romanschriftsteller aus der Josef-Roth-Schule, ehemaliger Lektor des de Lange Verlags, dem ich wegen seiner feindlichen Einstellung den Einblick in den Plan zum »Dreigroschenroman«

verweigert habe. Die literarische Charakteristik, die er von mir entwirft, gibt ganz gut die Auffassung etwa des Thomas-Mann-Kreises wieder.

Der Tenor ist ungefähr derselbe wie in der deutschen »New Yorker Staats-Zeitung«. Interessant, wie versucht wird, bestimmte Kunstwerke einfach aus der Literatur auszuweisen und sie in besonderen Konzentrationslagern unterzubringen. Die Literatur der Niedrigen kann keine hohe Literatur sein.

9. 6. 42
Junger Lehrer von UCLA da, der Gedichte deutsch und englisch herausgeben will. Im Augenblick arbeitet er an Georges »Krieg«. Wie anmaßend dieser Hohepriesterton klingt! Und diese Zwangsanleihen bei der französischen und italienischen Literatur. Und dabei eine Sprachreinigung von Ausmaß – im Sumpf. Gepflegte Clichés (Hindenburgporträt!). Und was für eine Tugend die aus der Fußnote machen!

16. 6. 42
Bei Adorno beginnt das Frankfurter Institut ein Seminar. Adorno, Horkheimer, Nürnberg, Eisler, Ludwig und Herbert Marcuse, Pollock. Horkheimer zitiert, in einer Art von Alarm, einen Ausspruch des Vizepräsidenten Wallace, nach diesem Krieg müsse jedes Kind der Welt ein pint Milch täglich bekommen. Er bekam nahezu keine Publicity für seinen Slogan, der Krieg sei eine Revolution der Völker und es komme das Jahrhundert des common man. Aber das Institut fragt sich schon, ob da nicht eine gigantische Gefahr für die Kultur heraufzieht, wenn der Kapitalismus soviel Milch (nicht nur der frommen Denkungsart) verzapft (was er nach Pollocks, des Ökonomen, Fachmeinung durchaus kann). Ein einziger Blick zeigt dem Institut, daß Wohlstand allein noch keine Kultur erzeugt, denn herrscht hier nicht Wohlstand und gibt es hier Kultur?

18. 6. 42
Eine Stelle des kleinen Gartens gewährt einen würdigen Ausblick, da ist man nur von Grünem umringt, Büschen und großblättrigen Feigenbäumen (den Athleten unter den Bäumen). Wenn man den Stuhl richtig setzt, sieht man nichts von den nuttigen Kleinbürger-

villen mit ihren deprimierenden Hübschheiten. Nur ein winziges Gartenhäuschen, eineinhalb Meter im Geviert, fällt in den Blick, aber das ist zerfallen, und der Zerfall veredelt es.

18. 6. 42
Ein paar hundert Schritt von hier ist ein kleines Theaterchen zu vermieten, sehr billig. Die Frau des hier im Film erfolgreichen österreichischen Schauspielers Henreid kann nicht verstehen, warum Kortner nicht das Ding mietet und einfach »etwas spielt«, da hier ein Hunger nach *gutem* Theater bestehe. »Sie erlauben es hier nur den Negern, Kunst zu machen«, sagte Kortner, »der weiße Mann hat sein Gesicht zu wahren.«
Es ist erstaunlich für uns, zu sehen, wieviel man braucht, um Theater machen zu können. Das politische Milieu ist nur das eine. (Nur in vier Ländern gab es nach dem ersten Weltkrieg Theater. In dem ersten war eine vollständige, in dem zweiten eine halbe, in dem dritten eine Viertels- und im letzten eine Achtelsumwälzung erfolgt – das dritte Land ist die Tschechoslowakei, das letzte Amerika nach der großen Krise.) Aber dann ist da noch die Tradition, die nötig zu sein scheint. Auch im Material der Kunst muß etwas da sein, das man umwälzen kann. Abgesehen von der Schönheit eines Neherschen Bühnenbildes war da noch eine Erinnerung an das, was er nicht machte; so sah man eine Neuerung.

21. 6. 42
Als ich neulich abends vor der Haustür stand und Wriggles streichelte oder vielmehr kratzte, meinte ich, im Dunst etwas vom Orion zu sehen, und dachte: man müßte die Freundlichkeit, die man zu Gestorbenen gefühlt hat, auf Lebende übertragen, sei es auf bestimmte Menschen oder auch Tiere. Damit würde man – für eine Zeit – denen, die gegangen sind, noch gute Handlungen verdanken.

27. 6. 42
Es scheint, daß die Story, die ich mit Lang schreibe (»Die Geiseln von Prag«), einige Aussicht hat. Lang trug sie einem producer vor, der beeindruckt war. Wie ich diese kleinen Hitzewellen hasse, die in der Nähe von Geld jedermann erfassen (gesicherte Arbeitszeit, bessere Wohnung, Musikstunde für Steff, keine Wohltaten mehr nötig).

28. 6. 42
Rommel scheint in Ägypten zu weit zu gehen. Verständlich, daß er in Shepperds Hotel in Kairo anklopfen wollte, nachdem die RAF, nur um den Amerikanern zu zeigen, daß es Sinn hat, sie zu beliefern, Köln und Essen bombardiert hat – mitten im Krieg. Aber wenn Rommel nach Suez geht, kann Hitler wirklich noch die zweite Front auf den Hals bekommen.

28. 6. 42
Der Dokumentfilmregisseur Herbert Kline erzählt, daß immer mehr Leute (»liberals, intelligent people«) es ablehnen, einen Unterschied zwischen den Nazis und den Deutschen zu sehen. »Sie sind alle mit drinnen, zumindest, sie dulden es«, sagen sie. Ich frage ihn, ob sie nicht andere Leute nennen können, welchen diese ihre Meinung sehr gelegen kommt; die es gern sehen, wenn kein Unterschied zwischen Faschisten und Völkern gemacht wird, etwa, weil sie selbst Faschisten sind. Mit ihrer Haßpropaganda lenken sie die Menschen hier vom Problem Faschismus ab. Die Soldaten natürlich hassen niemand, außer vielleicht gerade diese Leute. Für den modernen Krieg ist auch Haß gar nicht besonders nötig. Er schadet dem Krieg nichts und er nützt ihm nichts. Auch die Arbeiter einer Fabrik müssen nicht die Arbeit lieben, es ist unnötig. – Ich biete ihm diese Formel an: Faschismus ist eine Regierungsform, durch welche ein Volk so unterjocht werden kann, daß es dazu zu mißbrauchen ist, andere Völker zu unterjochen.

29. 6. 42
Die »hohe Moral« der deutschen Truppen macht vielen braven Antifaschisten enormes Kopfzerbrechen. Sie haben in den parlamentarischen Regierungsformen nie die Elemente der Gewalt entdeckt: die Parlamente repräsentierten den Consensus des Volkes. Jetzt ist der parlamentarische Apparat zertrümmert, und hervor tritt die »nackte« (aller Verhüllung entkleidete) Gewalt. Sie erkennen diese Nudität nicht wieder... Für die unteren Volksschichten scheint die Versklavung durch die Nazis nur eine relative zu sein, d.h. das *Mehr* übt keinen wirklichen Einfluß auf das Verhalten dieser Schichten aus, wenigstens so lang nicht, als nicht gerade dieses *Mehr* das gesamte System der Sklaverei anfällig macht.

29. 6. 42
Ich arbeite mit *Lang* für gewöhnlich von früh neun Uhr bis abends sieben Uhr an der Geisel-Story. Bemerkenswert ein term, der immer wieder auftaucht, wenn die Logik eines Vorgangs oder Fortgangs zu diskutieren wäre: »Das akzeptiert das Publikum.« Den mastermind der Untergrundbewegung, der sich hinter einem Fenstervorhang versteckt, wenn die Gestapo Haussuchung hält, akzeptiert das Publikum. Auch aus Kleiderschränken fallende Kommissarleichen. Auch »geheime« Volksversammlungen zur Zeit des Naziterrors. Derlei »kauft« Lang. Interessant auch, daß er weit mehr an Überraschungen interessiert ist als an Spannungen.

29. 6. 42
Eisler hat die meisten der finnischen Gedichte in einem »Hollywooder Liederbüchlein« komponiert. Er sang das Odets vor, und der sagte: So was kann man nur machen, wenn man arm ist.

29. 6. 42
Besuche Jean Renoir. Es sieht absolut französisch bei ihm aus. Er hat das dadurch bewerkstelligt, daß er ein echtes amerikanisches Haus kaufte (einen Holzkasten von der Art, wie man ihn in den historischen Filmen sieht, keine Imitation) und lauter alte amerikanische Möbel. Diese Stücke setzte er sparsam ein, und einigen Stuck schlug er mit der Axt vom Kamin, und jetzt wohnt er in kultivierter Umgebung. Er berichtet übrigens, daß der Antisemitismus in den Studios schnell wächst (»die Juden verstehen es, sich vom Militär zu drücken«). Karl Koch war mit ihm in Italien, um im Interesse der französisch-italienischen Beziehungen einen »Tosca«-Film zu machen. Renoir kehrte nach Paris zurück, Koch blieb und scheint, zumindest bis zum Ausbruch des amerikanisch-deutschen Kriegs, unbelästigt geblieben zu sein – wiewohl er deutscher Artillerieoffizier im Weltkrieg war. Ich arbeitete gern in Italien, sagt Renoir, die Italiener sind solche glühenden Antifaschisten.

30. 6. 42
Ich habe nichts getan und werde nichts tun, den Verlust Gretes zu »verwinden«. Sich mit Geschehenem aussöhnen – wozu sollte das gut sein? Da sind viele Enden an diesem Strick, an die noch angeknüpft werden muß. Hitler hat sie umgebracht und der Hunger.

Hitler lebt noch, und der Hunger beherrscht die Welt. Bei meinem Versuch, sie zu retten, bin ich geschlagen worden, und es ihr leicht zu machen, habe ich nicht vermocht. Die gelungenen Werke soll man vergessen, aber nicht die mißlungenen.

1. 7. 42
Hongkong und Singapore sind gefallen ohne Kampf, Burma ist verloren, China dadurch umringt und abgeschnitten. Gummi und Öl fallen in die Hände der Japaner. Deutsche Kriegsschiffe fahren durch den Kanal, um die nördliche Lieferlinie zu bedrohen. Indien wird die Selbstbewaffnung verweigert, und zur Verteidigung Indiens gegen Japaner und Inder werden Truppen aus Libyen abgezogen. Seit Jahren, in denen England nicht Krieg führte, obwohl (und wie einige sagen: weil) Hitlers Armeen (300 Divisionen) im Osten kämpften, standen drei deutsche Divisionen in Afrika, und nun stoßen sie vor und dringen in Ägypten ein, Tobruk fällt kampflos, ebenso kampflos fallen die Grenzbefestigungen. Und das Toryparlament, verstärkt durch die Labourbosses, bereitet ihrer Kriegsleitung eine »tumultuöse Ovation«.

2. 7. 42
In »Information Bulletin, Embassy of USSR« lese ich: »In the near future we shall also see *the face of fascism*, based on the short stories of the well known German anti-fascist writer Bertolt Brecht.«

3. 7. 42
Man zögert, den Wunsch des Hundes abzuschlagen, gekratzt zu werden, weil man befürchtet, er könne aufhören, solch einen Wunsch zu äußern, und die ganze vernünftige Beziehung zwischen Mensch und Hund, dieses Sichverständlichmachen und Sichverpflichtetanerkennen wäre womöglich für immer verunsichert.

5. 7. 42
Während ich die Story diktiere, verhandelt oben im Studio Lang mit den Geldleuten. Wie in einem Propagandafilm dringen herunter die Ziffern und todwunden Aufschreie, 30 000 $, 8 %, I can't do it. Ich ziehe mit der Sekretärin hinaus, in den Garten. Kanonendonner vom Meer her...

6. 7. 42
Kortner hat dem Ausdruck »they overdo it« oder »they overact« einen neuen Ausdruck für die Deutschen nachgebildet »they overfight«.

11. 7. 42
Kortner kann keine Rolle bekommen. Eisler erzählt, daß die Leute in RKO bei der Vorführung von Probeaufnahmen laut gelacht hätten: er habe mit den Augen gerollt. Nun ist eigentliches Spiel hier verpönt, man gestattet es nur den Negern. Die Stars spielen nicht Rollen, sondern kommen in »Situationen«. Ihre Filme bilden eine Art von Comics (Abenteuerroman in Fortsetzungen), welche einen Typ in vielen Bedrängnissen zeigen. (Selbst die Wiedergabe der Story in der Presse sagt etwa: Gable haßt Garbo, hat aber als Reporter... usw.) Aber gerade seine Arbeitslosigkeit veranlaßt Kortner, sogar im Privatleben sehr viel mehr zu spielen, als er es je auf der Bühne tat. Ich sehe ihn mit einem Gemisch von Heiterkeit und Entsetzen eine einfache Erzählung unbedeutender Vorgänge mit einem Unmaß von Gestik und »Ausdruck« vortragen.

12. 7. 42
Eine gewisse Rolle spielen die sogenannten Gallup poll tests. Nach einem genauen System der Zusammenstellung von Repräsentanten der verschiedenen Schichten werden die Meinungen der Bevölkerung eingeholt (über politische Grundprobleme, jedoch auch über Besetzung von Filmen nach bekannten Romanen). Das gilt als demokratische Institution. Es ist in Wirklichkeit ein Test auf die Wirkung von Reklame und Propaganda.
Zu einem Verdurstenden in der Wüste tritt ein Mann mit einem Glas Wasser: Welche Sorte von Getränk bevorzugst du?

13. 7. 42
Es ist nicht richtig, daß alle Torys keinen Unterschied zwischen Hitler und dem deutschen Volk machen wollen. Nur daß sie unter dem deutschen Volk die Industriellen und Generäle verstehen.

16. 7. 42
Nun gibt es doch die Möglichkeit, diese schreckliche Kleinbürgervilla mit Gärtchen loszuwerden. Mein Zimmer mißt elf Fuß zu zwölf Fuß, ist stickig und hat rosa Türen. Da an drei Wänden Ti-

sche und an der vierten das Schlafsofa stehen, kann ich beim Arbeiten nur drei sehr kleine Schritte machen. Etwas unbeschreiblich Niedliches, Unedles haftet dem Raum an, der nicht einmal aus seiner Kleinheit etwas machen kann. Mein schwarzer Soldatenkoffer, ein episches Stück, dominierend in dem Lidingöer Waldhaus und der Helsingforser Hafenkaserne, unterliegt hier schmählich und ist lediglich »not a nice thing«.

18. 7. 42
Die Sprache kommt auf d'Annunzio. Es ist mir unmöglich, ihn in der Nachbarschaft der Werfel, Hecht, Odets verächtlich nennen zu hören. Schließlich war sein Lebensziel nicht ein Wochenscheck von L.B. Mayer. Er eroberte Fiume, die Duse und das Besitztum am Gardasee, nicht einen Filmkredit. Er war ein Scharlatan, aber dieser Scharlatan schrieb Hirtengedichte, die kaum untergehen werden, und die Charta der Seeleutegewerkschaft wird längere Zeit ein interessantes Dokument bleiben. Auch seine Provokationen könnte man, mit Opusnummern versehen, herausgeben. Seine Eitelkeit ist der Selbstgefälligkeit Hollywoods turmhoch überlegen, so ist es sein Geschmack, wenn er auch etwas zu disparat ist, und sein ganzer Lebensstil, der immerhin nicht nur der Arbeit, sondern auch der Ausschweifung etwas Produktives verleiht. Und er schlägt sie auch, was ihnen am meisten imponieren muß, durch seine Einnahmen. – Allerdings muß er dulden, mit ihnen, wenn auch vorteilhaft, verglichen zu werden.

20. 7. 42
Die ganze Zeit Brotarbeit an der Geiselstory mit Lang. Soll dafür 5000 $ bekommen, dazu weitere 3000 $ für weitere Mitarbeit.

26. 7. 42
Eisler sagt, er habe jetzt die ganzen *finnischen Gedichte* auskomponiert. Zuletzt, als nichts mehr übriggeblieben sei, den »Kirschdieb« und »Heute, Ostersonntag früh«. Er erzählt, wie die Gedichte bei längerer Beschäftigung mit ihnen gewonnen hätten. Für mich ist seine Vertonung, was für Stücke eine Aufführung ist: der Test. Er liest mit enormer Genauigkeit. In dem letzterwähnten Gedicht polemisiert er gegen das Wort »Werk« und ist erst zufrieden, als ich es mit »Gedicht« oder »Vers« ersetze. In dem Gedicht »In den Weiden am Sund« streicht er »über die Herrschenden«, da ihm

das Gedicht so reiner erscheint. Ich selber bin da nicht sicher, ob nicht eine Reinheit entstünde, die anfechtbar wäre. Unter Umständen verlöre das Gedicht die historische Autarkie. Das Gedicht III im Zyklus »1940«, das den Titel »Nebel in Flandern« hat, greift er wegen seiner Unverständlichkeit an, bis ich ihm den Titel »Flandrische Landschaft 1940« gebe.

27. 7. 42
Dieses Journal zeigt allein durch die vielen Eintragungen die bedrängte Lage, in der ich bin, geworfen in das Zentrum des Weltrauschgifthandels unter die Allerletzten der Tuis dieses Gewerbes.
Was für ein unendlich trauriges Gemächte dieser Geiselfilm ist, mit dem ich mich etwa jetzt zu beschäftigen habe. Was für Schemen, Intrigen, Falschheiten! Das bißchen Anstand erschöpft sich darin, daß ich streng im Rahmen bürgerlich-nationaler Erhebung blieb! Und jetzt kommt noch die Besetzung dazu. Ich sah ein Buch mit Fotos aller Schauspieler, die man haben kann, oder vielmehr, die da sind – Visagen wie aus dem Programmheft des Ulmer Stadttheaters.

28. 7. 42
Hier erlebe ich, wie lächerlich und unverschämt es ist, dem Arbeiter zu sagen, er solle die große Literatur lesen! Ich selbst kann sie nicht mehr lesen, hier, in dieser Umgebung.

28. 7. 42
Hier ist jetzt das russische Milieu große Mode. Es ist die Möglichkeit, eine Love-Story in einen Tank hineinzubringen. Die Guerillas ergeben Ersatz für Wildwestfilme – Wildostfilme.

28. 7. 42
Die Presse über die zweite Front ist interessant. Die Parteinahme, der Kampf der Für und Widers, das erweckt den Anschein, als werde solch ein Problem gründlich diskutiert und dann, auf Grund von Argumentation, gelöst. In Wirklichkeit gebraucht nur die Opposition Argumente, und die stärksten nützen ihr nicht, wenn sie schwach ist.

5. 8. 42
Ich arbeite jetzt in einer office von United Artists in Laspalmasstreet in Hollywood. Heiße Büroräume mit Sekretärinnen. Ein amerikanischer writer, John Wexley, der 1500 $ in der Woche bekommt. Er gilt als sehr links und anständig. Zuerst nehme ich mit ihm eine Sequenz durch, er diktiert sie englisch der Sekretärin. Sie macht vier Kopien, und als ich eine haben will, macht er die kindischsten Ausflüchte. Am Kopf steht »John Wexley« und Datum, und die »suggestions« sind nicht benamt. In einer Szene braucht er eine deutsche Übersetzung; so überträgt er in eine Kopie handschriftliche Zufügungen und gibt sie mir. Ich nehme den Zettel mit; danach wird herumtelefoniert, ich hätte ein Blatt mitgenommen, das er brauche, er könne nicht weiterarbeiten. Wie es scheint, werden diese Tricks hoch bezahlt.

12. 8. 42
Ziehen um in die 26. Straße in Santa Monica. Das Haus ist eines der ältesten, etwa 30 Jahre alt, ein kalifornisches Holzhaus, getüncht, mit oberem Stockwerk, in dem vier Schlafzimmer sind. Ich habe einen langen (fast sieben Meter) Arbeitsraum, den wir sogleich weiß tünchten und mit vier Tischen versahen. Im Garten sind alte Bäume (Pfeffer- und Feigenbaum). Miete 60 $ im Monat, 12 $ 50 mehr als in der 25. Straße.
Nachmittags ist eine Party bei Homolka. Eisler, der seit dem Morgen nichts gegessen hatte, wurde von der Pfirsichbowle betrunken und geriet in die größte Gefahr, alle jene Wahrheiten zu sagen, die er seit Monaten verschweigt, um einen Job zu kriegen. Abends kamen die Döblins. Jemand erzählte, der Musiker Toch habe über den Film »Mrs. Miniver« Tränen vergossen. (Der Film zeigt mit größtem Erfolg das »neue England«: eine duchess bekommt seit Jahren den Preis für ihre Rosen, gibt ihn aber dieses Jahr nach Dünkirchen an einen kleinen Mann, der ihn eigentlich verdient!) Eisler holt zu einer Verteidigung Tochs aus, entschuldigt ihn ausführlich mit Weltfremdheit usw. und schließt: »Er ist einfach ein Kind – und zwar ein schmutziges.« Döblin pries er als den Armendoktor der Frankfurter Allee, schilderte aber auch die kleinbürgerliche Wohnung, besonders einen Schreibtisch mit Schnörkeln und ausschweifenden Beinen und einen Weinbrand, der ihm kredenzt wurde. Wir lachen, bis uns der Bauch weh tut.

13. 8. 42
Bei Adorno diskutieren Horkheimer, Pollock, Adorno, Marcuse, Eisler, Stern, Reichenbach, Steuermann über *Huxleys* »Brave New World«. Den Huxley beunruhigen einige Phänomene der Neuzeit. Er stellt ein Absinken der kulturellen Bedürfnisse fest. Je mehr iceboxes, desto weniger Huxley. Wenn man die körperlichen Bedürfnisse allzusehr befriedigt (Vizepräsident Wallace hat bereits ein Glas Milch für alle Menschen in Aussicht gestellt), leiden die geistigen Bedürfnisse. Das Leiden hat die Kultur geschaffen; so wird wohl Barbarei entstehen, wenn das Leiden abgestellt wird? Dr. Pollock, der Ökonom des Instituts für Sozialforschung (ehemals Frankfurt, nunmehr Hollywood), ist der Überzeugung, der Kapitalismus könne sich durchaus krisenfrei machen, einfach durch öffentliche Arbeiten. Marx konnte nicht vorhersehen, daß die Regierung eines Tages einfach Straßen bauen könnte! – Eisler und ich, etwas erschöpft durch den Strich, werden leicht ungeduldig und »setzen uns ins Unrecht«, in Ermanglung einer andern Sitzgelegenheit.

14. 8. 42
Eigentlich zum erstenmal fühle ich mich halbwegs wohl hier heute. Ich bin allein im untern Stockwerk, es ist halb ein Uhr nachts. Auch in den Garten kann ich hinaus, ohne wo durch zu müssen. Vom Tisch aus sehe ich die Straße hinunter die Autos fahren. Ich arbeite noch am »Messingkauf«.

17. 8. 42
Das Haus ist sehr schön. In diesem Garten ist der Lukrez wieder lesbar.

19. 8. 42
Jeden Tag in der office in Hollywood. Ich fahre die zwölf Meilen morgens halb neun, frühstücke gegen ein Uhr in der office meine mitgebrachten Brote zu einem Schluck kalifornischen Weißweins. Es ist heiß, aber wir haben Ventilatoren.

20. 8. 42
Immer wieder staune ich über die Primitivität des Filmbaus. Diese »Technik« kommt mit einem erstaunlichen Minimum an Erfindung, Intelligenz, Humor und Interesse aus. Man klettert von Si-

tuation zu Situation und setzt beliebige Figuren ein. Es wird damit gerechnet, daß die Schauspieler nicht spielen und die Zuschauer nicht denken können.

22. 8. 42
Feuchtwanger spricht seit dem curfew oft abends lang telefonisch über dies und das. Heut liest er mir einen Brief aus Zürich vor. Nach dem Erfolg der »Mutter Courage« (die etwa 800 (eingefrorene) Schweizer Franken gebracht hat) will das Züricher Schauspielhaus jetzt den »Guten Menschen von Sezuan« aufführen. Die »Courage« hat Thornton Wilder in Zürich gesehen; er war davon, wie Feuchtwanger sagt, sehr beeindruckt. In diesem Winkel der Erde gibt es das noch...

3. 9. 42
Mitunter sehe ich jetzt wieder Filme, in der office, wenn Schauspieler zu beurteilen sind. Ich denke oft über die Handicaps unserer Kortner und Homolka nach. Es ist keine bloße Frage von »overacting«. Die Amerikaner überspielen vielfach und sind fast alle recht theatralisch. Nur ist die Art ihrer Theatralik eine andere, so fällt die unsre hier als theatralisch auf, während die hiesige natürlich erscheint. Schließlich theatralisieren die amerikanischen Schauspieler einen andern Grundgestus, eben den der Amerikaner. Unsere Schauspieler fallen schon als »hamy« auf, weil der Muskel immerfort spielt, der die Augenbrauen hochzieht. Er ist bei den Amerikanern stillgelegt. Die Bewegungen sind bei den Deutschen meistens zu abrupt für die Leinwand, zu »zackig«. Die Amerikaner haben etwas Fließendes, Plastisches, was sich besser fotografiert. Geste und Mimik müssen im Maßstab 1 zu 10 verkleinert werden, da die Hauptsache das Brustbild ist – in den Riesenkinos sehen die Zuschauer Totalaufnahmen zwerghaft klein.

7. 9. 42
Sehe einen hübschen Film »The Remarkable Andrew«. Ein Stadtschreiber entdeckt Fälschungen in den Büchern der Stadt. Er ist mit Zitaten von Jefferson und Franklin aufgezogen worden, und so besucht ihn eines Tages der General Jackson, um ihn in seinem Fall gegen die Stadtverwaltung zu beraten. Er wird angeklagt, *er* habe Unterschlagungen begangen. Im Gerichtssaal erscheinen als Anwälte Franklin, Washington usw. – Der Film ist mit bemerkens-

werter Phantasielosigkeit fotografiert. Die ständigen Gespräche des (durch seine Ehrlichkeit) bemerkenswerten Andrew mit den historischen Gestalten, die für die Umwelt nicht mehr da sind, so daß er geistesgestört erscheint, sind unglaublich nüchtern und dilettantisch aufgenommen, ebenso die Anwesenheit der erlauchten Anwälte im Gerichtssaal. – Der Film ist übrigens kein Erfolg.

14. 9. 42
Die Arbeit am Film (den ich gern »Trust the People« nennen würde) geht besser vorwärts, seit statt Lang ich mit Wexley die Übertragung der outline in das Drehbuch vorbespreche (und ich korrigiere dann auch noch seine Arbeit). Vor allem aber habe ich Wexley dazu gewonnen, mit mir und in meinem Haus abends ein völlig neues Idealscript zu schreiben, das Lang vorgelegt werden soll. Natürlich lege ich das Schwergewicht auf die Volksszenen.

20. 9. 42
Winge, der wöchentlich wenigstens einmal von downtown, wo er in einer Wäschefabrik arbeitet, zu Besuch kommt, liest einige »Hollywooder Elegien«, die ich für Eisler geschrieben habe, und sagt: Sie sind wie vom Mars aus geschrieben. Wir kommen darauf, daß diese »Distanz« nichts dem Schreiber Eigentümliches ist, sondern von dieser Stadt geliefert wird: ihre Bewohner haben sie fast alle. Diese Häuser werden nicht Eigentum durch Bewohnen, nur durch Schecks, der Eigentümer bewohnt sie nicht so sehr, als er über sie disponiert. Die Häuser sind Anbauten von Garagen.

3. 10. 42
Eisler spielt Winge und Herbert Marcuse die »Elegien« und einige der »Finnischen Epigramme« vor. Er vermag sich entweder nicht ganz frei zu machen – wenn er von diesen Kompositionen spricht, nicht wenn er komponiert – von der konventionellen Auffassung, dies seien kleine, nicht sehr bedeutende Gelegenheitsarbeiten in der Art eines Tagebuchnotierens, oder er hofft lediglich auf Widerspruch zu stoßen, wenn er so »bescheiden« spricht, etwa daß man sagt »diese wichtigen Dinge sind für den Komponisten Kleinigkeiten, nicht für uns« (die bescheidene Brucknergeste). Aber in der Tat haben die Kompositionen wirkliche Bedeutung wahrscheinlich auch als Musik, sicher aber für die Epigramme, indem sie zu einem studierenden Lesen anhalten, zu einem nachgrabenden Stu-

dium. Dies sind volle Gedichte, sie enthalten ihrer Lakonik wegen natürlich nicht weniger als ein langes Gedicht.

5. 10. 42
Sehr typischer Vorgang: Ich höre, daß Wexley für die Abend- und Sonntagsarbeit einen Bonus verlangt hat. Er bekam ihn bewilligt, und Lang sagte mir, ich sollte auch einen verlangen. Ich tat es, und nach einigem Hin und Her bekam ich ihn zugesichert, das Hin und Her betraf meine Forderung, es müsse der gleiche Bonus sein. Aber am nächsten Tag kam Lang und verlangte, daß wir jetzt abends das Hauptscript schrieben und das »Polieren« für den Schluß aufhöben. Tatsächlich kann ich Wexley nicht mehr zum Weiterarbeiten am »Idealscript« bewegen. Es sind erst 70 Seiten.

16. 10. 42
Keine schlechte Woche ist vorüber: Stalingrad hielt, Willkie forderte eine zweite Front von Tschunking aus. USA-Flugzeuge griffen in den Kampf über Deutschland ein – und Wexley und ich arbeiteten »nach bestem Wissen und Gewissen« an dem script von »Trust the People« (unser Titel). Jetzt, vor dem shooting, schleppte Lang den armen Wexley in seine office und schreit mit ihm hinter verschlossenen Türen, er wünsche ein Hollywoodpicture zu machen, scheiße auf Volksszenen usw. Die Veränderung, die mit ihm in der Nähe der 700000 $ vorgeht, ist bemerkenswert. Er sitzt, mit den Allüren eines Diktators und alten Filmhasen, hinter seinem Boßschreibtisch, voll von drugs und resentments über jeden guten Vorschlag, sammelnd »Überraschungen«, kleine Spannungen, schmutzige Sentimentalitäten und Unwahrhaftigkeiten, und nimmt »licenses« für die boxoffice. Für ein, zwei Stunden – ich kürze das natürlich ab – spüre ich die Enttäuschung und den Schrecken der geistigen Arbeiter, denen ihr Produkt weggerissen und verstümmelt wird, in meinem verräterischen hübschen Garten sitzend und mich zwingend, den Kriminalroman zu lesen.

18. 10. 42
Könnte ich die »Versuche« weiterführen, würde ich außer den Epigrammen und den lyrischen Kurzgedichten in der Versart der »Kriegsfibel« doch auch einige Szenen aus dem Drehbuch von »Trust the People« abdrucken. Etwa die erste Szene, in der Heydrich vor dem Attentat den tschechischen Industriellen die in den

Munitionsbetrieben gefundenen Flugblätter mit der Schildkröte des slowdowns zeigt. Da ist ein moderner Tyrann intelligent geschildert: Der Terror wird eingesetzt, weil die tschechischen Arbeiter die Produktion für den Hitlerkrieg im Osten sabotieren. So bekommt der deutsche Terror dasselbe Unpersönliche wie das tschechische Attentat. – Dann sind da einige Geiselszenen, wo die Klassenunterschiede im Lager gezeigt werden. Noch fünf Minuten bevor die Nazis Geiseln zur Exekution holen, gibt es unter diesen antisemitische Auftritte usw. – Der Film ist episch konstruiert, aus drei Geschichten, die sich ablösen. Die Geschichte eines Attentäters, die eines Mädchens, deren Vater als Geisel genommen wird und die etwas weiß, die eines Quislings, den eine ganze Stadt zur Strecke bringt. Das z. B. ist nicht schlecht; auch nicht, daß die Untergrundbewegung Fehler macht, die das breite Volk korrigiert usw. usw.

20. 10. 42
Was ich gern mache, ist das Wässern des Gartens. Merkwürdig, wie das politische Bewußtsein all diese alltäglichen Verrichtungen beeinflußt. Woher sonst kommt die Sorge, eine Stelle des Rasens könnte übersehen werden, die kleine Pflanze dort könnte nichts abbekommen oder weniger, der alte Baum dort könnte vernachlässigt werden, weil er so stark aussieht. Und Unkraut oder nicht, Wasser braucht, was grün ist, und man entdeckt soviel Grünes in der Erde, wenn man erst einmal zu gießen anfängt.

22. 10. 42
Ich merke jetzt, daß diese Arbeit am Film mich fast krank gemacht hat. Diese »Überraschungen«, die darin bestehen, daß das Unmögliche passiert, diese »Spannungen«, die darin bestehen, daß dem Publikum etwas verheimlicht wird, diese Leiter der Untergrundbewegung, die verwundet hinter Fenstervorhängen stehen, wenn die Gestapo Haussuchung hält, diese empörten Ausrufe: »Warum soll ich den Satz dem Arbeiter geben, dem ich 150 $ bezahle, wenn der Professor daneben steht, dem ich 5000 $ bezahle!«, diese Effekte aus dem Rose-Theater anno 1880, diese Ausbrüche verschmutzter Phantasie, nach Geld stinkender Sentimentalität, tiefsitzender triumphierender Reaktion, wilden verbissenen Ressentiments über die Zumutungen, hier einen großen Film zu machen, wo man auf Teilung inszeniert... Und dann ver-

blurren die Bilder wieder, die herauszuarbeiten so schwer gewesen ist, die Charaktere verzerren sich wieder zu den alten Typen, in die Konstruktion werden dicke Säulen eingebaut, die nichts tragen, das Kluge wird dumm, das Fortschrittliche rückschrittlich, das Edle gemein, das Gemeine anziehend. Der Besteller nimmt den Pinsel und schmiert hinein, und niemand wird je sehen, wie das Bild ausgesehen hat.
Das Individuum, das mehr und mehr sein Ansehen (ist gleich: Charakter) von der Produktion zu gewinnen hat, geht hier durch eine böse Phase, da die Produktion eben gedrosselt und manipuliert ist. Gewöhnt daran, meine Würde zu nehmen von der Würde der Aufgabe, meine Bedeutung von der Bedeutung, die ich für die Allgemeinheit habe, meine Energie von den Kräften, mit denen ich in Berührung komme, wo bleibe ich, wenn die Aufgabe unwürdig, die Allgemeinheit depraviert ist und wenn in der Umwelt keine Energie sich sammeln kann?

24. 10. 42
Die Tories geben der Welt in diesem Krieg einen gigantischen Unterricht in der neuen Streikform, dem slowdown, besser stay in strike genannt. Da wird kein Verbrechen geplant ohne ein Alibi, kein Versprechen gegeben, ohne daß die Mittel für das Brechen bereitstehen. Die Schiffe mit den Ladungen gehen ab, und sie kommen nicht an, und was man nicht selber tun kann, läßt man den Feind tun. Gewisse Erfolge werden durch Niederlagen erzielt – z.B. wenn deutsche Schlachtschiffe in den Atlantik durchbrechen, wo Transporte nach Murmansk laufen. Auch sind immer nur einige Glieder schwach gehalten in der Kette. Ein kleiner Irrtum an einer harmlosen Stelle, gut gezeitet, setzt einen riesigen Plan außer Wirkung. Der Kampf wird anonym geführt oder incognito. Die Einzelinitiative spielt eine entscheidende Rolle. Die Klasse verdankt viel dem unbekannten Saboteur.

25. 10. 42
Selbst die routiniertesten Hollywoodschreiber, die seit zehn Jahren ein script nach dem andern fabrizieren, verspüren in einer gewissen Phase eines jeden scripts immer wieder die Hoffnung, diesmal könnten sie etwas Besseres, nicht ganz so Niedriges durchbringen, durch diese oder jene List, dank dieses oder jenes Glücksumstands. Diese Hoffnung wird immer enttäuscht, aber ohne sie

könnten sie ihre Arbeit nicht machen – und die niedrigen und schmutzigen Filme entstünden nicht.

2. 11. 42
Nachdem ich zwei Wochen von *Lang* nichts gehört hatte – einmal hatte Eisler den Wexley angeschleppt, der bei ihm abendgegessen hatte, und er war das lebendige schlechte Gewissen –, rief die Sekretärin an, die Aufnahmen begännen, und ich sei »invited, more than invited«. Die erste Szene, die Lang schoß, war eine, die Wexley und ich gestrichen hatten: Die Heldin streitet mit ihrer Tante über das Brauthemd und will es weiter ausgeschnitten haben. Die Heldin ist mit einer fünftklassigen englischen Schauspielerin besetzt, einer glatten, eigenschaftslosen Puppe. Der Herr der Kamera sitzt unnahbar in seinem Apparatus, neben mir wartet der deutsche Emigrantarzt, der ihm seine Vitaminspritze geben soll. Mir winkt Lang halblaut und gekünstelt natürlich zu: »Hallo, Brecht! Sie bekommen morgen ein Manuskript!«

4. 11. 42
Wexley hat für zwei Wochenschecks (3000 $) alles wieder eingerissen, was er in zehn Wochen aufgebaut hat. Ich hatte beinahe fertiggebracht, die Hauptdummheiten aus der Story zu entfernen, jetzt sind alle wieder drinnen.
Ich sehe die Szene, in der der Attentäter, nach stundenlangem Umherirren, in die Wohnung des Historikers kommt, um ein Versteck zu finden. Bevor er eintritt, stürzen sich die Frisöre und Schneider über ihn, ölen seine Locken und blasen die Stäubchen von seinem Sakko. Auch das Mädchen, die Mutter, die Tante und der Vater werden von den Frisören nur bei dem Glockenschlag allein gelassen, der die Aufnahme einleitet. Die Zimmer sind Säle, die Möbel imitierte Museumstücke (die allerdings Fälschungen sind). Kurz, eine »ideale« Welt. Für einen Augenblick könnte man versucht sein, an den Ästhetizismus der chinesischen Bühne zu denken, wo die arme Fischerstochter Flicken aus Seide eingenäht bekommt. Aber selbstverständlich ist da nicht der Anschein erstrebt, es handle sich um Naturalismus. In Hollywood ist es einfach Schönfärberei der berüchtigten Art.

4. 11. 42
Zwischen der deutschen und englischen Regierung ist ein ernster Konflikt anhängig, wegen der angeblichen Fesselung von Gefangenen. So etwas macht böses Blut. Taktlosigkeiten mitten im Krieg!
Der lecturer Lewis Brown hier. Er erzählt von den losangelesischen kleineren Faschisten ganz erschütternde Episoden. Sie kämpfen mit bitterer Armut. Einmal brauchten sie 14 $ 50 für ein äußerst wichtiges Pamphlet, in dem das Volk aufgefordert werden sollte, sich einem Führer zu unterwerfen, und sie konnten nur 12 $ auftreiben. So müssen sie leiden für ihre blutigen Ideale, und die größten Schandtaten bleiben womöglich ungetan, nur weil es an Unterstützung fehlt.

5. 11. 42
Winge ging zu US-employmentservice, um sich über die Möglichkeiten in der defence industry zu informieren. Der Beamte in der industrial division, ruhiger, schmaler, bebrillter Mann mit etwas abgewetztem Kragen, sagte ihm, seine Karte durchschauend: »You're a refugee? See, our defence industry is owned by big money, got me? And big money doesn't like people who don't like Hitler, got me? And big money doesn't like a certain racial minority either, got me? And so they are not taking people like you?« Winge got him.

15. 11. 42
Große Erwartung von der »zweiten Front« in Afrika. Die politischen Arrangements befremden dann ein wenig.
Arbeite vormittags mit Feuchtwanger an der »Jeanne d'Arc von Vitry«, besuche dann mitunter das Studio. Wenn Lang eine Schlägerei zwischen Gestapokommissar und Bräutigam der Heldin inszeniert, kommt beinahe etwas Kunstähnliches heraus, und die Arbeit hat Würde, Respektabilität des Handwerks. Das ist artistisch nicht uninteressant, wie exakt und elegant der Stiefeltritt in den Brustkasten eines liegenden Mannes, dann in die Rippengegend ausgeführt wird! Natürlich wird diese Schlägerei hier veranstaltet, nicht bei der vorgeschlagenen edleren Gelegenheit, wenn das Küchenpersonal eines Restaurants die Gestapo von der Festnahme einer Untergrundzelle abhält...

17. 11. 42
Wriggles hat zwei Bastardsöhne geboren, vor Monaten. Sie bevorzugte beim Säugen immer einen von ihnen; er wurde rund und fett, und wir empörten uns über ihre Parteiischkeit. Aber dann zeigte es sich, daß Johnson, der Dicke, kränklich war, es entwickelte sich eine Lahmheit der Hinterbeine, er konnte nur rutschen. Jedoch war er ein Kämpfer. Behindert durch seine Lahmheit, schwamm er seinem munteren Bruder nach und bot ihm einen kleinen fight an, und auch mit mir kämpfte er gern, wobei er doch nie zubiß, nur schnappte. Dann begann seine Mutter ihn zu behandeln. Sie leckte ihm die schwachen Hinterpfoten und kaute sie anscheinend geradezu. Auch stieß sie ihn ständig mit der Schnauze hinten an, damit er laufen sollte, oft überkugelte er sich einfach, aber es gelangen ihm einige Bewegungen, er rutschte nur noch halb, halb lief er schon; seine Kämpfe wurden leichter. Er hat jetzt gesunde Hinterbeine, und wir wollten ihn nicht weggeben, seiner Tüchtigkeit wegen.

19. 11. 42
Der Wiener Schauspieler Henreid hat hier eine schnelle Filmkarriere gemacht, und wir aßen in seinem neuen Haus, einem geräumigen Gebäude im Cottagestil. Seine Frau, die Tochter des Kunsthistorikers Glück, dessen Breughelausgabe ich um die ganze Welt mitschleppte, hat zusammen mit Helli, die viel Spürsinn hat, alte kalifornische Möbel zusammengekauft. Herrliche alte Tische mit erstaunlicher Behandlung des Holzes und kupferne Spucknäpfe, die zu Lampen ummontiert sind. Es scheint durchaus, daß Amerika eine Kulturnation *gewesen* ist...

24. 11. 42
Die besonders rüde Art, in der Lang die strikte Abmachung, die Rolle einer Gemüsefrau in unserer Story der Weigel zu geben, brach – er versteifte sich auf Akzentfreiheit, erklärte einige überflüssige Sätze, die Wexley in meine nahezu stumme Führung der Figur hineingeschmiert hatte, für nötig, machte einen flüchtigen Tontest, versprach einen Totaltest, ließ sie darauf warten und arbeiten und drehte dann einfach die erste Szene mit jemand anderm, ohne es auch nur mitzuteilen –, wirft noch einmal die Frage auf, wie derlei aufzunehmen ist. Die alte Verpflichtung, gegen private Unmoralität heftig zu reagieren, muß angesichts der allge-

meinen Zustände als verfallen angesehen werden, dieser gegenseitige Lehrgang ist eingestellt, da aussichtslos geworden. Selbst der Freund hat schnell die Grenze erreicht, jenseits welcher er keinen Anspruch mehr auf Empörung erheben kann. Was den Künstler betrifft, sind die Verhältnisse derart, daß jede Unzulänglichkeit im Talent sofort ihr Gewicht in Unmoral erfordert und erzeugt. Andrerseits kann man die Empörung, diesen sozial so produktiven Affekt, nicht nur gegen die Verhältnisse lenken, weil man sonst die Verhältnisse völlig entpersonifizierte, überhaupt nicht mehr mit Menschen besetzte, also auch nicht mehr als belangbar und änderbar behandelte.

2. 12. 42
Eine große Entdeckung: die Notwendigkeit, hier Vitamine zu kaufen, in Pillenform. Ich konnte schon deutlich merken, wie schlecht mein Gehirn funktioniert, wie schnell ich müde wurde, wie niedrig die Lebensgeister waren usw. Fünf Tage Vitaminzufuhr, und ich war in Ordnung. Welch schlagender Beweis für die soziale Herkunft der proletarischen »Unzulänglichkeit im Denken«!

7. 12. 42
Wir essen bei Homolkas, am Kamin, schauend über die herbstlichen Gärten mit den Öltürmen am Horizont, und bauen ein Stück über die Bemerkung, in Mexiko sei die Ausübung von Religion eigentlich ungesetzlich. Wir organisieren einen riesigen Schleichhandel in Religion. In den dunklen Gäßchen wispern Schlepper den Passanten ins Ohr: »Beichten?« Die Kruzifixe werden als Maschinengewehre verkleidet eingeschmuggelt. Die Bezirke sind unter die bootleggers aufgeteilt, welche wilde Kämpfe untereinander austragen. Der Erfolgreichste kann nur gefaßt werden wegen Einkommenssteuerschwindels. Nichts Religiöses ist in seinem Haus nachzuweisen. Die bessere Bevölkerung leidet furchtbar. Ohne ihre gewohnten shots Religion sind sie nicht fähig, auf die Börse zu gehen usw. …

11. 12. 42
In den Zeitungen steht, Jhering sei Intendant des Hofburgtheaters geworden. Für die Emigranten heißt das natürlich Naziintendant. Andrerseits sind es jetzt zehn Jahre, dieses ganze Volk, in einen gi-

gantischen Krieg gerissen von dem regierenden Abschaum, lebt diese Phase durch wie eine andere Phase, und zwischen den Nazibäckern und den Naziintendanten sind die Unterschiede wohl geringer, als wir annehmen. Die Brötchen sind harmloser als die Johststückchen, d.h. der Beruf der Theaterleute ist eben gefährlicher. Jedenfalls fühle ich nichts Schockähnliches. Bauschundbogenurteile kann ich nicht leiden, derlei Leute – bauschundbogenmäßig gesprochen – sind nicht die Hauptfeinde, nehme ich an. Das Urteil muß drinnen gefällt werden.

12. 12. 42
Feuchtwanger hat Emil Ludwig einen Aufsatz über *Ovid* für ein Buch von Exilierten über Exilierte zugesagt, und trotz meines Einspruchs, daß er bei Emil Ludwig schreibt, der das deutsche Volk für Jahrzehnte von amerikanischen Lehrern erziehen lassen will, kann Feuchtwanger sich nicht entschließen, sein Versprechen charaktervoll zu brechen. Außerdem hat er entdeckt, daß Ovid aus Versehen ins Exil kam.

20. 1. 43
Der Anblick geistiger Verstümmelung macht mich physisch krank. Diese geistig Verkrüppelten und moralisch Verletzten kann man kaum im selben Zimmer aushalten. Sitzung der Screenwriter Guild, die ich anrufen mußte, weil Pressburger und Lang mir keinen credit für die Arbeit am screenplay gaben – Wexley war dagegen. Und nun saß er, vor einem halben Zentner Manuskripten, und behauptete, er hätte mich kaum je gesprochen. – Der credit würde mich eventuell instand setzen, einen Filmjob zu kriegen, wenn das Wasser mir bis an den Hals geht.

12. 2. 43
Ankomme New York. Zug war voll von Soldaten, meistens Chargen, ausgesprochen »nice boys« mit sehr guten Manieren, Karten spielend, Limonade und Bier trinkend, Radiomusik hörend. Sofort den Apparat abdrehend, wenn news durchkamen. Dazwischen ältliche Damen mit Abzeichen, die immer zwei oder drei der jungen Leute um sich hatten, die sie bedienten, Konversation machten, lächelten. Mütter Harpyien. Einzige Zufluchtsorte vor ihnen die Klosetts. Man denkt sie sich wohl zur Aufrechterhaltung der Moral (der älteren Damen). Arizona und Texas erinnert sehr

an Sibirien, vom Zug aus. Die grauen zweistöckigen Holzfarmen und die Leute wirken sehr arm.

14. 2. 43
Erwische noch Korsch, der übermorgen weg muß. Dicker geworden, noch etwas mehr Fußnoten mitsprechend, eigentlich im Typ ganz verändert. Er war immer kräftig, wirkte jedoch eher hager und hatte diese tiefblauen Augen unter den dunkeln Brauen. Ist jetzt fleischig, stämmig, die Augen kleiner, fast listig. Er lebt von den 100 $ des Instituts und arbeitet an seinen Aufsätzen. Das ist unverändert, er sagt wieder, daß er ja seine Wissenschaft dichtet, während ich meine Gedichte mache wie ein Schuster den Schuh. Im Augenblick interessiert er sich für Geopolitik.

16. 2. 43
Abends kommt *Karl August Wittfogel* mit seiner Frau und *Langerhans*. Auch Wittfogel, immer ein etwas vorgebeugter Gymnasiast mit schüchterner Stimme, ist jetzt »stout«, hat reich geheiratet, einen Namen als Sinologe, eine Art Salon. Im übrigen ist er Antistalinist, ein Job, der seinen Mann ausfüllt. Stalin hat Hitler bewußt planmäßig zur Macht gebracht, die kommunistische Partei in allen ihren Organisationen zerstört, geopfert, beseitigt. Dem Wittfogel hat Radek 32 gesagt: »Dann müssen eben die deutschen Arbeiter das zwei Jahre auf sich nehmen.« Es war von Anfang an die Spekulation auf den großen Krieg zwischen den Westmächten und Deutschland. Wittfogel hat die Hitze und das Trauma des enttäuschten Troubadours (»und *sie* läßt sich vom Reitknecht fikken«). – Langerhans ist sympathisch wie je, erzählt vom KZ, wo einmal eine ganze Theatersaison einriß. »Man ging am Abend in die zweite Baracke, sich den ›Hauptmann von Köpenick‹ ansehn, oder in eine andere, die Soundsorevue.« Im Zuchthaus Brandenburg hörte er einen Häftling meine Gedichte über den Anstreicher vortragen. Mein Moritaten- und Sketchstil diente überall als Vorbild. Kulturnation. – Das »Moorsoldatenlied« war, wie er sagt, in allen Lagern verbreitet und erlaubt. Er liebte es dort nicht, es war ihm zu sehr Sklavenlied. Bei der Negation im letzten Refrain »*nicht* mehr mit dem Spaten ins Moor«, auf das Nein warteten immer alle geil und stampften beim Nein auf, daß die Baracke wackelte.

März, April, Mai 43
Treffe viele Leute. Hauptmann lebt mit dem sozialdemokratischen früheren Polizeipräsidenten Baerensprung und hat nicht sehr viel Zeit übrig, jedoch würde sie gern wieder arbeiten. Grosz ist der Alte, etwas enttäuscht von Amerika; seine Ausstellung sehe ich, und die Stilleben machen mir Eindruck, weil da in die deutsche Malerei ein großartiges materialistisches sensuelles Moment hineinkommt. Er verkauft aber beinahe nichts. Wieland führt einen winzigen Markenladen, klagt nicht, plant neuen Verlag und entwirft Briefköpfe, sein Junge trägt als Eiskunstläufer zum Unterhalt bei. Graf, der kein Wort Englisch gelernt hat, ist etwas vereinsmeierisch, dick, hinterfotzig und glaubt an jahrzehntelange Reaktionsperiode. Sternberg kommt vor Artikeln nicht zum Bücherschreiben, jedoch arbeitet Pustau noch immer an ihrer Selbstbiographie, die interessant ist. Neue Bekanntschaft: Kurt Lewin, der in Iowa unter Scouts und Arbeitern »Führerbenehmen« ausbildet und mich einlädt, interessiert an dem »Bösen Baal dem asozialen«. Weill hat großen Broadwayerfolg, ist aber nicht mehr so sicher an seiner Zukunft hier. Aufricht bringt uns zusammen. Weill will das Sezuanstück produzieren, und wir planen einen »Schweyk«. Lenya hilft mir bei einer Aufnahme des »Liedes einer deutschen Mutter« für die Office of War Information, Komposition von Dessau. Die deutsche desk sabotiert. Lenya singt auch öffentlich das von Weill komponierte »Was bekam des Soldaten Weib« und Songs aus der »Dreigroschenoper«; es werden Platten hergestellt, auf Aufrichts Initiative. Auch den »Kinderkreuzzug« will er komponieren. Lorre und Bergner lesen Gedichte. Beide haben nichts verlernt, die Technik hat sie völlig frisch gehalten. Für Bergner bearbeite ich (mit Hoffman Hays) Websters »Duchess of Malfi«. Eine Woche bin ich bei Weill in New City, wo ich auch eine Sezuanfassung für hier herstelle.

27. 5. 43
Gestern nacht von New York zurück. Erzähle Steff einiges von dem »Schweyk«-Plan. Er sagt sogleich, der Originalschwejk würde sich um Balouns Schwierigkeiten kaum kümmern, ihm eher zum Eintritt in die deutsche Armee zuraten und schwerlich in einem so gefährlichen Lokal wie dem jetzigen Wirtshaus *Zum Kelch* verkehren. Tatsächlich liegen da die Verschärfungen gegenüber 1914. Jedoch beschließe ich auf der Stelle, diese unpolitische Hal-

tung Schweyks widersprüchlich in die kleine Fabel (*Rettung des Fressers Baloun*) einzubauen. Im Zug den alten Schwejk lesend, bin ich wieder überwältigt von diesem riesigen Panorama Hašeks, dem echt unpositiven Standpunkt des Volkes darin, das eben das einzige Positive selbst ist und daher zu nichts anderem »positiv« stehen kann. Auf keinen Fall darf Schweyk ein listiger hinterfotziger Saboteur werden. Er ist lediglich der Opportunist der winzigen Opportunitäten, die ihm geblieben sind. Er bejaht aufrichtig die bestehende Ordnung, so zerstörend für ihn, soweit er eben ein Ordnungsprinzip bejaht, sogar das nationale, das er nur als Unterdrückung trifft. Seine Weisheit ist umwerfend. Seine Unzerstörbarkeit macht ihn zum unerschöpflichen Objekt des Mißbrauchs und zugleich zum Nährboden der Befreiung.

8. 6. 43
Höre nachts den letzten Akt von »Don Giovanni« übers Radio. Dieser Gipfel ist nie wieder erreicht worden, und er erhob sich gleich am Beginn!

9. 6. 43
Beende den ersten Akt des »Schweyk«. Abends Kortner, Eisler, Viertel da. Viertel erzählt, wie man einen Regisseur, der sich bei der Aufnahme über was beschwerte, dazu bewegte, mit dem Auto in ein Restaurant zu fahren. Als er zurückkam, war sein Job neu besetzt, und er hatte Schwierigkeiten, seinen Hut zurückzubekommen. Ein wohlwollender producer empfahl Kortner, er solle im Studio, falls er jemandem oben nützen wolle, ihn nicht als »brilliant«, sondern als »swell guy, easy to work with« bezeichnen. – Eisler hat sehr schön »In Sturmesnacht«, »Deutsches Miserere« und »Der Kälbermarsch« vertont.

25. 6. 43
Eisler hat für sein »Hollywooder Liederbüchlein« zwei großartige Zyklen geschrieben, Anakreongedichte und Hölderlingedichte. Hier wird eine Möglichkeit sichtbar, zu dramatischen Chören zu gelangen, da die Vertonungen nunmehr ganz und gar gestisch sind.

26. 6. 43
Früh halb neun. Im Radio: Anna Seghers liegt in einem Mexicospital im Koma, nachdem sie gestern auf der Straße aufgefunden wurde, überfahren oder, wie die Polizei annehme, aus einem Auto geworfen.

28. 6. 43
Weill da, um eine Revue zu besetzen. Er hat ein gutes dramaturgisches Urteil. Z.B. fehlt ihm das Element des Überlebens des »Schweyk«, das ich in der kleinen Plangeschichte hatte. – Ich entwerfe das Den-Hund-Treffen für diesen Zweck.

3.-6. 7. 43
Mit dem writer-producer Ernest Pascal bei Lorre am Lake Arrowhead, um über einen Film »The Crouching Venus« zu sprechen. Ein künstlicher Bergsee unter Tannen, 6000 m hoch gelegen, Eigentum einer Privatgesellschaft, an einzelnen Tannen kleine rote Plakätchen mit »Sold«. Lorre reitet, schwimmt, fährt speedboat, schießt Tonpfeifen und ist nett, zwischen Patronage und Schülertum.

7. 7. 43
In *Wards* »History of English Dramatic Literature« lesend. Das elisabethanische Theater gleicht wirklich in vielem dem Hollywoodbetrieb. Kollektives Schreiben, schnelles Schreiben auf Bestellung, mehrmaliges Verwenden von Motiven, die Einflußlosigkeit der Schreiber auf ihre Produkte, der Ruhm nur unter den Schreibern selber, dann die leidenschaftlichen Handlungen, die Plots, die neuen Milieus, die politischen Interessen usw. usw. Die Unterstützungen durch den Adel hören eben auf, die boxoffice wird entscheidend; die Klassenunterschiede verschärfen sich, das Publikum besteht aus unvereinbaren Klassen, der untersten und der obersten (die mittlere ist von zwei bis fünf nachmittags im Geschäft). Selbst Shakespeares seltsame Flucht ins Wirtshausgeschäft am Ende gleicht der Flucht auf die Ranch, die alle hier planen.

17. 7. 43
Treffe bei Feuchtwanger den Lawson, der über Dramaturgie geschrieben hat (reaktionäres Zeug, »zurück zu Gustav Freytag«) und den »New-Masses«-Standpunkt vertritt. Murrow von der CIO sei sehr gewachsen und heute viel mehr »statesmanlike« als

früher; Green (AFL) habe sehr stark gesprochen gegen die Antilabourgesetzgebung des Kongresses usw. In Europa werden liberale Regierungen eingesetzt werden, die Volksstimmung in Amerika verhindere so was wie die nordafrikanische Politik. Die Sowjetunion werde kaum wegen sozialistischer Staaten mit den Demokratien in Konflikt kommen wollen.

18. 7. 43
Ich glaube, daß die deutsche Armee wieder im Ausland besiegt werden wird. Die berühmt schlechten deutschen Nerven sind durch den Faschismus noch schlechter geworden. Die Generäle gehen aus den Hauptquartieren direkt in die Irrenhäuser. Sie kapitulieren auf der Stelle, wenn sie nicht alles haben, was sie zu den militärischen Operationen brauchen. Hagen und Volker haben sich in Sachverständige für »Chancen der Fortführung des Gemetzels« verwandelt, und der Militarismus ist so hochgezüchtet, daß die 30 SS-Divisionen vermutlich sich auf den Dachböden verkriechen werden, wenn das Hauptquartier um Waffenstillstand nachsucht. Die Italiener, doppelt so lang dem Faschismus ausgesetzt, sind schon zu verrottet, um noch zusammenbrechen zu können.

18. 7. 43
Jetzt sollen schon über 60000 deutsche Kriegsgefangene in den USA sein; sie »bewahren Disziplin unter ihren Offizieren, singen das Horstwessellied usw.«. Zumindest sie werden für die Nachkriegsära in purem Nazismus erhalten. Es gibt kaum Reporte; die wenigen berichten von ihrem Glauben an den Hitlersieg.

19. 7. 43
Souvarines niederdrückendes Buch über Stalin gelesen. Die Umwandlung des Berufsrevolutionärs in den Bürokraten, einer ganzen revolutionären Partei in einen Beamtenkörper gewinnt durch das Auftreten des Faschismus tatsächlich eine neue Beleuchtung. Das deutsche Kleinbürgertum borgt sich für seinen Versuch, einen Staatskapitalismus zu schaffen, gewisse Institutionen (samt ideologischem Material) vom russischen Proletariat, das versucht, einen Staatssozialismus zu schaffen. Im Faschismus erblickt der Sozialismus sein verzerrtes Spiegelbild. Mit keiner seiner Tugenden, aber allen seinen Lastern.

20. 7. 43
Die Hearstpresse tobt über die Gründung eines Komitees zur Befreiung Deutschlands vom Faschismus in Moskau, bestehend aus Emigranten und Kriegsgefangenen. Das Programm, soweit man aus den Zeitungen ersehen kann, enthält nicht mehr, als was etwa der Professor Tillich (und wohl auch Brüning) verlangen würde.

21. 7. 43
Wenn immer man fertig ist mit einer Arbeit in diesen Jahren, entsteht jene vernichtende Pause der unnatürlichen Nichtverwertung, die überstanden werden muß. Der vertriebene Steinmetz hat wieder einmal, seiner Gewöhnung folgend wie einem Laster, einen der Felsbrocken in ein Bildnis umgewandelt und sitzt nun daneben, ausruhend, wie er sagt, wartend, wie er nicht sagt. Solang niemand vorbeikommt, ist alles erträglich, erst wenn sie vorbeikommen, ja erst wenn sie emporblicken, wird es schlimm. Und die Kunstwerke sind schwer transportierbar, es sind eben Felsbrocken, bearbeitet... In den zehn Jahren habe ich folgende Stücke geschrieben:
»Die Rundköpfe und die Spitzköpfe«
»Furcht und Elend des Dritten Reiches«
»Leben des Physikers Galilei«
»Der gute Mensch von Sezuan«
»Mutter Courage und ihre Kinder«
»Herr Puntila und sein Knecht Matti«
»Aufstieg des Ui«
»Die Gesichte der Simone Machard«
»The Duchess of Malfi« (Bearbeitung)
»Schweyk«
Kein schlechtes Repertoire einer völlig besiegten Klasse.

25. 7. 43
Während einer Rede des Vizepräsidenten Wallace in Detroit (Beginn der Newdeal-Kampagne für Präsidentschaft) mit dem Slogan: For private enterprise and full employment! am Radio eine Unterbrechung: Premier Mussolini zurückgetreten.
Abends hier Kortner, Tsiang, Winge, Viertel, Steuermann, Eisler, Kaus. Im Radio hören wir: Der Sozialist Benito Mussolini, der vor 20 Jahren..., ist nunmehr in die Gosse (gutter) zurückgefallen, aus der er aufstieg.

26. 7. 43
Hamburg geht unter. Über ihm steht eine Rauchsäule, die doppelt so hoch ist wie der höchste deutsche Berg, 6000 m. Die Mannschaften der Bomber benötigen Sauerstoffapparate. Seit 72 Stunden erfolgt alle 12 Stunden ein Angriff.

28. 7. 43
Daß Hitler die Generäle nicht dazu bringen konnte, den Faschismus in Italien zu verteidigen, beweist die zunehmende Schwäche seiner Position. Andrerseits wird er wohl jetzt noch einmal kurz von den Unruhen in Italien profitieren. – Bei Eisler ergriff ich die Gelegenheit, Adorno und einen andern Tui vom Institut für Sozialforschung zu fragen, was nunmehr mit ihrem Ökonomen Pollock geschehen würde, der ein faschistisches Jahrhundert erwartete, an die Planwirtschaft der deutschen Bourgeoisie glaubte usw. Sie sagten, der Sturz Mussolinis beweise nichts. Sie sind dabei alle erstaunt über die spielerische Leichtigkeit, mit der die italienische Bourgeoisie den »Diktator« entließ, all die »tiefgreifenden« faschistischen Institutionen auflöste usw. Als ich vor einem Jahr ihnen meine Meinung entwickelte, daß es sich in Deutschland um nichts als eine oberflächliche Kriegswirtschaft handelt, mit sehr wenig echter Koordination, sehr fahrigem Eingriff des Staats in die Wirtschaft, zogen sie nur die Augenbrauen hoch.

29. 7. 43
Natürlich gibt es so etwas wie die »Knechtseligkeit der Deutschen«. Sie hat ihre historischen Gründe (aber erklärt ist sie nicht beseitigt). Trotzdem ist das Rätsel des deutschen Durchhaltens (zweier Winter in Rußland, jetzt wieder in Sizilien, dann aber auch, mehr bedeutend, in den antifaschistischen deutschen Fabriken) dem Nicht-Dialektiker kaum zu erklären. Da ist eine Totalität faschistischer Zielstrebigkeit, die nur sprunghaft in eine Totalität anderer Art übergehen kann. (Es ist immer nur die Oberhand sichtbar, nicht die Unterhand. Ja, die Oberhand dirigiert die Unterhand.)

1. 8. 43
Abends kommen bei Viertels zusammen: *Thomas Mann*, *Heinrich Mann*, *Feuchtwanger*, *Bruno Frank*, *Ludwig Marcuse*, *Hans Reichenbach* und ich. In vier Stunden wurde folgendes entworfen:

In diesem Augenblick, da der Sieg der alliierten Nationen näher rückt, halten es die unterzeichneten Schriftsteller, Wissenschaftler und Künstler deutscher Herkunft für ihre Pflicht, folgendes öffentlich zu erklären:
Wir begrüßen die Kundgebung der deutschen Kriegsgefangenen und Emigranten in der Sowjetunion, die das deutsche Volk aufrufen, seine Bedrücker zu bedingungsloser Kapitulation zu zwingen und eine starke Demokratie in Deutschland zu erkämpfen.
Auch wir halten es für notwendig, scharf zu unterscheiden zwischen dem Hitlerregime und den ihm verbundenen Schichten einerseits und dem deutschen Volke andrerseits.
Wir sind überzeugt, daß es ohne eine starke deutsche Demokratie einen dauernden Weltfrieden nicht geben kann.

Thomas Mann Heinrich Mann Lion Feuchtwanger
Bruno Frank Bertolt Brecht Berthold Viertel
Hans Reichenbach Ludwig Marcuse

Den ersten Satz fügte *Thomas Mann* hinzu. Er fand die Erwähnung der Sowjetunion etwas bedenklich. Das letzte Mal, wo ich ihn gesehen habe, im Februar, sagte er, einen Teller mit Sandwiches haltend: »Ich wollte, die Russen wären vor den Alliierten in Berlin.« Nachher erfuhr ich, daß er an diesem Nachmittag auf dem russischen Konsulat eine Gratulationsrede für die Rote Armee auf eine Platte gesprochen hatte und traktiert worden war. Jetzt überzeugte ihn Bruno Frank, daß die Nichterwähnung des Moskauer Komitees nur komisch wäre, so wandte sich die Debatte zu dem Begriff »verbundene Schichten«, wobei Thomas »Mitschuldige«, Heinrich »Trusts« vorschlug. Am Ende stimmten alle der obigen Fassung zu, und Thomas verlas sie befriedigt unten, vor den Frauen.

2. 8. 43
Und heute morgen ruft *Thomas Mann* Feuchtwanger an: Er ziehe seine Unterschrift zurück, da er einen »Katzenjammer« habe. Dies sei eine »patriotische Erklärung«, mit der man den Alliierten »in den Rücken falle«, und er könne es nicht unbillig finden, wenn »die Alliierten Deutschland zehn oder zwanzig Jahre lang züchtigen«. Die entschlossene Jämmerlichkeit dieser »Kulturträger« lähmte

selbst mich wieder für einen Augenblick, der Modergeruch des Frankfurter Parlaments betäubt einen heute noch. Mit Goebbels' Behauptung, Hitler und Deutschland sei eins, stimmen sie überein, wenn Hearst sie übernimmt. Ist dem deutschen Volk, sagen sie, nicht zumindest Knechtseligkeit vorzuwerfen, wenn es sich Goebbels so unterwarf, wie sie sich Hearst unterwerfen? Und waren die Deutschen nicht schon vor Hitler militaristisch? Thomas Mann erinnert sich, wie er selber 1914 den Einfall der kaiserlichen Armeen in Belgien zusammen mit 91 andern Intellektuellen gut befunden hat. Solch ein Volk muß gezüchtigt werden! Wie gesagt, für einen Augenblick erwog sogar ich, wie »das deutsche Volk« sich rechtfertigen könnte, daß es nicht nur die Untaten des Hitlerregimes, sondern auch die Romane des Herrn Mann geduldet hat, die letzteren ohne 20 bis 30 SS-Divisionen über sich.

8. 8. 43
Nachmittags Gorelik und Tsiang hier, sowie Winge. Zu meinem Entsetzen vertritt auch der skeptische und linke Gorelik die Vansittartthese. »Warum haben die deutschen Arbeiter nicht protestiert gegen die Greuel in Rußland?« (es ist hier üblich, daß hochbezahlte Schreiber, die den Verstand der amerikanischen Massen vergiften, mitunter Proteste gegen dies und das unterschreiben). Der Grad der faschistischen und besonders der nazistischen Unterdrückung ist hier unvorstellbar. Die 200 000 Insassen der KZs zu Beginn des Krieges, die Einsetzung des Arbeiters als Techniker, die seine Arbeit von ihrem Zweck trennt usw., verstehen sie nicht. Dann ist da dieser unheimliche zähe Kampfgeist, der völlig abstrakt ist, dieses Metzeln aus Ordnungsliebe, dieses Rasen, dem Trägheitsgesetz folgend. Gorelik verwies auf die schlecht kämpfenden Italiener, Tsiang erklärte ihm, daß die Deutschen (und Japaner) auch ihre Herren besser bekämpfen werden, wenn es soweit ist. Die Idee der Freiheit ist keine »natürliche« Idee. Und die Schurkereien eines Regimes werden selten von den Untertanen als die ihrigen oder die von ihnen zu verantwortenden gewertet, ein zu großes Teil davon wird an ihnen selber verübt.

9. 8. 43
Als *Thomas Mann* vorigen Sonntag, die Hände im Schoß, zurückgelehnt sagte: »Ja, eine halbe Million muß getötet werden in Deutschland«, klang das ganz und gar bestialisch. Der Stehkragen

sprach. Kein Kampf war erwähnt, noch in Anspruch genommen für diese Tötung, es handelte sich um kalte Züchtigung, und wo schon Hygiene als Grund viehisch wäre, was ist da Rache (denn das war Ressentiment von dem Tier).

9. 8. 43
»O Sprengen des Gartens, das Grün zu ermutigen«. Und: »Die Vaterstadt, wie find ich sie doch?«. Aber ein lyrisches Gesamtwerk muß eine (innere) Geschichte haben, die in Harmonie oder Kontrast stehen mag zur äußeren Geschichte. Ich denke an so etwas wie die »Phasen« der Maler, in unserer Zeit etwa des Picasso. So ungeordnet die Eindrücke, so willkürlich die Eingriffe in diesen Jahren auch sind – was ich an Gedichten schreibe, behält doch immer den Versuchscharakter, und die Versuche ordnen sich in einer gewissen Beziehung zueinander an, und die Lektüre kann kaum adäquaten Genuß verschaffen, wenn etwa solch ein Gedicht wie das erstere nicht auch in seiner Neuheit innerhalb der gesamten Produktion genossen werden kann, als domesticum.

14. 8. 43
Helli hat eine Feier für *Döblin* organisiert, der 65 Jahre alt wurde. Heinrich Mann hielt eine herrliche Begrüßungsrede, Kortner, Lorre, Granach lasen aus Döblins Büchern, Blandine Ebinger sang Berliner Chansons, Steuermann spielte einen Eislerschen Satz am Klavier, und am Schluß hielt Döblin eine Rede gegen moralischen Relativismus und für feste Maße religiöser Art, womit er die irreligiösen Gefühle der meisten Feiernden verletzte. Ein fatales Gefühl ergriff die rationaleren Zuhörer, etwas von dem verständnisvollen Entsetzen über einen Mitgefangenen, der den Folterungen erlegen ist und nun aussagt. Tatsächlich haben besonders harte Schläge Döblin niedergeworfen: der Verlust zweier Söhne in Frankreich, die Undruckbarkeit eines 2400-Seiten-Epos, Angina pectoris (die große Bekehrerin) und das Leben mit einer ungewöhnlich dummen und spießigen Frau. Dem Rezitator Hardt passierte ein bezeichnendes Mißgeschick. Er las Kleists »Gebet des Zoroaster«, und anstatt der Bitte, er möge fähig sein, die Torheiten und Irrtümer seiner Gattung zu übersehen, las er die Bitte feierlich mit dem Wort »Gattin« statt »Gattung«: Döblin hatte mit seiner Frau gerade das Weekend in Hardts Haus verbracht.
Als Döblin anfing zu beschreiben, wie mit vielen anderen Schrei-

bern auch er mitschuldig wurde an dem Aufstieg der Nazis (»Sagten nicht Sie, Herr Thomas Mann, er sei wie ein Bruder, ein schlechter natürlich«, fragte er nach der ersten Reihe herunter), und die Frage entschlossen aufwarf, warum denn, glaubte ich für Minuten kindlich, er werde jetzt fortfahren: »weil ich die Verbrechen der Herrschenden vertuscht, die Bedrückten entmutigt, die Hungernden mit Gesängen abgespeist habe« usw. Aber er fuhr nur verstockt, unbußfertig, ohne Reue fort: »Weil ich nicht Gott suchte.«

15. 8. 43
Abends Tsiang hier, eine junge amerikanische Schauspielerin, ein amerikanischer Schauspieler, Granach. Ich stellte die Frage, warum sie spielen. Die Amerikaner sagen: um sich auszudrücken; um die kreativen Fähigkeiten zu betätigen usw. (Die erste Antwort »to make my living« ist bereits zurückgewiesen.) Tsiang spielt, weil er Leute liebt und Leute haßt, so empfiehlt er oder diskreditiert er sie. Granach benutzt die Gelegenheit, ein ganzes Menschenleben in drei Stunden zu konsumieren, dazu, etwa 300 000 Jahre alt zu werden.
In den Staaten, wo wir so viel und so wenig Theater haben wie im alten Rom, ist die Schwierigkeit nicht die, daß es sich nur um Unterhaltung handelt, sondern nur um sehr schwache, beiläufige, entbehrliche Unterhaltung. Escapism, aber ein Entkommen nur bis zum Lift, ein Aphrodisiakum, aber nur bis zum Flirt usw.

20. 8. 43
Man hört von Streiks, nicht nur in Milano, auch in Berlin. Mitunter, für einen Augenblick, scheinen sich die Schlachtfelder, Kriegsschauplätze, geographischen Reliefs Europas zu bevölkern. Es sind Menschen in Milano und in Hamburg...

24. 8. 43
Die großen Verbrechen sind nur möglich durch ihre Unglaublichkeit. Gewöhnlicher Betrug, einfache Lüge, Schiebung mit einem Mindestmaß an Scham, das trifft viele unvorbereitet. Die subtileren Geister weigern sich, primitiven Betrug zu vermuten, schon mißtrauisch, sind sie noch zu anspruchsvoll, indem sie raffinierte und meisterhaft verfeinerte Verbrechen postulieren. Sie weigern sich entrüstet, Staatsmänner mit Pferdedieben, Generäle mit Bör-

senspekulanten zu »verwechseln«, und so bleiben ihnen die Pferdediebstähle und Börsenspekulationen ganz unverständlich. Natürlich suchen sie mit Recht Schlauheit bei den Großen; es ist aber eine niedrige und auf die Ausführung der Untaten beschränkte Schlauheit. Die Schläge, die sie austeilen, sind nicht immer tödlich. Sie hauen das Volk »übers Ohr« mit schönen Reden, die ihre Opfer nicht arbeitsunfähig, sondern nur unzurechnungsfähig machen sollen.

25. 8. 43
Intressant, wie wenig Goreliks Report über das epische Theater, der einzige amerikanische, und vielleicht der Welt, aussagt. Er behandelt beinahe nur die Intellektualisierung des Theaters und macht einen romantischen Maschinenkult auf. Sehr wenig über die neuen Stoffe, die zu bewältigen sind, oder die neuen sozialen Funktionen des Theaters. Er beachtet nicht die Adresse an ein neues Publikum, das die Welt nicht mehr zu interpretieren, sondern zu ändern gekommen ist, oder kommen soll. Das amerikanische Theater, in der kurzen Epoche, wo es nach dem ökonomischen Zusammenbruch von 29 zu einer Art politischer Institution wurde, kam über die Flickschusterei nicht hinaus, so kann Gorelik lediglich ästhetische Gesichtspunkte geltend machen, wenn *er* das europäische Theater schildert.

28. 8. 43
Artikel über die Kriegswirtschaft in Deutschland (»The Economic Journal«): Gegen Ende 42 haben die Trusts, über das Kriegsministerium, endgültig die Überhand gegenüber der Staatskontrolle gewonnen. Rationalisierung, Spezialisierung, Standardisierung haben die Produktion weiter vermehrt. Die Trusts können bürgerlicherseits nicht mehr aufgelöst werden, scheint es, aber es ist auch unmöglich geworden, sie unter Staatskontrolle zu stellen.

29. 8. 43
Das Herz bleibt einem stehen, wenn man von den Luftbombardements Berlins liest. Da sie nicht mit militärischen Operationen verknüpft sind, sieht man kein Ende des Kriegs, nur ein Ende Deutschlands.

30. 8. 43
Budzislawski hat die Erklärung vom 1. 8. umgeformt, so daß die Bezugnahme auf die Kriegsgefangenenerklärung vermieden ist. Tillich rät überhaupt ab.

5. 9. 43
Was für eine Vergeudung, dieses Storyentwerfen für die pictures, das große Roulette. Und vor allem, daß man niemals längere Zeitspannen vor sich gesichert sieht, materiell. Ich habe den Caesarroman nicht beenden können, den »Tuiroman« nicht einmal beginnen. »Der Messingkauf« liegt in Unordnung. Und ich würde gern die »Reise des Glücksgotts« machen, ein halb lyrisches, halb prosaisches Werk, wenigstens das Kapitel mit der Entdeckung des Schöpferglücks. Usw.

6. 9. 43
Zwei Tage beim schwedischen Konsul, Lochner, Frischauer wegen Wuolijoki, die in Helsinki verhaftet ist. Georg Branting kabelte uns um Zeugenaussagen.

9. 9. 43
Thomas Mann, höre ich von einem Ohrenzeugen, erzählt jetzt herum, »diese Linken wie Brecht« führten Befehle von Moskau aus, wenn sie versuchten, ihn zu Erklärungen zu veranlassen, daß man einen Unterschied zwischen Hitler und Deutschland machen müsse. Das Reptil kann sich nicht vorstellen, daß man ohne Befehle von irgendwo etwas für Deutschland (und gegen Hitler) tun kann und daß man überhaupt ganz von sich aus, sagen wir aus Überzeugung, in Deutschland etwas anderes erblicken kann als ein zahlkräftiges Leserpublikum. Bemerkenswert ist die Perfidie, mit der das Paar Mann – seine Frau ist sehr aktiv dabei – solche Verdächtigungen ausstreut, die, wie sie wissen, jedem großen Schaden tun können.

20. 9. 43
Isherwood kommt zum Abendessen, klein, sanft, zäh, geduldig und geduldheischend. Er hat den »Guten Menschen« gelesen, macht einige höfliche Komplimente und zeigt Unbehagen wegen der Götter. Ich erkläre ihm, wie sie, die tödlich gewordenen Moralvorschriften vertretend, während der Inspektionsreise herun-

terkommen, äußerlich und innerlich, bis sie zuletzt, in jeder Hinsicht ausgehungert und desillusioniert, selbst vor der schäbigen Schiebung des Schlußakts nicht mehr zurückschrecken usw. Er lacht mitunter, fängt sich aber dann wieder, läßt verhältnismäßig bald den Gegenstand fallen – ich hatte gehofft, er würde sich für eine Übertragung interessieren. Dann kommt Viertel. Sie sind alte Freunde, von London her. Aber das Gespräch kommt auf die Schreiber der englischen Oberklasse, ihn, *Auden*, *Huxley*. »Indien hat euch besiegt«, sagt *Viertel*. »Es hat euch angesteckt mit seinem Aussatz«, verbreitere ich den Angriff. In der Tat, Isherwood ist Buddhist (steht, ein kleiner Mönchersatz, barfuß, mit Kutte im Weihrauch eines Hollywooder Klosters, das eigentlich eine Pension ist), Auden Anglokatholik, Huxley Deist verschwommenster Sorte. Isherwood, sehr befreundet mit dem letzteren, läßt mich noch dessen geistreiche, feinnuancierte, umständliche Beschreibungen der Seelenqualen der Parasiten »durch den Kakao ziehen«, aber dann nenne ich ihn »gekauft«, und er schaut auf die Uhr und steht auf. Derlei kann nicht diskutiert werden, Kellner, zahlen. Ich habe das Gefühl, das der Chirurg haben müßte, wenn der Patient während der Operation aufsteht und weggeht: Nun hat er nur eine Wunde empfangen.

25. 9. 43
Die Einnahme von Smolensk durch die Russen verändert die Weltlage vollständig. Die Aufstellung des deutschen Komitees der Kriegsgefangenen und Emigranten stellt sich jetzt (ebenso wie der Kongreß der russischen katholischen Kirche, der für den Balkan bestimmt zu sein scheint) als Teil der Endoffensive heraus.

26. 9. 43
Stelle jetzt die hier geschriebenen Gedichte zusammen. (»Aber auch ich auf dem letzten Boot«, »Kinderkreuzzug 1939«, »An die deutschen Soldaten im Osten«, »Und was bekam des Soldaten Weib?«, »In Sturmesnacht«, »Das deutsche Miserere«, »An meiner Wand«, »O Sprengen des Gartens«, »Die Rückkehr«, »Aurora«.)

30. 9. 43
Borchardts »Die Verschwörung der Zimmerleute« ist englisch erschienen. Ich konstatiere bei den Emigranten heftigen Abscheu,

das Werk sei konfus, religiös, reaktionär, eine Schande. Nun ist Borchardt, bösartig wie viele Moralisten, ein abgründiger Provokateur, Übertreiber von Beruf als Satiriker usw. usw. Jedoch ist nicht zu vergessen, daß seine Werke turmhoch über denen der Werfels und Konsorten stehen, da sie mit Schärfe und Leidenschaft die sozialen Kämpfe unserer Zeit behandeln. Tatsächlich findet man im bürgerlichen Lager Widerspiegelungen der sozialen Kämpfe beinahe nur auf religiösem Boden. Man muß nur Tillich mit Thomas Mann vergleichen. Es gibt so etwas wie religiösen Sozialismus, der sich dem Klerikofaschismus entgegenstemmt. Borchardts Buch habe ich noch nicht gelesen.

1. 10. 43
Im Senat tobt ein Kampf über die Einziehung von Vätern. Senator Wheeler, der sich vor Pearl Harbor oft hitlerfreundlich verhalten hat, verlangt ein Gesetz, daß Väter nicht zu Soldaten gemacht werden können. Sollte man weitere Soldaten brauchen, müßten sie aus Governmentsämtern rekrutiert werden. Im allgemeinen folgen die Leute sehr willfährig dem Ruf der Regierung. Ich finde die Abwesenheit der scheußlichen Heuchelei sympathisch, welche in europäischen Ländern einen Staatsmann oder Demagogen höchstens zu einer aufsehenerregenden Beschwerde derer veranlassen würde, die des Heeresdiensts nicht für würdig erachtet werden.

2. 10. 43
Treffe Renoir bei Eisler. Er beklagt die Verwüstung Neapels. »Es kann nicht mehr aufgebaut werden, es hatte keinen Stil, es ist einfach entstanden unter kultivierten Leuten.« Das Gespräch kommt auf die französische Bauweise. »Die Epoche der Hand wird abgelöst durch die Epoche des Gehirns. Das gefährlichste Tier, das existiert, ist der Architekt. Er hat mehr verwüstet als der Krieg.« Lustig, beinahe aufregend, Monsieur Renoir eine Wurst essen sehen. *Seine* Sinne sind in Ordnung.

3. 10. 43
Wenn Hitler den Dnjepr nicht halten kann, ist es leicht möglich, daß die deutschen Generäle dasselbe machen, was die italienischen machten. Die Russen haben das mit ihrem Komitee schließlich angebahnt, indem sie die Generäle als Verhandlungspartner anerkannten, wahrscheinlich darauf zählend, daß sie, ihre Mas-

senbasis selbst zerstörend, sich höchstens eine Galgenfrist erkaufen können. Roosevelt und Churchill allerdings scheinen besorgt, da sie inzwischen – und wohl zum erstenmal – sich für die Ausrottung der Militärkaste in Deutschland ausgesprochen haben. Die Russen werden dagegen auf die Schwierigkeiten der italienischen Kampagne hinweisen und daß die Alliierten nicht sich in der Lage sahen, in Westeuropa zu operieren. Tatsächlich scheint die italienische Kampagne bisher mehr für den asiatischen als den europäischen Krieg zu versprechen.

12. 10. 43
Rezept für Erfolg im Filmschreiben: Man muß so gut schreiben, als man kann, und das muß eben schlecht genug sein.

15. 10. 43
Welche Zeitungen man immer liest, was für Gesprächen man immer zuhört – welche graue, trübe, schale Stimmung! Die ersten Monate, als das Land noch schwach gerüstet war und selbst die Westküste für bedroht angesehen wurde, gab es eine Art Auftrieb, jetzt ist er ganz und gar verschwunden. Die Erinnerung an den Weltkrieg drückt auf die Gemüter. Das neue Stück erinnert an das alte, beinahe in jedem Zug, und es hatte dieses elende Ende!

15. 10. 43
Der Schauspieler *Alexander Granach* hat »Erinnerungen« geschrieben. Kind armer galizischer Juden, Bäckergehilfe, dann Schauspielschüler, der sich in einer Operation die X-Beine gradbrechen läßt, damit er in Trikot auftreten kann. Ich erinnere mich seiner, wie er in München um 1920 herum den Shylock spielte, frech, aufdringlich, brüllend, daß der Kronleuchter wackelte, sehr farbig. Die galizischen Geschichten sind gut, nicht ganz so wahr, wie sie klingen, aber die Schilderung des Berufs! Am Ende, als Höhepunkt, Reinhardts Deutsches Theater geschildert wie ein echtes Hollywood (ganz richtig). Welch ein Jammer, welche Verwirrung! Läßt sich die Beine brechen, damit sie grad sind, und dann das Rückgrat, damit es krumm ist!

16. 10. 43
Lese eine Kontroverse zwischen Sowjetliterarhistorikern über die Beurteilung großer Schriftsteller der Vergangenheit, hier gedruckt

1938. Sind die Shakespeares und Tolstois zu behandeln als Apologeten ihrer Klassen oder der Menschlichkeit? Die Lifschitz und Nusinow schreiben ziemlich blutdürstig. Lenin hat über Tolstoi gesagt, und Nusinow wagt es...? Der öffentliche Prosekutor wird gerufen, damit er der Verdächtigung Shakespeares, er sei ein Schreiber für die Aristokratie, ein Ende macht! Eigentliche Untersuchungen werden nicht veranstaltet, oder sie haben Prozeßcharakter. Der Ton ist erschreckend unproduktiv, gehässig, persönlich, autoritär und servil zugleich. Offensichtlich ist das keine Atmosphäre, in der eine lebendige, kämpferische, üppige Literatur gedeihen könnte. Tatsächlich gibt es nicht nur keinen bedeutenden Roman, sondern es gelten sogar solche Kitschromane wie die des Alexej Tolstoi als gut. Und es gibt nicht ein Drama, nicht eine dramatische Figur, weder komische noch tragische, nicht eine sprachliche Leistung, nicht eine philosophische Qualität in irgendeinem Stück, und das bei einem sehr leistungsfähigen Theater. Eine solche Feststellung dient für gewöhnlich der Absicht, tiefliegende Brüche zu enthüllen, nachzuweisen, daß da »etwas faul sein müsse«. Zunächst ist aber wohl nur zu sagen, daß die Bolschewiki es eben nicht verstanden, eine Literatur zu entwickeln. Man muß nicht einmal behaupten, daß ihre Methoden auf diesem Feld versagten, es genügt vielleicht zu sagen, daß die Methoden, die sie auf diesem Feld anwendeten, versagten. Die Situation war bestimmt unglücklich. Die Literatur wurde von der Machtübernahme des Proletariats überrascht. – In dem Disput, ob die großen Bourgeoisschreiber die Menschheit oder die Bourgeoisie repräsentieren, würde ein Dialektiker keine Schwierigkeit finden. Sie repräsentieren die Menschheit und die Bourgeoisie, da sie Bourgeois und Menschen zugleich sind, also widerspruchsvolle Geschöpfe. Sie repräsentieren die Menschheit als Bourgeois und die Bourgeoisie als Mitglieder der gesamten Menschheit.

17. 10. 43
Kunstpolitik der Arbeiterklasse. Sowohl um die Herrschaft zu erkämpfen als auch um sie zu behalten, braucht die Arbeiterklasse Realismus, handelnd und reflektierend, und das ist nichts Besonderes, auch die Bürgerklasse brauchte Realismus und braucht ihn weiterhin. Geschminkte Kriegsberichte sind für die Heeresleitung selber verderblich, gedokterte politische Situationsberichte verderblich für die Börsenleute. Entsprechend ihrer Lage benötigt die

Bourgeoisie *geheime* realistische Berichte, die Arbeiterklasse offene. Was nun ist realistische Kunst, etwa auf dem Theater? Illusionismus? Sensualismus? Alles in kolloquialer Prosa, mit Atmosphäre, undurchschaubar wie das Leben selber? So sehr glaubhaft gemacht, daß der Eindruck siegt, es sei eben nur so und nicht anders möglich? Der Mensch immerfort als Opfer der Verhältnisse, des Klimas, des Eigentums, der Passionen, des Gangs der Dinge? Da ist dann immer die Wahrheit »drinnen«, nur kann keiner sie herausklauben. Realistische Kunst ist Kunst, welche die Realität gegen die Ideologien führt und realistisches Fühlen, Denken und Handeln ermöglicht.

1. 11. 43
Max Reinhardt gestorben in New York. Sah in Berlin anfangs der zwanziger Jahre beinahe alle Proben zum »Traumspiel« im Deutschen Theater. Die Stilelemente bei ihm alterten so rasch wie bei andern in unserer Epoche, die einen klaffenden Gegensatz zwischen Kunst und Leben hat, so daß im Leben wenig Kunst, in der Kunst wenig Leben ist. Kunst ist da nichts Natürliches, wo Leben etwas Künstliches ist.

11. 11. 43
In »19th Century and After« ein Bericht über die Ausrottung der Juden in Polen. Ich wünschte wirklich, daß nie mehr gesprochen oder geschrieben werde vom »deutschen Menschen« (lies: »doidschen«), daß wir nicht diese Eigenschaften jedem von uns zuzuschreiben haben! Alle diese Redensarten einer pfiffigen salesmanship von »deutscher Wissenschaft«, »deutschem Gemüt«, »deutscher Kultur« führen unhinderbar dann zu diesen »deutschen Schandtaten«. Gerade wir sind die Rasse, die den Anfang damit machen sollten, unser Land das Land Nummer 11 zu nennen und basta. Deutschland muß sich nicht als Nation emanzipieren, sondern als Volk, genauer als Arbeiterschaft. Es war nicht »nie eine Nation«, sondern es war eine Nation, d.h. es spielte das Spiel der Nationen um Weltmachtstellung und entwickelte einen stinkenden Nationalismus.

11. 11. 43
Steff sammelt alte Platten mit dereinst berühmten Jazzstücken. Da fing eine Volksmusik an, erklomm einige Gipfel und verkam, alles

sehr schnell. Auf diesen Gebieten wird nichts und niemand was. Die Schriftsteller werden nach dem ersten Büchlein nach Hollywood gelockt und rapid ausgequetscht. Sie schreiben niemandem. Sie trinken alle. In dieser Umgebung Döblin und Heinrich Mann zu sehen, ist anstrengend. Sie sind da nichts mehr als erfolglos. Heinrich Mann hat nicht das Geld, einen Arzt zu rufen, und sein Herz ist verbraucht. Sein Bruder, mit einem Haus, das er sich baute, vier bis fünf Autos, läßt ihn buchstäblich hungern. Nelly, erst 45jährig, vulgär und von einer groben Hübschheit, arbeitete in einer Wäscherei, trinkt. Die zwei sitzen in einer sehr kleinen, stickigen Villa ohne Garten in Hollywood mit billigen Möbeln und Manns wenigen geretteten Büchern. Und eines Tags von der Rückkehr sprechend, sagt er noch: »Wird man denn sein Besitztum mittransportieren können, wird es nicht zu teuer kommen? Ich möchte nicht noch einmal von vorn anfangen in meinem Alter. Lieber hierbleiben.« Aber jetzt weiß er natürlich, daß er hier nicht bleiben kann, wenn er nicht verhungern will. »Wenn ich noch einmal einen solchen Ebert sehe, der vor dem Brandenburger Tor die ungeschlagene Armee begrüßt, schieße ich einen Revolver ab, er braucht nicht geladen zu sein.«

Mitte November bis Mitte März
In New York 124 East 57th Street. Arbeit mit Hays und Bergner an »Duchess of Malfi«. Nicht vollständig abgeschlossen, da Bergner wenig Zeit hat. – Gründung des *Council for a Democratic Germany.* Hauptinitiative Budzislawski und Tillich. – Sah »Our Town«, inszeniert von *Jed Harris*, fortschrittliche Aufführung, *Robeson* als Othello, schlecht in schauderhafter Inszenierung, ein Musical, gut. – Verhandelte mit Harris über »Galilei«, schloß mit *Weill* für »Sezuan«-Stück als halbe Oper ab. Kontrakt mit Broadway für einen »Kreidekreis«, vermittelt durch Luise Rainer. Stück begonnen. – Inzwischen schließt Feuchtwanger über »Simone« für Film ab (ich bekomme 20000 $). Kaufe neue Hose.

6. 4. 44
Jed Harris, der Regisseur-Produzent, der *Thornton Wilders* »Our Town« sehr gut aufgeführt hat, interessiert sich für den »Galilei«. So prüfte ich die Moral noch einmal nach, die mich immer leise beunruhigt hat; gerade weil ich hier der Geschichte zu folgen versuchte und keine moralischen Interessen hatte, ergibt sich eine

Moral, und ich bin nicht glücklich damit. Galilei kann dem Aussprechen der Wahrheit so wenig widerstehen wie dem Verschlingen eines lockenden Gerichts, es ist ihm ein sinnlicher Genuß. Und er baut seine Persönlichkeit so leidenschaftlich und weise auf wie sein Weltbild. Eigentlich fällt er zweimal. Das erste Mal, wenn er der Lebensgefahr wegen die Wahrheit verschweigt oder widerruft, das zweite Mal, wenn er sie trotz der Lebensgefahr wieder sucht und verbreitet. Seine Produktion zerstört ihn. Nun höre ich mit Unwillen, ich hätte es für richtig gehalten, daß er öffentlich widerrufen hat, um insgeheim seine Arbeit fortsetzen zu können. Das ist zu flach und zu billig. Galilei zerstörte schließlich nicht nur sich als Person, sondern auch den wertvollsten Teil seiner wissenschaftlichen Arbeit. Die Kirche (d.h. die Obrigkeit) verteidigte die Bibellehre ausschließlich, um sich, ihre Autorität, ihre Möglichkeit, zu unterdrücken und auszubeuten, zu verteidigen. Das Volk interessierte sich für Galileis Gestirnlehre ausschließlich, weil es unter der Herrschaft der Kirche litt. Galilei gab den eigentlichen Fortschritt preis, als er widerrief, er ließ das Volk im Stich, die Astronomie wurde wieder ein Fach, Domäne der Gelehrten, unpolitisch, isoliert. Die Kirche trennte diese »Probleme« des Himmels von denen der Erde, festigte ihre Herrschaft und erkannte danach die neuen Lösungen bereitwillig an.

29. 4. 44

Laughton, der einen Narren am »Schweyk« gefressen hat (er las ihn in der Rohübersetzung), erzählt mit Bitterkeit von der Verachtung, mit der England die Schauspieler behandelt. Sein Großvater war Butler, sein Vater Hotelier, er selbst kam mit 28 Jahren zum Theater, war berühmt in einem Jahr. Ein Bondstreetschneider machte dem internationalen Filmstar nur Anzüge, wenn er es geheimhielt, da sonst seine Torykunden ausgeblieben wären. Hier, sagt er, haben sie keine Achtung zu vergeben, aber zumindest Geld. Wo kann ein Schauspieler so leben, fragt er, auf die Antikmöbel zeigend und den Park mit dem Rasen und den mexikanischen granitenen Schlangenhäuptern, das ist etwas. Hier kann ich Shakespeare studieren. Er liest uns bei uns »Measure for Measure« und bei sich »The Tempest« vor. Er hockt, vor einer herrlichen Standuhr in bayerischem Barock, auf einem weißen Sofa, mit gekreuzten Beinen, so daß nur sein buddhaähnlicher Bauch sichtbar ist, und liest aus einem kleinen Büchlein das Stück, teils wie ein

Scholar, teils wie ein Schauspieler, lachend über die jokes, sich hie und da entschuldigend, wenn er eine Szene nicht beherrscht. Den Prospero sehe ich unter seinem Lesen wie jenes merkwürdige Napoleonbild von Helena, wo Napoleon, mit gelbem Teint, wie ein holländischer Pflanzer aussieht, mit Strohhut. Den Caliban liest er mit Mitleid.

17. 5. 44
Wenn ein boshafter Mensch zu schnell gut wird, treibt er die Bosheit oft nur untergrund. Ich bat Christopher Isherwood, den »Kaukasischen Kreidekreis« zu übertragen. Er schlug ab, da er zuviel Arbeit habe, Übersetzungen aus dem Indischen, eines Buches seines Swami, Filmstorys usw., Arbeit mit Huxley. Am Schluß bot er mir 100 oder 200 $ an, wenn ich bis zur Produktion des Stückes Geld benötigte. Viel, da er nichts hat, wie ich weiß. Mein Vergehen bestand darin, daß ich einen Freund von ihm bestochen hatte, ihn noch einmal zu bearbeiten.

28. 5. 44
Es ist aber, als schreibe man ein Stück für die Tungusensteppe. *Gorelik* ist hier, mit einem producer-writer namens Auerbach, einem Amerikaner, von dem er etwas hält. Winge erzählt die Handlung des »Kaukasischen Kreidekreises«. Gorelik frägt nach dem Sinn, dann wollen sie den Bau kritisieren. Wo ist der Konflikt, die Spannung, Fleisch und Blut usw. usw.? Ich versuche, die komplizierte und kühne Bauart des »Hamlet« darzustellen. So what, dann ist »Hamlet« eben nicht gebaut (was Moss hart gebaut nennen würde). Wenn sie mit Winge ins Auto steigen, sagen sie: »Er wird nie einen Erfolg haben. Er kann keine Emotionen erzeugen, es kommt nicht einmal zur Identifikation, daraus macht er dann eine Theorie, he is crazy and gets worse.« Die Prostitution dieser »artists« ist komplett. Die Hur verkauft den blanken »Effekt«, sie wird hoch bezahlt, da der Kunde impotent ist. Das Interesse, das dieses Publikum am Leben zu nehmen scheint, ist das des Wucherers, es sollte heißen »Zins«.

6. 6. 44
Ich kam mit Homolka und Karin von »Memphis Belle« (Flug einer flying fortress nach Wilhelmshaven) und saß schon wieder beim Schach, als Eisler telefonierte, die Invasion in Frankreich habe ein-

gesetzt. Das Radio spie Nachrichten; ein Augenzeuge sprach schon von der Normandie aus.
Barbara sagt, daß die Lehrerin für Social Science die Invasion nicht mit einem Wort berührt hätte; auch Steff hörte nahezu keine Äußerungen an der Universität. Winge berichtet, ein Mann sagte ihm: »Da regen sich nur die Fremden auf und die Verwandte drüben haben beir Armee.« Diese Haltung ist natürlich und hat etwas Freies an sich, wenn auch in der Hegelschen »schlechten« Form.

12. 6. 44
Sagte Gorelik, daß er sich verändert habe, und gab ihm ein paar Thesen. Wieder kam er mit »ein Drama braucht Spannung, climax und identification«, er könne nicht verstehen, wenn er sich nicht einfühle. Ich sprach gegen eine Wand, als ich auseinandersetzte, wie wenig durch Einfühlung in einen Betroffenen zu verstehen ist. Er kann von dem Interesse am »to sell the story« nicht weggebracht werden. Und am Verkauf von shocks und Emotionen.

20. 6. 44
Arbeite an neuer Serie der Fotoepigramme. Ein Überblick über die alten, teilweise aus der ersten Zeit des Kriegs stammend, ergibt, daß ich beinahe nichts zu eliminieren habe (politisch überhaupt nichts), bei dem ständig wechselnden Aspekt des Krieges ein guter Beweis für den Wert der Betrachtungsweise. Es sind jetzt über 60 Vierzeiler, und zusammen mit »Furcht und Elend des Dritten Reiches«, den Gedichtbänden und vielleicht »Fünf Schwierigkeiten beim Schreiben der Wahrheit« gibt das Werk einen befriedigenden literarischen Report über die Exilszeit.

25. 6. 44
Horkheimer erzählt vom heiligen Frunz von Hollywood, dem Gschwerfel, daß er für seinen Broadwayerfolg »X und der Oberst« die Erzählungen eines armen Emigranten verwertete, den er nicht bezahlte. »Genügt es Ihnen nicht«, sagte er ihm, »daß ich Ihnen ein unsterbliches Denkmal gesetzt habe?«

21. 7. 44
Als etwas über die blutigen Vorgänge zwischen Hitler und den Junkergenerälen durchsickerte, hielt ich für den Augenblick Hitler den Daumen; denn wer, wenn nicht er, wird uns schon diese Ver-

brecherbande austilgen? Zuerst hat er dem Herrnklub seine SA geopfert, jetzt opfert er den Herrnklub. Und was ist mit der »Plutokratie«? Die deutsche Bourgeoisie mit ihrem Junkergehirn erleidet einen Gehirnschlag. (Die Russen marschieren auf Ostpreußen.)

30. 7. 44
Laughton liest uns (Feuchtwanger, Tsiang, Winge, Dessau, Gorelik, Steff) die drei ersten Akte des »Lear«. Er bringt ausgezeichnet den Lear des ersten Aktes, unmenschlich geworden durch Königtum, bestehend auf zehn Pfund Kindesliebe für 1000 Quadratmeter Land. Dann das Beibehalten der Haltung des Mächtigen nach der Aufgabe der Macht. Großartig setzt er die leere, formelhafte Anrufung der überirdischen Mächte ab gegen die einfachen realistischen Äußerungen oder echten Gefühle. – Gorelik dann macht gegen das Stück sehr ähnliche Einwände wie gegen den »Kreidekreis« (Handlung willkürlich, Verhalten der Menschen unvernünftig, zumindest schlecht motiviert, das Ganze »unlogisch« usw.). Tsiang nennt ihn den »american bookkeeper«, der lauter american bookkeepers auf der Bühne sehen will. Zugleich zeigt es sich aber doch auch, wie die Pfeiler, auf denen Meisterwerke ruhen, wegfaulen: Ich habe noch in Bayern auf dem Land das »Austragsstübel« gesehen (vier Eier in der Woche, Schlachtschüssel an Johannis usw.), Gorelik sah dieses feudale Rudiment schon nicht mehr. Andrerseits ist eben viel an »Vorbildung« nötig für Bildung...

?. 7. 44
An einem dieser Tage ist Klemperer hier (und Kortners). Rate ihm, er solle versuchen, eine *Oper der Gewerkschaften* aufzubauen in Berlin. Er erschrickt ein wenig, wie ich eine Karenzzeit für Richard Wagner vorschlage, und ist erstaunt, aber nicht ganz taub über die Analyse des »Lohengrin« mit der Forderung nach Vertrauen für den Retter.

9. 8. 44
Dieses Land stellt für seine Schauspieler keinen Ruhm zur Verfügung, nur credit und success. Dabei bilden sich riesige Gemeinden für Stars, fanmail und Autogrammhandel wie nirgends sonst, aber dies ist ein Typenkult, der mit Kunst kaum etwas zu tun hat. Es gibt nicht bestimmte Rollen, in denen Stars erscheinen und kon-

kurrieren. Die Typen, die, wie die Helden der nicht weniger bekannten »Comics«, in den verschiedensten romantischen Erlebnissen auftreten, werden nach dem Durchschnitt hin ausgesucht und dem Friseur übergeben. Mitunter wechselt einer von ihnen seine Persönlichkeit, nach langen Beratungen und Skizzen der Friseure und Publizisten, und er tut das für das Leben, das in Parties besteht. Selbst hier werden die eigenartigeren Persönlichkeiten wie die Garbo etwa ausgemerzt, wenn irgend möglich. Sie mögen Kasse machen in ihren Filmen, aber sie schädigen die andern Filme.

10. 8. 44
Kortner und *Homolka*, weit weniger *Lorre*, beurteilen das Land nach seinem Theater, in dem von Spekulanten konventionelle Abendunterhaltung verkauft wird. Kortner war seinerzeit »politisch denkend« nur in sehr begrenztem Umfang, Homolka war absolut unpolitisch. Beide nähren einen Mythos vom deutschen Theater der Weimarer Republik. Als welches schlecht war.

14. 8. 44
Immer noch habe ich vor meinem Schreibmaschinentischchen an der Wand, wie seit Jahren, die Karte Europas, auf der die Eroberungen der Nazis in einem krebsigen Rot prangen. Jetzt reißt diese Armee wie Zunder. Die Generäle desertieren, ihren Krieg preisgebend, mit lautem Geschrei, daß der Gefreite ihn verpfuscht habe. Welch ein Gesindel! Einfachste aller Tatsachen: sie haben ihn mit allen Mitteln verloren.

15. 8. 44
Da sind immerzu die Fragen, warum die Deutschen noch kämpfen. Nun, die Bevölkerung hat die SS auf dem Genick, außerdem hat sie keine politische Willensrichtung, der paar parlamentarischen Institutionen zweifelhafter Art beraubt und ökonomisch unter dem Stiefel der Besitzenden, wie immer. Die Soldaten wehren sich, in den Formen der strategischen und taktischen Operationen, ihres Lebens und liefern Arbeit an der Zerstörungsmaschinerie, nun so wenig wie schuftend an der gütererzeugenden Maschinerie befaßt mit dem Resultat ihrer Arbeit. Mit einem Satz: Die Deutschen kämpfen noch, weil die herrschende Klasse noch herrscht.

16. 8. 44
Abends spielt Edward Steuermann privat ein Mozartsches Rondo, eine der Englischen Suiten Bachs, Variationen Schuberts und Beethovens Hammerklaviersonate. Schon als Junge, als ich die Matthäuspassion in der Barfüßerkirche gehört hatte, beschloß ich, nicht mehr so wo hinzugehen, da ich den Stupor verabscheute, in den man da verfiel, dieses wilde Koma, und außerdem glaubte, es könne meinem Herzen schaden (das durch Schwimmen und Radfahren etwas verbreitert war). Bach kann ich jetzt, wie ich denke, ungestraft hören, aber den Beethoven mag ich immer noch nicht, dieses Drängen zum Unter- und Überirdischen, mit den oft (für mich) kitschigen Effekten und der »Gefühlsverwirrung«. Das »sprengt alle Bande« wie der Merkantilismus, da ist diese innige Pöbelhaftigkeit, dieses »Seid umschlungen, Millionen«, wo die Millionen den Doppelsinn haben (als ginge es weiter »dieses Coca-Cola der ganzen Welt!«).

24. 8. 44
Kapitulation Rumäniens. Fall von Paris.
Die Art, wie die Vertreibung der Nazis aus Paris vor sich ging, wird die Furcht der Besitzenden besänftigen. Die faschistische Gendarmerie ging am Schluß in den Streik und befestigte dann die Isle de France in der Seine. Man hört nichts von den Faschisten, daraus schließt man, ein paar Beamte, kompromittiert als Collaborateurs, seien geflohen. Frankreich ist befreit, es betrachtet seinen Befreier.

28. 8. 44
Von Laughtons Garten, über den ich ein Gedicht begonnen hatte (»Garden in progress«), bröckelte ein großes Stück bei einem Erdrutsch ab heute nacht. Er fragte gegen Mittag an, ob er abends kommen könne, und entschuldigte sich, als er kam, daß er mit seinem Kummer zu Leuten komme, die seit einem Jahrzehnt kein eigentliches Dach überm Kopf gehabt hätten. Er begann sofort, Kapitel aus dem Leben Davids zu lesen, die er für Platten vorbereitet (wie er sagt, auf mein Betreiben), und er las sehr schön von David und Jonathan. Auch hatte er ein paar Bände Shakespeare mitgebracht und las (oder spielte) den Osric aus »Hamlet«, den Jacques aus »Wie es euch gefällt« und den »clown bringing a basket« aus dem fünften Akt von »Antonius und Cleopatra«, Rollen, die er als

Homosexuelle gespielt haben will. Seine Frau, vom Kabarett kommend, holte ihn ab, und die beiden saßen eine Zeitlang, über das Unglück ihres Gartens sprechend. »Seit die große Fichte gegangen ist«, sagte sie, »ist das Licht im ganzen Haus geändert, es ist ein andres Haus, man sieht jetzt das Meer!« Und im Ton großer Mißbilligung fügte sie hinzu: »Es hat einen Seeblick!« Laughton selbst hat, wie es scheint, den Schaden noch nicht zu betrachten gewagt. Um zu uns zu kommen, verläßt er das Haus nach der andern Seite. »Es ist nur der Anfang«, sagt er, »es geht noch mehr, man hat mir gesagt, es gibt da einen Unterstrom. Offen gestanden, ich möchte jetzt keine Leute sehen, ich bin so beschämt. Es steht in den Zeitungen.« Ich zeige ihm die zwei großen Seiten meiner Beschreibung, um ihn lustiger zu stimmen, sage: »Ihr Garten wird eine Mythe werden, bestehend in einem ruhmvollen Gerücht. Man sagt, die Vergänglichkeit ist ein Wesentliches der Schönheit, sie steigert den Genuß.« Aber er weiß, daß ihm das Unglück schadet, auch in seinem Beruf. Abgesehen davon, daß das property geschädigt ist. Und, da er in letzter Zeit weniger Erfolg hat und oft als »ham« beschimpft wird (was hier nicht viel mehr bedeutet als einfach Schauspieler, was aber tödlich ist), fürchtet er wohl, er kann derlei nicht wieder erwerben. Die Jugend gilt hier so viel, da an ihr mehr verdient werden kann. Tatsächlich sieht er heute alt aus, und es ist wohl deswegen, daß die Lanchester von sich sagt: »Ich fühle mich plötzlich wie eine alte Frau, mit einem Druck auf der Brust.«

5. 9. 44
Plan für Tag: Aufstehen sieben Uhr. Zeitung, Radio. Kaffee kochen, in der kleinen Kupferkanne. Vormittags Arbeit. Leichter Lunch um zwölf. Ruhe mit Kriminalroman. Nachmittags Arbeit oder Besuche machen. Abendessen sieben Uhr. Danach Gäste. Nachts halbe Seite Shakespeare oder Waleys Sammlung chinesischer Gedichte. Radio. Kriminalroman.

12. 9. 44
Die Ungeduld der Linken mit den deutschen Arbeitern ist begreiflich. Dabei sollten Marxisten wissen, was eine revolutionäre Situation ausmacht. Dazu hat das ungarische, italienische, spanische, chinesische Beispiel gezeigt, was ein mit den modernsten Waffen und Fahrzeugen und Polizeisystemen ausgestattetes Lumpenpack vermag, und im deutschen Fall handelte es sich um ein

durch Illusionen und Wirtschaftskrisen geschwächtes Proletariat.

16. 9. 44
Die deutsche militärische Niederlage in Frankreich hat nichts Erstaunliches. Hitler hat keinen Grund, die amerikanisch-englische Armee eher hereinzulassen als die russische. Zweifellos gibt es viel Verrat von seiten der Generäle. Wenn sie überhaupt noch kämpfen wollen, wollen sie ihre Klitschen in Ostpreußen verteidigen gegen die Russen. Und ihre spezifische Art der Eroberung. Ein trübes Bild.

17. 9. 44
Die deutsche Kunst ist zu schwer. Gerade in dieser Zeit, einer der furchtbarsten der Geschichte, sollte sie lernen, leicht zu werden, natürlich nicht auf der Flucht, sondern bei der Darstellung dieser Zeit und ihrer Furchtbarkeit. So muß das Gewöhnliche den Charakter des Niedagewesenen, das Niedagewesene den des Gewöhnlichen bekommen. Der Darsteller des Angst- und Blutschweißes darf nicht schwitzen.
Ich komme darauf, als ich Barbara, die nebenan steppt, auf ihre Schweißtropfen aufmerksam mache und ihr rate, lieber mehr zu können, als sie macht, als mehr zu machen, als sie kann, bis sie soviel macht, als sie kann.

18. 9. 44
Steff wird am 26. zur Armee eingezogen. Er beschließt, sich das Land anzusehen, bereist San Francisco, Saint Louis, New Orleans.

20. 9. 44
Aufsatz eines Bruno Bettelheim, »Behavior in Extreme Situations«, über das Verhalten von Konzentrationslagerhäftlingen. Borchardts Wahrnehmung wird bestätigt, daß Häftlinge Ausdrucksweise und Auftreten ihrer Quäler annehmen. Interessant der rapide (galoppierende) Persönlichkeitsschwund derer, die die ihnen erwiesene Behandlung nur ablehnen können, weil sie ihnen widerfährt, die nur eine gesetzwidrige Anwendung des Gesetzes sehen. Und interessant die gruppenmäßige Behandlung der Häftlinge durch die Gestapo. (Eine Gruppe wird mißhandelt, weil ein

Mann für sie eintrat.) Solche Beschreibungen müßten Leute interessieren, die an dem liberalen Persönlichkeitsbegriff festhalten und besonders heftig gegen die Unterdrückung der persönlichen Freiheit in der USSR reagieren. Da ist der Maßstab, mit dem die Persönlichkeit gemessen wird, die Fähigkeit der Person, gegen den Strom zu schwimmen. Tatsächlich ist dieser Maßstab besonders vor und während Revolutionen von Wert. Dann tritt anstelle der Freiheit von der Gruppe die Kollektivfreiheit der Gruppe (welche während der Klassendiktatur durch die Notwendigkeit der Selbstdiktatur kompliziert wird).

26. 9. 44
Brachte an nebligem Morgen Steff an elektrische Station am Ozean, da er zum Heer eingezogen ist. – Gestern abend Gespräch mit Eisler, Helli, Steff über brillanten und reaktionären Preston-Sturges-Film und das Vorspiel zum »Kreidekreis«. Steff möchte den Konflikt der Dörfer realer und härter, auf Grund eines echten Nachteils für den Ziegenkolchos.

18. 10. 44
Das große Dialektikum entfaltet sich mehr und mehr. Die Russen nehmen die finnischen Nickelgruben. Iran verweigert ihnen den Gebrauch der Ölquellen in dem von ihnen besetzten Nordiran. In Westfrankreich sammeln sich die spanischen Loyalisten unter den Maquis, und es heißt, amerikanische Truppen werden die Pyrenäen besetzen. De Gaulle bereitet beträchtliche Reformen vor, bestimmt, das Comité des Forges zu ruinieren. Am 12. Dezember sollten die polnischen Güter aufgeteilt werden. Italien vegetiert als englische Kronkolonie, Griechenland erwartet wutschnaubend seinen König. Der Vatikan propagiert ein neues München, basiert auf Klerikofaschismus.

21. 10. 44
Ich höre im Radio *Schönbergs* »Thema mit sieben Variationen«, als es läutet. Eine blutlose jungalte Frau steht vor der Tür: »Can I ask you for a busfare?« Ich gebe ihr schnell 10 Cent und höre weiter das romantische Werk mit seiner prästabilisierten Harmonie.

21. 10. 44
Schönberg verrettet die klassische Musik. Eisler spricht immer – mit tiefem Respekt – von der Etablierung der Milchmädchenrechnung in der Musik. Für mich hat diese Musik etwas Kreisendes, die Bewegung führt nicht fort, die Logik genügt nur sich selbst.

?. 10. 44
Bei einer Abschiedsparty der Kalatosowa, die in Leningrad die »Jüdische Frau« vor Frontsoldaten gespielt hat, komme ich mit Odets ins Gespräch. Ich lobe den Schauspieler Spencer Tracy im »Siebenten Kreuz« wegen einiger beinahe sublimer Ausdrücke, hier sonst unüblich. Odets hatte nichts davon bemerkt und nahm meinen Rat, den Film noch einmal zu sehen, ärgerlich auf. Er griff sich immerfort mit der Hand an die Brust und beteuerte, er habe nichts gefühlt. Für ihn ist das Kino eine Art Elektrisiermaschine, und er registriert Stöße. Unmöglich, ihm zu erklären, daß man ins Kino gehen und neugierig wachen kann, ob da nicht doch irgendwelche Reflexe der Realität auf der Leinwand auftauchen, verdeckt unter den kindischen Fabeln, verborgen in »Stockfiguren«. Züge, die sehr leicht übersehen werden können.

22. 10. 44
Bei *Gorelik* Gespräch mit einigen jüdischen Linken. Eine neue Politik der Kommunisten, wie es scheint: die amerikanischen Juden sollen sich als nationale Minorität organisieren. Einer ruft klagend aus: »Die Juden wissen nichts über ihre Kultur!« Scholem Asch ist eine literarische Weltfigur. Hätte Heine in Jiddisch geschrieben, wäre es vom jüdischen Standpunkt aus besser gewesen. Vergebens suche ich einzuwenden, daß Hebräisch und sogar Jiddisch nicht so voll entwickelte moderne Sprachen sind wie Englisch, Russisch, Französisch, Deutsch, Spanisch und gewisse asiatische Sprachen. Daß Schönberg, Einstein, Freud, Eisenstein, Meyerhold, Döblin, Eisler, Weigel nicht jüdische, sondern andere Kulturen verkörpern usw. usw. Zeugnisse »jüdischer« Kultur gibt es meines Wissens nicht im gleichen Format wie etwa der Jazz oder die Negerplastik oder die irische Dramatik. Genau wie zu *Marxens* Zeit müssen die Juden sich vom Kapitalismus (»dem Kommerz«) emanzipieren und nicht sich in ihre »alte Kultur« flüchten.

Ende Oktober 44
Mit Dessau, Eisler zu Dinner bei Schönberg. Der erstaunlich temperamentvolle, gandhigleiche Schönberg in seiner blauen kalifornischen Seidenjacke, ein Gemisch von Genie und Verdrehtheit. So beschwert er sich über die Kürze der Schutzfrist für geistige Werke. (»Mein Junge wird, wenn er 45 Jahre alt ist, nicht mehr einen Cent bekommen«, sagt er, als spreche er über eine Ungeheuerlichkeit.) Dann wieder, ein wenig kokett, aber nicht nur das, erklärt er, im Gegensatz zu andern, natürlich wenigen, finde er seine Werke mitunter scheußlich klingend. Nachdem er sie niedergeschrieben habe, verstehe er sie nur noch schwer, müßte sie mühsam studieren. Bei mir »klingt eine Saite mit«, wenn er sich beklagt, für die Musik gebe es kein rein musikalisches Begriffsmaterial. Er definiert, als Beispiel, Form so: Sie ist ein Ruhezustand zwischen aufeinander einwirkenden Kräften. (Anscheinend ein Feldbegriff.)

29. 10. 44
Wollte gestern Steff für Urlaub holen. Hatte Freitag abend alles vorbereitet, neuen Reifen für Wagen, Erlaubnis des district attorney usw. Dann sollte Steff angerufen werden zwischen sieben und neun, und der Camp nahm keine Anrufe an. So wußten wir nicht, ob er Urlaub bekommen würde. Die Frischauers, die oft im Camp Roberts waren, fanden die Fahrt mit meinem alten Wagen unmöglich (260 Meilen hin); ich sollte, da die Kolbenringe neu sind, nur 25 Meilen fahren, es war dichter Nebel entlang der Küste, mein Scheibenwischer war arretiert, das Licht setzte mitunter aus, und so fuhr ich nicht und hatte Samstag und Sonntag mich zu fragen, ob es nicht doch nur Bequemlichkeit war, Unterlassung einer *besonderen* Anstrengung. Plötzlich sah ich den Urlaub als die verzweifelte Flucht ins Private, Menschliche, was er wohl war, und ich sah Steff zurückgehen zu den vier andern, die er hatte mitnehmen wollen (in dem winzigen Wagen, dessen Reifen beinahe sicher platzen).

7. 11. 44
Roosevelt wird wiedergewählt. Abends bei Pascal mit Laughton (auch Barbara dabei, in schwarzem Abendkleid). Dort Groucho Marx und Chaplin. Helli, ich und Chaplin die einzigen am Radio.

15. 11. 44
Ich nehme die »Flüchtlingsgespräche« wieder vor, lese einige Kapitel Winge und Dessau vor sowie dem österreichischen Arbeiter Breiner, der mit uns auf der »Anni Johnson« herüberkam und in der Southern Pacific arbeitet. Ihre Reaktion ermutigt mich etwas. Es war die Absicht, philosophische Gespräche auf einer »niederen« Ebene zu plazieren, jedoch bedrückt mich aufs neue der Mangel an Eleganz. Bei uns Deutschen ist solch ein Abgrund zwischen dem Lebendigen, Realistischen und dem Eleganten! Dazu kommt, daß ich ständig für das Theater gearbeitet habe, wo soviel dem Zufall anheimgegeben ist und alles im literarischen Sinn unordentlich bleibt.

17. 11. 44
Hin und wieder vergesse ich jetzt ein deutsches Wort, ich, der sich nur hin und wieder eines englischen erinnert. Suche ich dann, kommen mir nicht die hochdeutschen, sondern die Dialektwörter in den Sinn, wie Dohdle für godfather.

27. 11. 44
Es ist gegen elf Uhr nachts. Ich sitze mit einem Whisky (wie nicht oft) und lese *Gides* »Journal 1940«. Es ist still und es ist angenehm, so abgeschlossen zu sitzen, aber dann kann ich es mir nicht versagen, das Radio anzudrehen, der Nachrichten wegen, wiewohl sie nichts Neues enthalten werden – ich habe um zehn Uhr und wieder um halb elf Uhr zugehört. In der Tat gibt es keine vernünftige Ruhe außer der von unserer Umgebung (in weitestem Sinn) gespendeten. Sich abschließen vor der Welt heißt, sich in das reißende Nichts legen. So schreibe ich jetzt, nach dem Radio hörend, und werde danach fortfahren, horchend den Gide zu lesen.

28. 11. 44
Man schenkte mir *Arthur Waleys* »Translations from the Chinese«. Da der amerikanische Verleger billige Chinoiserien zwischen den Gedichten druckte, hatte ich sie mit Papierflecken zu überkleben. Ich merkte belustigt, wie nach getaner Flickarbeit der Wert der Gedichte für mich gestiegen war; ich hatte ihn mir dadurch bewiesen, daß ich Arbeit investierte!
Erstaunlich, was für ein Esel dieser ausgezeichnete Sinologe Waley ist! Er kann es nicht fassen, daß für den *Po Chü-i* zwischen Didak-

tik und Amüsement kein Unterschied besteht. Kein Wunder, wenn Lernen uns, betrieben als schneller Einkauf von Kenntnissen zum Zweck des Wiederverkaufs, Mißvergnügen erregt. In glücklicheren Zeitaltern bedeutete Lernen ein genußvolles Aneignen der Künste (im Baconischen Sinn). Die Dichtung, in ihren didaktischen wie in ihren andern Werken, vollbringt es, unsern Lebensgenuß zu erhöhen. Sie schärft die Sinne und verwandelt selbst die Schmerzen in Genuß.

10. 12. 44
Arbeite mit Laughton nun systematisch an der Übersetzung und Bühnenversion des »Leben des Physikers Galilei«. – Merkwürdig, wie schwierig es ist, selbst die winzigsten Probleme (eines neuen Übergangs etwa) zu lösen, wenn sie sich einzeln vorstellen. Bei fortschreitendem Schreiben weicht man gerade dem Problematischen aus; darin besteht die Geschicklichkeit des Denkens, dieses Sich-Nicht-Verwickeln-Wollen bedeutet keinen Entschluß zur Kapitulation, im Gegenteil. Man taucht lediglich die Ruder nicht zu tief ein, noch zu flach ein, denn Weiterkommen ist alles. Rein »äußerlich«, wenn ich spüre, daß die Konzentration einen bestimmten Grad erreicht hat, greife ich zu meinem Kriminalroman, da ich meinem Denken nicht mehr traue.

12. 12. 44
Eislers, Kortner, Henreids, Thörens, Kaus. Es wird über die Stellung der emigrierten französischen Künstler zu de Gaulle und Vichy gesprochen. Von René Clair und Renoir wird gesagt, sie seien Antisemiten. Eisler: »Keine Antisemiten, sie können nur die Juden nicht leiden.« Diese unglücklichen Intellektuellen! Sind sie gefährlich? Sie sind es, wie Zigarren, die man in die Suppe schneidet.

18. 12. 44
Brief an Steff:
Das Frankfurter Soziologische Institut (das mich zu dem »Tuiroman« inspirierte) hat jetzt seine brüchig gewordene finanzielle Grundlage konsolidiert: die New Yorker Juden finanzieren ihnen ein umfassendes Projekt der Erforschung des Antisemitismus. Horkheimer und Adorno haben bereits Fragebogen ausgearbeitet, durch welche *der faschistische Typus* festgestellt werden soll, methodisch und auf streng wissenschaftlicher Grundlage. Es ist dies

der Typus, der potentiell ein Antisemit ist, und von nun an kann er schon im nichtvirulenten Stadium diagnostiziert (und eventuell behandelt) werden. Einzelne Fragen: »Glauben Sie, daß an den Weltkrieg sich Naturkatastrophen anschließen, Seuchen, Erdbeben usw.?« – »Halten Sie Syphilis für unheilbar?« Ich brachte die Rede auf die kleine Schrift über die Judenfrage von Karl Marx und erfuhr wieder einmal, daß die überholt ist (und überhaupt vom *jungen* Marx stammt). Marx soll auf die Goebbelssche Unterscheidung zwischen dem schaffenden und dem raffenden Kapital hereingefallen sein. Meine heimtückische Frage, ob die New Yorker seiner Meinung nach den Marxschen Standpunkt finanzieren würden, wenn Marx nicht unrecht gehabt hätte oder wenn das Institut nachweisen könnte, daß er doch recht gehabt hat, fiel in ein taubes Ohr. (Ich bin beinahe sicher, daß Adorno sie auch in seinen Fragebogen nicht aufnehmen würde.) Marx nahm den Juden, wie er historisch »vorlag«, geformt durch Verfolgungen und Widerstand, in seiner wirtschaftlichen Spezialisierung, seiner Angewiesenheit auf flüssiges Geld (der Notwendigkeit, sich frei- oder einzukaufen), seiner Kultivierung uralten Aberglaubens usw. usw. Und Marx riet ihm, sich zu emanzipieren (und machte ihm dies auch vor). Adornos Gesicht *kann* nicht lang werden, was ihm als einem Theoretiker gut zustatten kommt. So mußte ich ein wenig weitergehen. Ich schlug ihm vor, den Kapitalismus deswegen anzugreifen, weil er den Schacher *liquidiert* hat. Womit er all die Phantasie, all den Humor, all den amüsanten Kampf, kurz, den Geist aus dem Handel ausgemerzt hat. Ich schilderte Adorno die Verachtung, die der Chinese (dem Juden im Schacher weit überlegen) dem westlichen Händler zollt, der einfach den Preis zahlt und mit der Beute weggeht, ohne daß irgendein menschlicher Vorgang, ein Wettstreit der Gehirne, vorgegangen ist. Wenn die Anwesenheit des Verkäufers *so* überflüssig ist, warum dann nicht schon gleich einfach einbrechen? –
Im Haus finden gigantische Vorbereitungen der Weihnachtsfeier statt. Helli näht unzählige Jacken, Nachthemden usw. und backt unzählige Stollen. Barbara nimmt Anleihen auf, die sie für 50 Jahre versklaven. Wir hoffen alle *sehr*, daß Du dasein wirst und eine Nase voll von der Mischung des Tannendufts unten mit dem Chemikaliengestank oben kriegen kannst.

?. 12. 44

Arbeite systematisch mit Laughton an der Galileiversion. Er überträgt Satz für Satz, zunächst mit der Hand meine schwerfällige Übersetzung niederschreibend, dann die seine, vielmehr die seinen. Zugleich nehmen wir Änderungen vor. Die größte Schwierigkeit macht Galileis Rede über die Epoche in der 1. Szene, besonders der Satz »Da es so ist, bleibt es nicht so«. Das englische Assoziieren ist so sehr anders, ebenso das Argumentieren und der Humor. Die biblische Qualität von »Denn wo der Glaube 1000 Jahre gesessen hat, ebenda sitzt jetzt der Zweifel« versuchen wir durch einen Blankvers zu ersetzen »Blind placed faith deposed by healthy doubt!« – was zumindest eine scholastische Qualität gibt. Natürlich, das Blasphemische fällt doch aus.

Daneben fotografische Experimente mit Ruth, bestimmt, ein Archiv von Filmen meiner Arbeiten anzulegen. Unzählige Versuche, bei denen uns einmal sogar Reichenbach unterstützt. Amüsant, die Fehlerquellen in den Papieren, Filmen, Lichtanlagen, Linsen usw. zu entdecken. Erstes Resultat »Gedichte im Exil«. Dann arbeite ich dafür die »Studien« erneut durch.

Die »Gedichte im Exil« enthalten:

»Gedanken über die Dauer des Exils«	aus den »Svendborger Gedichten«
»Der Schneesturm«	aus der »Steffinischen Sammlung«
»Der Kirschdieb«	aus der »Steffinischen Sammlung«
»Der Totenvogel«	aus der »Steffinischen Sammlung«
»1939. Aus dem Reich kommen wenig Nachrichten«	aus »Svendborger Gedichte«
»Fragen eines lesenden Arbeiters«	aus »Svendborger Gedichte«
»Die Antwort«	aus der »Steffinischen Sammlung«
»Die Tür«	aus der »Steffinischen Sammlung«
»Hollywood«	(neu)
»Lektüre ohne Unschuld«	(neu)
»Bei der Nachricht von der Erkrankung eines mächtigen Staatsmanns«	(neu)

»Zeitunglesen beim Teekochen«	(neu)
»Die Maske des Bösen«	(neu)
»Deutsches Miserere«	(neu)
»Ich, der Überlebende«	(neu)
»Die Rückkehr«	(neu)

Im Grund sind die Gedichte in einer Art »Basic German« geschrieben. Das entspricht durchaus nicht einer Theorie, ich empfinde den Mangel in Ausdruck und Rhythmus, wenn ich solch eine Sammlung durchlese, aber beim Schreiben (und Korrigieren) widerstrebt mir jedes ungewöhnliche Wort. Gedichte wie »Die Landschaft des Exils« nehme ich nicht auf, das ist schon zu reich.

22. 12. 44
In der polnischen Frage haben die Reaktionäre einen populären Dauerstreitapfel gefunden. Ohne solch einen Apfel ist Politikmachen schwierig, da ja nicht alle Divergenzen populär sein können. Churchill, wenn Roosevelt ihn in Griechenland im Stich läßt, droht sogleich, seine polnischen Freunde im Stich zu lassen. – Die Linke ist verwirrt. Die Erhebung in Warschau, die Waffen hatte, wurde von den Russen zuerst ermutigt, dann, als der Reaktionär Bor sie dominierte, kalt behandelt (auch wenn man berücksichtigt, daß der Aufstand für die russische Strategie augenscheinlich zu früh kam, so daß die sehr wertvolle Volkshilfe vergeudet wurde, damit die Londoner Polenbesitzer einen claim hätten). Die Linken sagen jetzt, die Russen fürchteten in Polen die Schwierigkeiten der Engländer in Griechenland, und ob das Messer, mit dem der Fisch gegessen wird, in einer rechten oder linken Hand ist, macht keinen Unterschied.

19. 1. 45
Treffe bei Dieterles *Sidney Hillmann* vom PAC und der CIO. Er kommt von der Gewerkschaftskonferenz in London, ein Fuchs, der manchen abgebissenen Lauf in mancher Eisenfalle zurückgelassen hat. Die Stimmung in London sei gewesen, man müsse äußerst vorsichtig sein diesmal, da man 1918 von den deutschen Sozialdemokraten getäuscht worden sei. In Konrad Heidens Buch habe man ja gelesen, daß diese Leute dauernd mit dem Generalstab zusammenarbeiteten. Ich bestätigte das Fakt und warnte vor

Heiden. Die SPD, versuchte ich es, hatte genau so viel Macht, als die Alliierten und deutschen Imperialisten ihr ließen und verschafften. – Und warum ergriffen sie nicht mehr Macht? sagte er. – Es gab eine gewisse Furcht vor der Revolution, sagte ich. – Wir wollen keinen Krieg mehr, sagte er. – Dann müßtet ihr ein System abschaffen, das Kriege bedeutet, sagte ich. – Oh, sagte er, wir können zumindest Deutschland verhindern, so bald wieder einen Krieg zu machen. – Wenn ihr zumindest dort das System abschafft, sagte ich. – Man hat nichts von einem deutschen Resistancemouvement gehört, sagte er. – Nein, sagte ich, auch ich habe nicht gehört, daß ein deutsches Resistancemouvement liquidiert wurde. – Es ist immerfort unmöglich, Leuten über die deutschen Zustände Klarheit zu verschaffen, die nichts von zumindest zwei Sätzen der Dialektik gehört haben, von dem Satz über die einheitlich wirkenden Gegensätze und dem Satz vom Sprung aus der Quantität in die Qualität.

21. 1. 45
Steff, nach seinem Basic Training in Camp Roberts, kommt, Japanisch zu lernen, auf die Universität von Chicago. Wir sind sehr froh.

24. 1. 45
Steff, auf dreitägigem Urlaub, gibt eine Party. Ein Mädchen abholend, fährt er einen alten Mann an, der über die Straße geht. MP, Ambulanzwagen usw. Er erzählt nicht alles am Abend, bringt Eisler und Breiner zu seiner Party. Eisler sagt am andern Morgen, er war sehr vergnügt, aber dann kommt er, doch ziemlich angeknockt. Es ist möglich, daß ihm das Unglück die Chicagoer Zeit kostet.

11. 2. 45
Da *Laughton* für acht Wochen in einen Piratenfilm muß, schaue ich mich nach einer Arbeit um und beschließe, das Manifest zu versifizieren, in der Art des Lukrezischen Lehrgedichts, als Fleißarbeit. Ein wenig zu dem Entschluß trägt die neue Möglichkeit bei, kleine fotografische Ausgaben zu veranstalten, die nicht nur die Illusion von Büchlein geben, sondern auch kritische Korrespondenz verheißen. Das Manifest ist als Pamphlet selbst ein Kunstwerk; jedoch scheint es mir möglich, die propagandistische

Wirkung heute, hundert Jahre später, und mit neuer, bewaffneter Autorität versehen, durch ein Aufheben des pamphletischen Charakters, zu erneuern.

20. 2. 45
Ich verwende alle Morgen für das Gedicht. (Nachmittags helfe ich Ruth bei der Herstellung des Archivs.) Arbeite am Stehpult, auf das ich die Schreibmaschine gestellt habe, um herumgehen zu können, da die Schwierigkeiten groß sind. Überall herum habe ich fotografische Abzüge des Urtexts liegen.

25. 2. 45
Während der ganzen Zeit ist mir das hier so erzürnt kommentierte Ausbleiben von Aufständen gegen Hitler in Deutschland vollkommen verständlich. Zum ersten Mal sehe ich jetzt Möglichkeiten (aus der Ferne), wenn ich höre, daß im Reich eine Schere entstanden ist: Mangel an Arbeitskräften für die Kriegsindustrie und zugleich Arbeitslosigkeit, weil es an Rohstoffen fehlt, das Transportwesen niederbricht und die Fabriken gebombt sind. In Petersburg rebellierten 1917 die Arbeiter der Putilowwerke, als die Bourgeoisie sie aus den Munitionsfabriken aussperrte.

3. 3. 45
Feuchtwanger erzählt mir, daß die Hexameter schlecht sind. Das bedeutet viel Polierarbeit. Tatsächlich weiß ich zuwenig davon.

4. 3. 45
Party bei Eislers. *Chaplin* kopiert meisterhaft einen Chopinfilm mit Muni. Ein bestimmtes Spiel mit dem Taschentuch, das Muni praktizierte, hat Chaplin, sagt er, schon als Achtjähriger praktiziert: da stellte er im Vaudeville einen unglücklichen Greis dar – das Leichteste. Dann erzählt er von dem geplanten Blaubart-Film. Ein Mann in mittleren Jahren, etwas spießiger Familienvater, begeht die Frauenmorde, weil es eben schwierig ist für einen Mann in mittleren Jahren to make his living. Chaplin beabsichtigt, den *Charlie* der klassischen Filme aufzugeben. Es ist nicht nur die Frage, wie Charlie sprechen müßte, nun im Tonfilm. Charlie war sprachlos in jeder Weise. Der Typ des Lumpenproletariers ist dem *New Deal* zum Opfer gefallen. The New Deal took care of him.

5. 3. 45
Kortner, gestern ebenfalls Chaplin beobachtend, ist enttäuscht über die Muni-Kopie. Sie hat gezeigt, daß der Charakterspieler veraltet ist, just that. Kortner natürlich würde es, mit Recht, denke ich, so formulieren: Der Charakterspieler hier hat in veralteter Form überlebt.

10. 3. 45
Zwischen dem »Lehrgedicht« und den schrecklichen Zeitungsberichten aus Deutschland. Ruinen und kein Lebenszeichen von den Arbeitern.

20. 3. 45
Wir hören, daß die Kraft der Industrie, sich wiederherzustellen, groß ist. Aber das ist sie nur im Hinblick auf die Güter und nur so lange als die Grundmaschinerie nicht zerstört ist. Solange Hochöfen arbeiten, sind Traktorpflüge schneller zu verfertigen als Holzpflüge, was, wenn sie nicht mehr arbeiten? Was die Kultur angeht: sie verfällt unglaublich schnell (wie die künstliche, auf Wüstenboden gepflanzte Flora Kaliforniens, wenn nicht gewässert). Selbst große Nationen zeigen sich in mißlichen Umständen nicht mehr bereit, auch nur einem Dutzend großen Geistern das Gehalt eines Bezirksamtmanns auszusetzen. Natürlich war es nicht die militärische Niederlage, die im siebziger Krieg den Proudhonismus dem Marxismus unterwarf: Das fortgeschrittenere Volk hatte gesiegt und mitsiegte die fortgeschrittenere Theorie. Das französische Proletariat war weiter als das deutsche. Aber der ruhmreiche Kampf der Kommune ließ die französische Arbeiterklasse beinahe ruiniert zurück.

3. 4. 45
Mit *Dieterle* Filme für die deutschen Kriegsgefangenen in USA besprochen. Wir arbeiteten »Was bekam des Soldaten Weib« durch und kamen wieder auf das mögliche Mißverständnis zu sprechen. Es ist keine Anprangerung des Soldaten für Plünderung. Was er heimschickt, ist minimal, und es ist alles, was das Volk aus dem Krieg herausholen wird. Das Thema ist, daß der Raubkrieg nicht lohnt; alle die Feldzüge und Schreckenstaten bringen noch nicht so viel, das Weib zu kleiden, und sie nehmen ihr den Mann.

12. 4. 45
Roosevelt stirbt. Mit dem Tod des aufgeklärten Demokraten geht die Führung der Demokratien an Churchill über. Winges Freundin berichtet, daß viele der Arbeiterinnen in ihrem Betrieb weinten. *Gandhi* schickt Frau Roosevelt ein Telegramm: Kondolation zum Tod Ihres Manns. Gratulation, daß der Mann des Friedens den Mord des Friedens nicht mehr erleben muß.

3. 5. 45
Helfe *Laughton*, für eine Platte die Schöpfungsgeschichte einzustudieren. Er hat im Ohr den bekannten, internationalen Pfaffenton, und da seine Stimme wenig und schwerfällig seinem Gestus folgt, d.h. überhaupt wenig beweglich ist, verdirbt das alles. Ich rate ihm zu einigen Exerzitien, und wir gehen in ein Plattenstudio, wo wir folgendes aufnehmen: a) die Schöpfung, rezitiert von einem Franzosen wie Jean Renoir, b) von einem Yorkshire-Mann (Heimat Laughtons), c) von einem cockney (at the beginning Mr. Smith created the heaven and the earth), d) von einem Pflanzer, der Eingeborene glauben machen will, er habe die Welt geschaffen, e) von einem Butler (in the beginning his Lordship created...), f) von einem Soldaten »in the foxhole« (mit »so what« und »much good did it to us« zwischen den Schöpfungsakten). Nun kommt das Ganze als ein primitiver Fruchtbarkeits- und Phallus-Tanz.

8. 5. 45
Nazideutschland kapituliert bedingungslos. Früh sechs Uhr im Radio hält der Präsident eine Ansprache. Zuhörend betrachte ich den blühenden kalifornischen Garten.

12. 5. 45
Zwei Filme besprochen, die man für Deutschland machen könnte: »Dr. Ley« und die Geschichte einer Bauernfrau, die zwei Tage mit sich und ihrer Familie (darunter dem beurlaubten Sohn) kämpft, ob sie einem halbverhungerten Gefangenen einen halben Laib Brot zustecken soll. Sie tut es und bringt ihren Sohn, den Soldaten, gefesselt mit Ochsenstricken auf einem Leiterwagen zu den Alliierten (in Sicherheit).

14. 5. 45
Mit *Laughton* zurück am »Galilei«. Wir addieren einiges wirklich Gute, so in der Sonnenfleckenszene die Kontroverse mit Ludovico.

Mitte Mai 1945

Und als dann kam der Monat Mai
War ein tausendjähriges Reich vorbei.

Und herunter kamen die Hindenburggass
Jungens aus Missouri mit Bazookas und Kameras

Und fragten nach der Richtung und kleinerer Beute
Und einem Deutschen, der den zweiten Weltkrieg bereute.

In Straßengräben faulten Feldmarschälle.
Schlächter bat Schlächter, daß er das Urteil fälle.

Die Wicken blühten. Die Hähne schwiegen betroffen.
Die Türen waren geschlossen. Die Dächer standen offen.

Juni bis Mitte Juli
In New York. Für eine Aufführung von »Private Life of the Masterrace« für Unions. Eine 6000 $-Sache. Zuerst soll Piscator inszenieren; er hat mit Schülern und Emigranten besetzt (den »Spitzel« mit den Bassermanns) und will einen neuen Rahmen. Ich hole Viertel, und wir machen die Aufführung in ein paar Probentagen. Die Presse greift die Produktion an, schont das Stück. Zu einer Diskussion des Inhalts kommt es nirgends. Technik ist so teuer am Broadway, daß sie nur für Musicals geliefert werden kann.
Der Broadway spiegelt das geistige Leben der Staaten hinreichend wider, nervös, merkantilisiert, standardisiert. In einem idiotischen Stück sehe ich eine völlig moderne Schauspielerin, *Taylor*: sie spielt episch.
Verhandle mit zwei Verlagen über englische Gesamtausgabe der Dramen.
Wieland Herzfelde startet Auroraverlag (und druckt »Furcht und Elend«).
Dann beende ich mit *Bergner* (am Schluß in Vermont) die »Malfi« im rohen.

Lese das »Lehrgedicht« Schreiner, Walcher, Duncker vor. Eindruck überraschend.
Zurück am 18. Juli, nachdem ich Steff in Chicago traf. Er ist im Hospital, wegen dauerndem Kopfweh, und erwartet seine Entlassung vom Militär.

20. 7. 45
Eisler war mit nach New York gefahren, die Musik zur »Masterrace« zu schreiben und zu überwachen. In New York erwartete ihn ein Telegramm, daß er sofort zum Filmstudio zurück müsse. In Anbetracht, daß er Urlaub bekommen hatte, fuhr er in etwas unziemlicher Hast zurück; die Musik schrieb er wartend auf die Fahrkarte. Sie war Filmkitsch, und auf mein Drängen schrieb er sie noch einmal. Dann war sie glänzende Theatermusik. – Jetzt beschwert sich *Dessau*, daß Eisler, zurück in Hollywood, ihn anrief und bat, da seine Nerven herunter seien, ihm etwa zwölf Minuten Filmmusik für das Studio zu schreiben. Sie machten aus, Eisler würde seinen Scheck dafür mit Dessau teilen (1000 $). Dessau schrieb vier Minuten, Eisler hatte sich erholt und fand Dessaus Musik nicht verwertbar. Dessau verlangte natürlich dennoch sein Geld (zu Eislers Erstaunen). Zu bekommen hatte er 200 $ (üblicher Preis), er begnügte sich damit, 100 zu verlangen. Vier Wochen vergingen. Dessau war in miserablen Umständen, brauchte das Geld, Eisler wußte das. In meinem Arbeitszimmer sitzend, mit Dessau in der Küche, beschwerte sich Eisler, daß die Hollywoodmusik seine Ohren ruiniere.

25. 7. 45
Meinungen, die ich eher nicht teile:
- Daß die amerikanische Bourgeoisie das Heft für lange Zeit in der Hand haben wird, wie man aus dem Fehlen einer Umsturzpartei sehen kann.
- Daß der Faschismus nicht diskreditiert ist und man hier nicht weiß, daß die deutsche Bourgeoisie ihr Debakel ihm zu verdanken hat.
- Daß so etwas wie eine deutsche Literatur die Hitlerzeit überlebt hat.
- Daß die Russen aktiv in den japanischen Krieg eintreten.
- Daß Hemingway ein Gehirn hat.
- Daß Amerika keine Kunst hat, weil es jung ist.

2. 8. 45
Treffe *Schönberg* vor einem Drugstore. Er beklagt sich über seine Krankheiten und das Autorenrecht, nach dem sein Sohn womöglich schon im Alter von 28 Jahren keine Tantiemen mehr bekommen wird. Der alte Mann erzählt mir das schon das dritte Mal. Ich spreche die Vermutung aus, daß in 25 Jahren der Kapitalismus anders aussehen wird, wenn er noch aussieht. Er antwortet, andere Regierungsformen seien nicht so gut ausprobiert und er sei sogar für Monarchie, da es Republiken kaum je über ein paar hundert Jahre Bestand hinausgebracht haben. Dann verabschieden wir uns sehr höflich, und ich fahre das Bier heim.

3. 8. 45
Deutschland-Plan der Potsdamer Konferenz. Das wichtigste: daß die ökonomische (und damit politische) Einheit statuiert ist. Auch wenn es Mühe macht, muß man in dieser Zeit im Kopf behalten, daß Deutschland eben ein völlig zu Boden geworfener kapitalistischer Staat ist. Eine Arbeiterregierung könnten nur die Russen einsetzen, etwa wenn sie allein Hitlerdeutschland niedergerungen hätten, aber selbst dann könnte sich so etwas nur sehr schwer zu einem Sozialismus entwickeln. Einen kapitalistischen Staat aber zu schonen wegen seiner Arbeiterschaft ist höchst gefährlich – die Russen haben, zurückweichend, nicht ihre eigenen Fabriken, Wasserwerke, Eisenbahnen und Kolchosen stehen lassen, weil sie hofften, das alles zurückzuerobern. Was die Gebietsabtretungen anlangt, siehe »Kreidekreis«. Und die Moabiter Proleten sehe ich noch nicht ganz als Hirten. Freilich, wir, die mit Hitler nicht gesiegt hätten, sind mit ihm geschlagen.

10. 9. 45
Die Atombombe, mit der die atomarische Energie sich zeitgemäß vorstellt, berührt die »einfachen Leute« als lediglich furchtbar. Der Sieg in Japan scheint denen, die ungeduldig ihre Männer und Söhne zurückerwarten, vergällt. Dieser Superfurz übertönt alle Siegesglocken.
(Für einen Augenblick befürchtet *Laughton* ganz naiv, die Wissenschaft könne dadurch so diskreditiert werden, daß ihre Geburt – im »Galilei« – alle Sympathie verlöre. »The wrong kind of publicity, old man.«)

20. 9. 45
Wir arbeiten die meiste Zeit immer noch am »Galilei«, der bei Laughtons Hörern im Lazarett völlig ungewöhnliches Interesse findet. Die Atombombe hat tatsächlich die Beziehungen zwischen Gesellschaft und Wissenschaft zu einem Leben-und-Tod-Problem gemacht.
Dazwischen mache ich mit Lorre und Reyher eine »*Macbeth*«-*Kopie* für den Film. Das große Shakespearemotiv, die Fallibilität des Instinkts (Undeutlichkeit der inneren Stimme), kann nicht erneuert werden. Ich greife heraus die Wehrlosigkeit der kleinen Leute gegen den herrschenden Moralkodex, die Begrenzung ihres Betrags an krimineller Potenz.

25. 9. 45
Wir hören, daß in Berlin die »Dreigroschenoper« aufgeführt wurde, vor vollen Häusern; dann abgesetzt werden mußte, auf Betreiben der Russen. Die BBC (London) habe als Protestgrund die Ballade »Erst kommt das Fressen, dann kommt die Moral« angeführt. Ich selbst hätte das Stück nicht aufführen lassen. In Abwesenheit einer revolutionären Bewegung wird die »message« purer Anarchismus.

25. 9. 45
Der Laboursieg in England erfüllt mich mit sehr gemischten Gefühlen. Der Protest der Massen gegen die Herrschaft der Tories wird vermutlich zu einer verwirrten Toleranz einer Herrschaft der sozialdemokratischen Parteimaschine führen. Der »Westblock« wird pseudoprogressiv.

5. 10. 45
Feuchtwanger wird von der größten amerikanischen Nachrichtenagentur, der AP, gedrängt, für sie über den Nürnberger Prozeß zu schreiben. Nicht als Journalist, sie haben Dutzende Starreporter dort, nur 4000 Wörter in der Woche. Er sagt ab. »Ich kann so was nicht gut«, sagt er. »Dann machen Sie es, so gut Sie es können, nur Sie werden aufgefordert«, sage ich. »Sie überschätzen den Prozeß«, sagt er. »Zum erstenmal in der neueren Geschichte steht eine Regierung vor Gericht wegen ihrer Verbrechen«, sage ich. »Es ist doch nicht ernst gemeint«, sagt er. »Deswegen sollen Sie gehen«, sage ich. »Damit die Verbrechen dieser Regierung gegen ihr eige-

nes Volk auch erinnert werden.« »Sie sind so subjektiv«, sagt er, »versuchen Sie doch, meine Gründe zu verstehen.« »Sie sind durch Glück in eine Position gekommen, wo man Sie auffordert zu reden, die deutschen Antinazisten zu vertreten, Sie haben kein Recht, Ihren Roman weiterzuschreiben«, sage ich. »Reden Sie schlecht, stottern Sie, lassen Sie sich knebeln, aber erscheinen Sie auf dem Kampfplatz.« »Sie wissen, es ist nicht Feigheit«, sagt er. »Ich weiß Schlimmeres«, sage ich, »es ist Bequemlichkeit.« – Der 75jährige *Heinrich Mann*, den ich informiere, sagte ihm, er selbst würde morgen fahren. Aber, natürlich, niemand lädt ihn ein.

15. 10. 45
Fiat mundus, pereat justitia! Der De-Gaulle-Gerichtshof vermag den Verbrecher Laval nur vermittels eines Justizmords zu beseitigen. Diese durch und durch verräterische Klasse erwürgt öffentlich einen der Ihrigen, den Tiger, der der Klasse Sünde trägt. Laval, sich erinnernd, daß er die Spielregeln selber gemacht hat, verletzt sie alle. Er steht nicht »vor seinem Schöpfer«, er steht vor seinem Geschöpf. Am Ende schreit er: »Es lebe das Bankbuch!« bzw. »Vive la France!«

28. 10. 45
Einstein kommt heraus mit der Forderung, die Atombombe dürfe nicht andern Mächten ausgeliefert werden, besonders nicht Rußland. Er gebraucht ein Bild: Ein Mann, der mit einem andern Mann zur Verfolgung von Geschäften eine Partnerschaft einzugehen wünscht, darf ihm nicht gleich zu Beginn die Hälfte seines Kapitals aushändigen, da jener sonst ein Konkurrent werden könnte. Die »Weltregierung«, die Einstein verlangt, scheint nach dem Bilde der Standard Oil gedacht, mit Unternehmern und Unternommenen. – Das brillante Fachgehirn, eingesetzt in einen schlechten Violinspieler und ewigen Gymnasiasten mit einer Schwäche für Generalisierungen über Politik.
Den andern Wissenschaftlern, beteiligt an der Herstellung der Atombombe, schwant es (ihre Außenweltsnotierungen sind vage, um die Welt zu zerstören, ist es nicht nötig, sie zu verstehen), daß die Freiheit des Forschens beträchtlich eingeschränkt werden könnte, wenn die neue Kraft als Monopol der Militärs behandelt wird. Die Weltbeherrschung durch ihr Land beginnt damit, daß sie einen Polizisten neben sich sehen.

20. 11. 45
Ezra Pound wurde in Italien arrestiert und wird als Verräter hierhergebracht. Etwas von feudaler Würde hängt um diese *George*, *Kipling*, *d'Annunzio*, *Pound*. Immerhin historische Figuren, nicht gerade auf den Märkten zu finden, eher in den Tempeln – am Rande der Märkte.

10. 12. 45
Die Zusammenarbeit mit *Laughton* war die klassische in der Profession, Stückschreiber und Schauspieler. An gewissen Stellen sah er das Stück abfallen, und dann baute er sich auf wie ein nicht aus dem Weg zu schaufelnder Fleischberg, bis die Änderung gefunden und gemacht war. Diese hartnäckige Feinfühligkeit erwies sich als noch produktiver als die faktischen Vorschläge (die immer mit äußerster Vorsicht vorgebracht wurden), etwa die Ersetzung Doppones, des Schülers in der ersten Szene, durch Ludovico, oder der Hexenschatten in der letzten Szene. Er erzwang die Umstellungen in der ersten Szene, die Unterbrechung in der dritten, das Schwanken Galileis in der Szene mit dem kleinen Mönch, die Kontroverse Galilei – Ludovico in der Sonnenfleckszene, das positive Auftreten Mattis in der Szene am Hof, die große Umstellung in der letzten Galilei-Szene. Häufig führte die aus ästhetischen Gründen vorgenommene Änderung zu einer politischen Verschärfung, und Laughton war jedesmal sehr zufrieden hiemit. Oft stritt sich Laughtons Befürchtung, das Publikum zu verletzen (meist auf religiösem Gebiet), mit seinem Wunsch, falsche Vorstellungen des Publikums zu korrigieren – für gewöhnlich siegte der letztere Wunsch. Laughton hatte das Stück kennengelernt aus sehr unzulänglichen Übersetzungen, die wir weglegten. Nun übersetzte ich selbst Satz für Satz ins Englische (Laughton kennt kein einziges deutsches Wort), und er schrieb das wörtlich nieder. Dann machte er Vorschläge und spielte alles vor, bis es stimmte, d.h. bis der Gestus da war.
Laughton liest das Stück *Orson Welles* vor, der sofort die Regie zusagt. Seine Haltung ist angenehm, seine Bemerkungen sind intelligent. Zumindest wird er nicht das Publikum fürchten. Er versteht, wenn ich ihm sage: Das meiste von dem, was man »in New York nicht machen kann«, kann man auch »in Berlin nicht machen« (und sollte es).

17. 12. 45

Laughton in der Maschinerie seiner Agentur ist ein klärendes Schauspiel. Er las das Stück vor Soldaten, Millionären, Agenten, Kunstfreunden, unermüdlich. Bekam nicht ein einziges ablehnendes oder selbst kühles Urteil, wie es scheint. Jetzt kommt es zur Frage der Produktion, und der Agent sagt: nicht vor dem Herbst, das Risiko der sommerlichen Unterbrechung betonend. (Er möchte selbst bei der Finanzierung dabeisein, was Zeit kostet.) *Welles* stimmt mir zu, daß Frühjahr politisch besser ist (Interesse am Kampf der Wissenschaftler mit dem Staat, Atombombe usw.); da er aber dann nicht producer sein könnte (so schnell kann er nicht Geld beschaffen), drückt er das so aus: er könnte den Geldleuten gegenüber keine Verantwortung übernehmen, wenn es das Frühjahr wäre. *Czinner* hat das Theater und das Geld und ist bereit, das Frühjahrsrisiko zu übernehmen. Laughton »hates the sight of that man«, ist aber bereit, »if it is necessary« to swallow him. Die Sommerunterbrechung würde für ihn bedeuten, daß er nicht verdient durch diese Monate, wenigstens nicht im Film. Mich hätte er gern dabei, aber ich bin vielleicht nicht mehr hier, im Herbst, aber der Agent sagt…

5. 1. 46

Die englischen Faschisten, die Hitler öffentlich unterstützt haben (»Lord Haw-Haw« und der Sohn des Kolonialministers Amery), gehen in höchst würdiger Haltung zum Galgen. Sie sind der Überzeugung, daß die englische Bourgeoisie die »westliche Zivilisation« verraten hat. Tatsächlich hat Churchill nichts vorzuzeigen als einen Aufschub der Invasion um drei Jahre… Der Rekord der französischen Bourgeoisie ist ebenfalls jämmerlich; sie hat bewiesen, daß sie lieber unter der preußischen Elite als unter dem französischen Mob leben wollte, aber in der schäbigsten und schwächlichsten Weise… Im großen und ganzen mußte die europäische Bourgeoisie ihre einzige neue creation, eben den Faschismus, schnell wieder einziehen und damit die Hoffnungen auf einen Weiterbestand um einige 30 000 Jahre. Nürnberg: Die Konterrevolution frißt ihre eigenen Kinder. Die Russen tun, was die europäischen Bourgeoisien versäumt haben, sie bringen die Agrarreform. Und, das große Ereignis: sie sind nicht vernichtet. Und weniger vernichtbar denn je. So ist der Katzenjammer beträchtlich.

20. 2. 47

In einer Berliner Wochenzeitung, »Sonntag«, vom 5. 1. 47, schreibt *Becher* einen Leitartikel »Tod und Auferstehung«. Beginnend mit: »Als Luther am 31. Oktober 1517.« Dann: »Es wäre unausdenkbar, wenn diejenigen, die berufen sind, Träger dieser neuen Deutschlandwerdung, dieses Auferstehungswillens zu sein – es wäre unausdenkbar, wenn wir und unseresgleichen versagen würden.« Und: »Der Abschluß der ersten Hälfte des zwanzigsten Jahrhunderts muß Deutschlands Tragödie für immer beschließen.« Und: »Gedenken wir der kommenden Geschlechter, die beim Ausbruch des Jahres zweitausend, im Zeichen der Jahrhundertwende, unser Tun und Trachten messen ... werden.« Und: »Eine 30jährige Leidens- und Sterbenszeit, das Sterben deutscher Jugend im ersten Weltkrieg, das Millionenopfer im zweiten Weltkrieg werden nur dann einen Sinn erhalten, wenn wir diesem unsagbaren Leid, diesem namenlosen Sterben einen Sinn geben: in der Herausgestaltung dessen, was Volk und Reich nottut, in der Schöpfung eines neuen freiheitlichen Deutschlands. Dann mögen die Glocken Auferstehung läuten. Dann mögen wir singen: ›Nun danket alle Gott...‹«

Der Rattenfänger von Hameln muß aber zumindest pfeifen gekonnt haben.

24. 3. 47

Lese Shdanows »Irrtümer gewisser Sowjetliteraturzeitschriften«. Dergleichen wird von den Intellektuellen immer als Balsam für ihre Gewissensbisse angewendet, wenn sie sich für die Jobs entschieden haben. Unter der Diktatur des Proletariats verliert die Literatur ihre Abreagierungsfunktion; sie wirkt nicht mehr partisanenhaft wie bei dem anarchischen Ausbau der Produktivkräfte durch die Bourgeoisie. Bei der gewaltsamen Auflösung des Bildungsmonopols entsteht eine Art Vakuum; für eine gewisse Zeit steht die Literatur (soweit sie als Profession fortgeführt wird) dem Bildungshunger ungebildeter Massen gegenüber. Ihre am meisten fortgeschrittenen Methoden, gezeichnet vom Widerspruch der Produktivkräfte und der Produktionsweise der Bourgeoisära, sind einerseits korrumpiert durch Polizeizensur und Geschmackszensur des »freien« Marktes, bilden jedoch andrerseits eben das einzige Resultat der Entwicklung und können also nicht einfach aufgegeben werden. Die Sowjetunion hat, die bürgerliche Revolution sofort in die proletarische verwandelnd, die vorhandenen fortschrittlichen Schriftsteller zu einem Sprung gezwungen, der manchen das Genick oder zumindest die Beine gebrochen hat. In einem Kerenskirußland wäre ein Ehrenburg eine literarische Weltfigur geworden. Für eine große Anzahl von Schriftstellern war, was für Majakowski Freiheit war, harter Zwangszustand. Sie rächten sich an Majakowski.

24. 3. 47
Mache für Lorre den Filmentwurf »Der Mantel« (nach *Gogol*) fertig. Keine Aussichten dafür in Hollywood, denke an die Schweiz. »Die zwei Söhne« habe ich an Dudow in Berlin geschickt. – Stark beeindruckt durch zwei Filme, die ich in den letzten Wochen sah: »Sturm über Asien« und *Chaplins* »Monsieur Verdoux«; letzterer sollte »The Provider« heißen.

27. 3. 47
Sah *Malraux'* »Man's Hope«, den Spanienfilm, der ausgezeichnete dialektische Elemente enthält und übrigens auch ästhetisch großartig ist und als guter Beitrag zum Thema »Fortschritt der Hollywoodtechnik« betrachtet werden kann. Herrlich der Bauer, der, im Bomber fliegend, seine Felder unten nicht erkennt! – Sah *Eisensteins* »Sturm über Mexiko«, hier, ohne Eisenstein, aus einem ungeheuren Material zusammengestellt. Was für ein Auge dieser Mann hat!

29. 3. 47
Bekommen Exit- und Reenter-Permit, um in die Schweiz zu reisen.

3. 4. 47
Wir besuchten einen Schriftsteller, der die bekannte These wiederholte, daß der amerikanische Arbeiter den Marximus ablehnt, weil er durch das Wohlleben (verursacht durch den »kulturellen Imperialismus des Bürgertums«) bestochen ist – weshalb man sich an andere Schichten wenden müsse. »Wir haben ihn durch unsere Filme, Zeitungen, Radio-Opern usw. zu dem gemacht, was er ist.« Ich interessierte mich für das »wir« in dieser Tirade; er nannte es zunächst editorial, dann sagte er, er wolle seine Mitschuld damit rekordieren. Mein Eindruck war, es handelte sich um das be-

kannte Auftreten als »die Nation«. »Wissen Sie, daß unsere Arbeiter an der Börse spekulieren, auf die Pferderennen wetten, und wie hoch das Spirituosenbudget in diesem Land ist? Ich kannte einen Knopfmacher in New York, der 1917 Knöpfe aufkaufte und dann 1929 Selbstmord verübte, weil er eine Million an der Börse verloren hatte!« Im Augenblick will er den Antisemitismus der »Gentiles« mit Philosemitismus der Juden bekämpfen. Sie sollen ihre kulturelle Eigenart studieren und betonen usw. »Das deutsche Proletariat war das bestorganisierte Europas und marxistisch indoktriniert, und es fiel dem Antisemitismus zum Opfer und folgte Hitler.« Als wir von der Rolle der Uneinigkeit, außer in der Frage des Parlamentarismus, dem Defaitismus in der Frage der Arbeitslosigkeit usw. sprachen, »romantisierten« wir die deutschen Arbeiter.

15. 9. 47
Lese »Das deutsche Stanislawski-Buch« (Ottofritz Gaillard, Vallentin). Sie praktizieren das jetzt in einer Weimarer Schauspielschule. Man kann sich natürlich einen relativen Wert vorstellen; auch hier in den Staaten bedeutet der Stanislawskismus einen Protest gegen das merkantile Theater, eine Handvoll ernsthafter Schauspieler bauen einen Tempel, allerdings auf dem Marktplatz. Bemerkenswert ist, wie die Deutschen das System der progressiven russischen Bourgeoisie der Zarenzeit so ganz und gar unberührt konservieren konnten. Unter den Exerzitien (vorgestellten Situationen) habe ich bisher noch kein einziges Beispiel aus den Klassenkämpfen gefunden. (Braut schmückt sich vor Toilettenspiegel, da kommt ein Brief...) Der Realismus ist merkwürdig. Es wird ein elaborierter Kult mit »Realität« getrieben. Hauptsächlich handelt es sich um die Realität von subjektiven Empfindungen, die durch Übungen Loyolaischen Typs, bezweckend Autosuggestion, herausgearbeitet und gegen außenweltliche Einflüsse geschützt wird. Nirgends sind Beobachtungen anempfohlen, es sei denn Selbstbeobachtungen. Die Außenwelt spiegelt sich ausschließlich in einem Sensorium. Instinkte, psychische Zwangsreaktionen usw. werden nie in Frage gestellt. Es handelt sich immerfort um Schöpfungsakte, der Schauspieler schöpft aus sich selber. Alles sehr an Machismus erinnernd. Keine Dialektik. (Definition von »Dialektik«: Begriffsbezeichnung der durch den Philosophen *Hegel* zum System erhobenen Dialektik (der Kunst, durch Rede und Gegenrede die Wahrheit zu entdecken) steht unter »These«).

30. 10. 47
Vormittags in *Washington* vor dem Un-American Activities Committee. Nachdem zwei Hollywoodwriters (*Lester Cole* und *Ring Lardner jr.*) die Frage, ob sie der kommunistischen Partei angehörten, nur insofern beantwortet hatten, als sie sagten, die Frage sei unkonstitutionell, wurde ich zum Zeugenstand gerufen, gefolgt von den Anwälten der 19, Bob Kenny und Bartley C. Crum, denen irgendwie einzugreifen nicht erlaubt war. Etwa 80 Pressevertreter, zwei Radiostationen, Filmdreher, Fotografen, im Publikum Theaterleute vom Broadway als uns freundliche Beobachter. Im Einverständnis mit den 18 und den Anwälten beantworte ich, als Ausländer, die Frage, und zwar wahrheitsgemäß mit »nein«. Der Ankläger Stripling verliest viel aus der »Maßnahme« und läßt sich von mir die Fabel erzählen. Ich verweise auf das japanische Vorbild, gebe als Inhalt an die Hingabe an eine Idee und verneine die Ausdeutung, es handle sich um einen disziplinarischen Mord mit der Richtigstellung, es handelt sich um eine Selbstauslöschung. Ich gebe zu, daß die Grundlage meiner Stücke marxistisch ist, und stelle fest, daß Stücke, besonders historischen Inhalts, anderswie nicht intelligent geschrieben werden können. Das Verhör ist unverhältnismäßig höflich und endet ohne Anklage; es kommt mir zugute, daß ich mit *Hollywood* beinahe nichts zu tun hatte, in amerikanische Politik nie eingriff und meine Vorgänger auf dem Zeugenstand den Kongreßleuten die Antwort verwehrt hatten. – Die 18 sind sehr zufrieden mit meiner Aussage, auch die Anwälte. Ich verlasse Washington sofort, zusammen mit Losey und Hambleton, die hingekommen waren. – Abends höre ich mit Helli und Budzislawskis im Radio Teile meines Verhörs.

31. 10. 47
Treffe am Morgen *Laughton*, der schon im Galileibart geht und froh ist, daß er nicht speziellen Mut benötigt, den Galilei zu spielen, wie er sagt: keine headlines über mich. – Nachmittags fliege ich ab nach Paris.

1. 11. 47
Flug ruhig. Auf dem Flugplatz Le Bourget treffe ich Ella Winter und Donald Ogden Stewart. Wir ziehen in benachbarte Hotels. Ich beschließe, auf Anna Seghers zu warten, die Montag nacht erwartet wird.

Paris schäbig, verarmt, ein einziger schwarzer Markt. Eingeladen zu fabelhaftem Essen von den Stewarts. Treffe freundlichen »New Masses«-Redakteur Joe Forster, der mit Picasso sprechen will.

3. 11. 47
Montag. Abends in Barraults Theater »Der Prozeß« nach Kafka von André Gide. Brillante Aufführung, viele Tricks, statt Darstellung der Verwirrung nur verwirrte Darstellung; Versuch, die Furcht aufs Publikum zu übertragen. De Gaulle ante portas.

4. 11. 47
Anna Seghers, weißhaarig, aber das schöne Gesicht frisch. Berlin ein Hexensabbat, wo es auch noch an Besenstielen fehlt. Sie besucht ihre Kinder, die in Paris studieren, und will sich auch erholen. Um ihren mexikanischen Paß zu behalten, wohnt sie nicht im russischen Sektor, hat so auch nicht die Vergünstigungen, ohne die Arbeit unmöglich ist. Sie möchte ihre Bücher auch in den nichtrussischen Zonen gelesen haben. Sie scheint verängstigt durch die Intrigen, Verdächte, Bespitzelungen.
Ich ermutige sie, die 100 Novellen fertigzustellen, die sie mir vor zwölf Jahren versprach.

5. 11. 47
Mittwoch. Fahre morgens ab nach Zürich. Treffe abends *Cas.*

Aus den Briefen, 1942-1945

An Karl Korsch

Santa Monica, Calif.
1063 – 26th Street
Oktober 1942

Lieber K.K.,
ich habe Ihnen so lange nicht geschrieben, da ich tatsächlich meinen Kopf bis jetzt nicht über den Schüsselrand heben konnte. Hier ankommend hatten wir sehr wenig Geld übrig und ich konnte erst jetzt etwas verdienen, indem ich mit Fritz Lang eine Story entwarf (ich weiß nicht, wie sie am End auf der Leinwand aussehen wird, aber zumindest das Script ist keine Gemeinheit). Die geistige Isolierung hier ist ungeheuer, im Vergleich zu Hollywood war Svendborg ein Weltzentrum. Sie kennen sicher die Situationen, wo man den wichtigsten Besuch immer wieder aufschiebt, weil man erst die Hose geflickt kriegen muß.

Kurzer Überblick: Helli geht es, glaube ich, gut, sie arbeitet wieder einmal einen kleinen Garten um und hat eine kleine Aussicht auf eine Rolle. Steff studiert Chemie, fährt einen 1928 Ford und hat eine Sammlung elisabethanischer Dramatiker. Barbara ist auf der Junior High, was immer das bedeuten mag, und bekommt eine Büste.

Ein Vorteil ist, daß Eisler hier ist.

Ihre frühe Analyse der englischen Grundhaltung hat sich sehr bewährt, die Nichtinterventionspolitik ist ein Tuimeisterwerk erster Ordnung. Die nichtaristotelische Dramatik hätte alle Hände voll zu tun, wenn sie noch Hände hätte.

Ich würde so sehr gern Arbeiten von Ihnen lesen.

Langerhans' Buch habe ich mit großem Interesse gelesen, besonders nachdem Weil und das Institut es »einfach verrückt« nannten. Auch die Gedichte sind schön. Aber ich habe auch ihm nicht geschrieben, nicht einmal gedankt und fühle mich recht schlecht. Vielleicht legen Sie ein gutes Wort bei ihm ein. Und auch Hedda habe ich nicht geschrieben und nicht gedankt für die Übertragung des »Kinderkreuzzugs«, die mich tief gefreut hat.

Bitte, schreiben Sie mir doch zumindest, wie es Ihnen geht.

Herzlich Ihr alter
brecht

An Ruth Berlau

Newton/Amarillo, 17. November 1943
Mittwoch

Liebe,
ich fuhr Montag abend in Los Angeles ab um 7^{15} mit dem Scout. Nun, in Texas, ist die Verspätung schon fünf Stunden. Wahrscheinlich erreich ich in Chicago morgen, Donnerstag, den 2^{30}-Zug nicht mehr. Dann komme ich mit einem der nächsten Züge und fahre mit Taxi in die 57. Straße. Schlüssel habe ich. Ich freue mich sehr.

d
bertolt

An Karl Korsch

Santa Monica, 23./24. März 1944

Lieber K.K.,
kam gestern von New York zurück, wo ich mit großer Enttäuschung von Ihrer Abwanderung nach dem Süden gehört hatte, und fand Ihren Brief, auf den ich lieber schnell als ausführlich antworten will. Hauptfrage ist natürlich, wann Ihre Ferien sind und ob Sie da »hier vorbei schauen« könnten (und nicht etwa nur im Fluge)? Mit Florence Homolka will ich morgen sprechen. – Steff studiert Chemie an der UCLA hier, weiß aber nicht, wann er doch noch zum Militär geholt wird. Ihren Brief hat er sogleich geöffnet und annektiert, ich bekam ihn als Leihgabe. Seine Lesekurse gehen noch weiter, Ihre Anweisung ist also immer noch akut, wie es scheint. – Barbara geht zur High School und hat drei Gedichte geschrieben, humoristische, was den Schock milderte. – Ich hatte ein gutes halbes Jahr Geldschwierigkeiten (jetzt habe ich in der Hollywoodlotterie etwas gezogen, was für etwa zwei Jahre reichen sollte) und versuchte es mit Bearbeitungen im Auftrag (»Duchess of Malfi« von *Webster* für Bergner und eine Version des »Kreidekreises«, an der ich noch schreibe). Außerdem habe ich ein »Schweyk«-Stück geschrieben. – Das »Komitee für deutsche Demokratie«, hervorgerufen durch leisen Alarm über gewisse imperialistische Tendenzen, ohne Zusammenhang mit den Komitees in Mexiko, London, Moskau, hat als Chairman Paul Tillich, und in einem geschäftsführenden Ausschuß sind Vertreter der alten Arbeiterparteien (Schreiner vom »German American«, Walcher, Ha-

gen, Hertz, Grzesinski), dann Zentrumsleute (mit dem katholischen Theologieprofessor Bärwald) und Leute wie Budzislawski, Lips, Pollock, Heinrich Mann. Gegen Ost- oder Westorientierung eines demokratischen Deutschland, gegen Aufteilung, Deindustrialisierung, gegen Intervention bei eventueller Selbstbefreiung Deutschlands von Hitler und den Klassen hinter ihm, gegen Pangermanismus. Was herauskommen kann, einiges gegen die Ludwigs, Vansittarts, Ehrenburgs. Kurz, das Komitee ist ein ganz amüsanter Querschnitt. Mit der Entwicklung hier hat es zu tun, mit der in Deutschland nicht. – Die praktische Frage, die Sie stellen (Ihr nächstes Jahr betreffend), muß ich mit Steff durchreden, der diese Institutionen kennt. Das Monokel, das Ihnen hier eingesetzt wird, hat schon Karl Marx nicht geschadet, immerhin hatte er die Muße, Bücher zu schreiben.
Fragen sind natürlich gut, wenn man sie antwortend vergessen darf und wenn man sie schriftlich beantworten kann. Ich kann Ihnen nur versichern, daß mir wirklich jedes Wort fehlt, das Sie nicht aufschreiben (and that's a fact). Eine AMG, bestehend aus den Mädchen Ihres Kolleges, werden wir in Deutschland kaum erwarten können. –
Bitte entschuldigen Sie den flüchtigen Brief; bis zum ersten Juni sind nur noch zwei Monate und ich würde Sie so gern hier sehen im Sommer, was immer mit dem Winter wird (nicht daß ich Sie auch da nicht gern in der Nähe wüßte!)

Sehr herzlich Ihr alter
b.b.

An Peter Suhrkamp

Santa Monica, Oktober 1945

Lieber Suhrkamp,
Ihr Brief ist der erste, der mich aus Deutschland erreicht, und Sie waren einer der letzten, die ich in Deutschland sah – ging ich doch von Ihrer Wohnung an die Bahn am Tag nach dem Reichstagsbrand; ich habe Ihnen Ihre Hilfe bei meiner Flucht nicht vergessen.
Fünf Jahre hielten wir uns in Dänemark auf, ein Jahr in Schweden, ein Jahr in Finnland, wartend auf Visa, und wir sind jetzt an vier Jahre in den USA, in Kalifornien. Natürlich schrieb ich eine Menge und ich hoffe, wir können einiges davon zusammen durchnehmen.

(Nebenbei: sagen Sie, wo immer Sie das können, daß ich dringend bitte, keine größere Arbeit von mir, alt oder neu, aufzuführen, ohne daß ich dazu Stellung nehmen kann. Alles braucht Änderungen.)
Nichts erfahren kann ich über Caspar Neher, von dem ich nur hoffe, daß er sich aus dummer Politik gehalten hat, da ich sehr mit ihm rechne. Tatsächlich kann ich mir Theater ohne seine Bilder kaum vorstellen.
Ich bin sicher, daß Sie Jhering von mir grüßen können.
Und Legal, der schließlich der Aufführung von »Mann ist Mann« seine Verabschiedung vom Staatstheater zu verdanken hatte.
Was ist aus Hesse-Burri geworden? Und was aus Dr. Müllereisert?
Wahrscheinlich ist es ihnen unmöglich, zu korrespondieren?
Wir sind sehr besorgt um Ihr Wohlergehen und das der anderen Freunde und hoffen, Ihnen Pakete zukommen lassen zu können, sobald das erlaubt sein wird. Und auf Wiedersehen!

Ihr
brecht

Adresse: BB, 1063-26th Street, Santa Monica, California, USA.
(Vielleicht nimmt der amerikanische Referent für Theater Mitteilungen an mich entgegen? Mr. Edward Hogan, APO.)
Hier leben noch: Heinrich Mann, Feuchtwanger, Leonhard Frank, Kortner, Eisler. Döblin fährt nach Frankreich ab – er ist französischer Staatsbürger.

Aus den Schriften, 1944

Die amerikanische Umgangssprache

Ich will heute beginnen, einiges über meine Studien in amerikanischer Umgangssprache zu Papier zu bringen, da das Wetter ununterbrochen heiter ist, so daß ein Blick aus dem Fenster genügt, einen in unübersehbare Zustände tiefer Niedergeschlagenheit zu stürzen.
Ich muß gleich sagen: Ich habe nicht die geringste Hoffnung, die amerikanische Umgangssprache je zu erlernen. Es fehlt mir gewiß nicht die Neigung und schon gar nicht der äußere Antrieb. Es ist etwas anderes, das mir fehlt. Ich versuche schon seit einiger Zeit, mich in der Landessprache auszudrücken. Dabei habe ich festgestellt, daß ich bei Diskussionen nicht das sage, was ich sagen will, sondern das, was ich sagen kann. Und das sind, wie man sich denken kann, sehr verschiedene Dinge. Man könnte vermuten, dieser verwirrende Zustand sei ein vorübergehender, etwas mehr Studium könne Erleichterung schaffen. Das ist leider nicht zu erhoffen.
Mir mangeln nicht die Worte allein, noch die Kenntnis des Satzbaus allein. Mir fehlt vielmehr ein ganz bestimmter Habitus, den zu erlernen ich einfach keine Möglichkeit sehe. Mit einigem Fleiß könnte ich vielleicht im Laufe der Zeit den Gedanken, daß mir auf gewissen amerikanischen Bildern der Himmel und die Bäume wie Geschminkte vorkommen, wie auf die Produktion von möglichst viel sex appeal bedachte Wesen, in amerikanischen Sätzen ausdrücken. Aber die Haltung, in der ich so etwas sagen müßte, um nicht schon durch eben die Haltung Anstoß zu erregen, werde ich niemals lernen. Ich müßte lernen, ein »nice fellow« zu werden.

Angetrieben von meinen Freunden, wahrscheinlich zum Entzükken meiner Feinde, wenn ich solche hätte, setze ich meine Sprachstudien fort und versuche, die Bedeutung des Wortes »to sell« (verkaufen) zu verstehen. Wenn in einer Drogerie ein Mädchen jemandem ein belegtes Butterbrot verkauft, stellt sich das Wort gehorsam ein. (Man ißt hier hauptsächlich in Apotheken, wo man auch gleich die Vitamine in Pillenform verkauft bekommen kann, die dem Essen fehlen, sowie einige Laxative, die einem beim Verdauen

helfen.) Jedoch verkauft man hier jemandem auch eine Ansicht über Surrealismus, d.h. das Wort verkaufen bedeutet da, die Ansicht jemandem aufzureden. Es bedeutet eigentlich nur, in jemandem ein unwiderstehliches Bedürfnis nach etwas zu erzeugen, was man gerade wegzugeben hat. So könnte ein Mann gewisse Vorkommnisse seines Ehelebens in Form beschreiben, daß er sagt: ich habe meiner Frau am Samstag einen Koitus verkauft, d.h. ich habe sie dazu gebracht, dies und das als Koitus abzunehmen, danach ein Bedürfnis zu empfinden usw. So sagt man auch, der Präsident habe die Aufgabe, dem Volk den Krieg zu verkaufen. Er hat es davon zu überzeugen, daß Krieg für es gut ist, ein Bedürfnis.
Wie man hört, hat er damit Schwierigkeiten. Nicht, weil das Land, ohne Schaden zu nehmen, aus dem Krieg bleiben könnte. Das kann es sowenig, wie eine alte große Petroleumgesellschaft es sich leisten kann, den Anstrengungen

Die Studien in amerikanischer Umgangssprache machen mir Vergnügen. Dasselbe gilt von den Studien in chinesischen Sitten, die ich gleichzeitig begonnen habe. Die chinesischen Sitten studiere ich nicht bei den Chinesen selber, von denen es hier wie in New York genügend Exemplare gäbe, sondern aus einem kleinen Buch, von dem ich natürlich nicht weiß, ob es sehr verläßlich ist. Für meine mehr oder weniger frivolen Zwecke genügt es mir ebenso, daß es ein solches Buch gibt, als daß es solche Sitten gibt. Im Grunde suche ich ja nur irgendein Thema harmloser Art, das mir Gelegenheit gibt, Stellung zu nehmen. Das bin ich gewohnt, und wenn ich einige Vorsicht walten lasse...

Wo ich wohne

Wenn ich sage, wo ich wohne, sage ich immer: in Santa Monica, was stimmt. Aber jeder wiederholt: So, in Hollywood! Es sind tatsächlich verschiedene Städte, fünf Meilen entfernt voneinander, jedoch in irgendeiner Weise gehören wir zu Hollywood. So beeile ich mich zu sagen: Wir haben den Ort nicht gewählt, das Schiff von Wladiwostok setzte uns hier an Land, wir hatten kein Geld, hier waren einige andere Flüchtlinge, da blieben wir. Wir haben allerdings ein Haus hier, aber nur weil da die Abzahlungssummen billiger sind, als Miete woanders wäre. Das Haus hat nämlich nur

einundeinhalb Baderäume, und es ist viereckig, ein fünfzig Jahre altes Ranchhaus, aufgestockt. Ringsum die Villen sind in mexikanischem oder englischem Stil gebaut oder haben Türmchen und Kurven, die man nie gesehen hat. Unser Haus hat sieben Räume, darunter zwei große, es ist nicht übel, und der Garten ist sogar lieblich, ziemlich alt, mit Feigenbäumen, Zitronen, Orangen, Aprikosen, Pfefferbäumen und Gras, es gibt sogar Winkel zwischen Holzhütten, das sieht lange bewohnt aus.
Die Welt hungert und liegt in Trümmern; wie kann man sich beklagen, daß man hier sitzt? Ich sah keine Möglichkeit, bis mir der Gedanke kam, daß diese hübschen Villen hier aus dem gleichen Stoff gebaut sind wie die Ruinen drüben; als hätte ein und derselbe böse Wind, der die Gebäude drüben zusammenriß, allerhand Staub und Schmutz hier zu Villen zusammengewirbelt. Denn es ist eine Tatsache: Wir leben in einer würdelosen Stadt.
Es ist schwer zu beschreiben, ich habe oft angesetzt und es wieder aufgegeben. Natürlich muß es von den Menschen kommen.
Um mit den Nachbarn zu beginnen, kleinen Leuten. Sie sind freundlich und schnüffeln nicht. Sie sehen eine Frau das Haus und den Garten in Ordnung halten, einen Mann an der Schreibmaschine; so sagen sie der Polizei, die sich nach uns erkundigt, wir seien »hard working people«, man solle uns in Ruhe lassen. Sie bekommen Feigen von unserm Garten, bringen Kuchen. Und sie haben nicht das verkniffene neurotische Wesen der deutschen Kleinbürger, noch die Unterwürfigkeit und Überheblichkeit. Sie bewegen sich freier, mit mehr Anmut, und keifen nicht. Freilich ist etwas Leeres und Bedeutungsloses an ihnen wie an den Charakteren oberflächlicher und gefälliger Romanschreiber. In den Schulen wird nicht nur benotet, wie fleißig und belesen und intelligent ein Kind ist, sondern auch, wie populär es ist. Dagegen ist schwer etwas zu sagen: vielleicht habe ich nur etwas dagegen, weil ich selber nicht populär war, noch sein wollte. Wenn die Kinder lernen sollen, sich der Gesellschaft anzupassen, kommt es ja auch darauf an: welcher Gesellschaft. Die Zeitungen sind andrerseits voll von gewalttätigen Auseinandersetzungen in den unteren Schichten: Männer schießen ihre untreuen Frauen ab, Halbwüchsige axen betrunkene Väter, die die Mütter prügeln, usw. Das ist anders als in den besseren Kreisen, wo derlei seelische Konflikte sich zu finanziellen Konflikten verschärfen und es um Alimente geht. Jedoch handelt es sich oben wie unten um Probleme, die sozusagen

Gleichungen mit nur einer Unbekannten darstellen; der siebenzeilige Zeitungsreport scheint schon erschöpfend. Die Häuser um unseres herum haben nahezu alle, seit wir hier wohnen, die Besitzer mehrmals gewechselt. Die Leute wechseln unaufhörlich und anscheinend ohne viel nachzudenken ihre Arbeitsstellen und sogar ihre Berufe, und so ziehen sie in leichter erreichbare Bezirke oder Städte; einige ziehen, und das mehrmals, über den ganzen Kontinent. So lernen sie ihre Behausungen kaum kennen, haben weder Vaterhaus noch Heimat. Keine Freundschaften wachsen und keine Feindschaften. Was die Meinungen angeht, herrschen die Ideen der Herrschenden nahezu unumschränkt. Nichtübereinzustimmen wird gemeinhin als bloßes Nichtkennen des allgemein Gebilligten angesehen, als ein gefährliches Unvermögen, sich anzupassen. Die Anpassung ist ein eigenes Lehrfach; der Intelligentere bringt es darin weiter, der Widerstrebende ist ein Problem der Ärzte und Psychologen. Um den »Job« zu halten – er ist immer unsicher, es gibt keine »Lebensstellungen« mit Rechten und Pensionen, auch nicht in den Ämtern der Regierung –, muß man, jenseits der Qualifikation – auf die kommt es nicht so sehr an, alles ist eingerichtet für Auswechselbarkeit, also für das Minimum –, ein »regular guy« sein, d.h. normal. Das läßt wenig Möglichkeiten für Eigenart. »Die unbegrenzten Möglichkeiten« beginnen wie eine Legende zu klingen, aber die »unvermeidlichen Krisen«, das klingt wie ein wissenschaftlicher Satz. Und die Krisen berauben die Bevölkerung um alles. Bankkonto, Haus, Eisschrank und Auto muß in Essen umgesetzt werden, die Studien der Kinder werden abgebrochen, die Ehen geschieden. Außer den großen allgemeinen Krisen drohen die kleinen persönlichen. Die Krankheit eines einzigen Mitglieds kann die Familie aller ihrer Ersparnisse berauben und der meisten ihrer Zukunftspläne. Unter diesen Umständen haben die nie verschütteten, kaum je ventilierten, stinkenden Vorurteile breiter Schichten gegen die Neger, die Juden und die Mexikaner eine finstere Bedeutung. Der Einfluß der schlecht unterrichteten Bevölkerung – die Zeitungen und das Radio sind in der Hand einiger weniger Millionäre – auf die Geschichte des Landes ist schwach. Die politischen Maschinen beherrschen die Wahlen, und sie sind kontrolliert von den großen investierten Interessen. Die Korruption ist riesig. Zeitungen mit Dutzenden von Millionen Lesern deuten an, daß der höchste Beamte der Nation von einer Gangstergruppe »gemacht« worden sei. Viele haben das Gefühl,

daß die Demokratie von einer Art ist, daß sie von einer Stunde auf die andere verschwinden kann. Wenige wagen sich ein Bild zu machen davon, was die ungeheure Brutalität, die der ökonomische Kampf auf diesem Kontinent entwickelt hat, dann aus ihm machen würde.
Die große Unsicherheit und Abhängigkeit pervertiert die Intellektuellen und macht sie oberflächlich, ängstlich und zynisch. Dabei gehört es sozusagen zu ihrem Anstellungsvertrag, daß sie locker (easy going), zuversichtlich (cheerful) und zuverlässig (mentually balanced) erscheinen, was sie mit Pfeifenrauchen, Hände-in-die-Hosentaschen-Stecken usw. bewerkstelligen. In der alten Welt gibt es immer noch die große Fiktion für die Intellektuellen, daß sie arbeiten für mehr als Entlohnung. Die Beamten halten die Ordnung aufrecht, die Ärzte heilen, die Lehrer verbreiten Wissen, die Künstler erfreuen, die Techniker produzieren; sie werden »natürlich« entlohnt, aber das ist nur, weil sie leben müssen. Ihre Arbeit hat eine Wichtigkeit darüber hinaus. Riesige staatliche Institutionen geben sich zumindest den Anschein, unter keiner Kontrolle als der allgemeinen zu stehen: die Universitäten, Schulen, Kliniken, Administrationen. Hier aber sind die Universitäten offen kontrolliert von Geldleuten, auch die halbstaatlichen; die Kliniken ebenfalls, und die Beamten der Administration bekommen Wochenschecks und sind abhängig von den politischen Maschinen. So ist die Jugend eine Generation von jungen Göttern, die sich, über Nacht, verwandeln in Sklaven. Frauen des Mittelstands über dreißig, ohne Bankkonto, sind failures. Dieses Wort failure ist beinahe unübersetzbar in eine Kultursprache. Es bedeutet »Erfolgloser«, und es kann der Vater sein oder die Mutter oder der Lehrer oder der Nachbar oder ich. Der Zustand der »failures« ist ebenfalls kaum übersetzbar. Das Wort dafür heißt »frustration«, und es bedeutet Vereiteltheit, Enttäuschung, Durchkreuztheit, Geschlagenheit. Diese Altjungfernschaft gibt es in beiden Geschlechtern, und sie ist sozial, mit klinischen Merkmalen.
Kein Wunder, daß etwas Unedles, Infames, Würdeloses allem Verkehr von Mensch zu Mensch anhaftet und von da übergegangen ist auf alle Gegenstände, Wohnungen, Werkzeuge, ja auf die Landschaft selber. Ein Mann, in der Frühe im Garten einen Band Lukrez lesend, wäre ein abgeschmackter Anblick, eine Frau, ihr Kind nährend, etwas Fades. Die Wohntürme von Manhattan in der Dämmerung sind atemberaubend, aber sie können keine Brust schwel-

len. Die Schlachthöfe in Chicago, die Elektrizitätswerke in den Canyons, die Ölfelder Kaliforniens, alle haben dieses Zurückgehaltene, Frustrierte; alle wirken wie failures. Überall ist dieser Geruch der hoffnungslosen Roheit, der Gewalt ohne Befriedigung. In fünf Jahren sah ich einmal etwas Kunstähnliches: Entlang an der Küste von Santa Monica, vor den tausend Badenden, schwebte an dünnen Drahtseilen drachenhaft, gezogen von einem Motorboot, ein dünnes, köstliches Gebilde in zarten Farben, die Reklamezeichnung einer Hautölfirma.

Das Theater am Broadway

Das Theater dieses Kontinents wird gemacht am Broadway. Vier oder fünf Häuserblocks im untern Teil von New York, einem sehr alten Teil, wo keine Turmhäuser stehen, enthalten ein paar Dutzend Theater, baufällige, dürftig beleuchtete Baracken mit Plüsch und Stuck. Ganze Ränge sind von der Baupolizei gesperrt, und nach den Vorstellungen wird das feine Publikum von den Ratten abgelöst. Die Bühnen sind winzig, und der technische Apparat stammt aus den letzten Jahren des vorigen Jahrhunderts (Projektionen sind unmöglich). Wenn ein »producer« ein Stück zu haben glaubt, mietet er das Theater und bringt ein paar Scheinwerfer mit. Jedoch findet er eine Belegschaft vor, die wie das Samtgestühl und die Toiletten dazugehört, Beleuchter, Bühnenarbeiter und Musiker. Diese Belegschaft ist in einer mittelalterlichen Gilde organisiert, die wunderliche Regeln ausgearbeitet hat, nach denen der Vorhangzieher nichts tun darf, als den Vorhang auf- und zuzuziehen, und zwar nur einen einzigen. Will man mehr als eine Glühbirne zu den Proben, müssen alle Beleuchter für den Tag bezahlt werden, und benützt man eine Grammophonplatte, muß das Theater ebenso viele Musiker engagieren als auf der Platte spielen; sie sitzen während der Vorstellungen, vielleicht ein paar Jahre lang, im Keller und spielen Karten. Für jede Aufführung wird die gesamte Ausstattung neu eingekauft, jeder einzelne Küchenstuhl und jede Telefonattrappe; nach der letzten Vorstellung wird alles weggeworfen. Das Geld wird auf das Stück gesammelt, die Geldgeber heißen »Engel«. Manchmal sind es Hunderte; solche Anteile werden gekauft wie Lotterielose, und sie sind so gut wie die. Die Spekulation betrifft die Filmrechte, die Hunderttausende ein-

bringen können. Viele Stücke allerdings gehen nur eine Woche und haben Vermögen gekostet; Eintagselefanten.
Es ist nicht alles Gold, was stinkt, aber diese Häuser sind Goldgruben. Eine feine Historikernase kann noch einen fauligen Whisky-, Tabak-, Geschlechtsgeruch in ihnen entdecken; hier entfaltete sich die Burleske der Gründerzeit, das einzig originelle, hundertprozentig amerikanische Theater mit seiner Slapstick-Groteske, dem Animiersong und dem Striptease-Akt. Die Burleske ist heute herabgesunken zur »Musical Comedy«, einer glatten, mechanisch präzisen Unterhaltungsware, aber in den Slums kann man noch den Striptease-Akt sehen, und artistisch betrachtet ist er immer noch das Beste, was das amerikanische Theater hervorgebracht hat. Diese Entkleidungsakte haben Tradition und bestimmte Regeln wie der Sonettbau. Sie sind einfach und direkt; das Mädchen geht an der Rampe entlang und wirft ein Kleidungsstück nach dem andern ab, kokettierend mit dem Publikum. Die Koketterie ist eine kunstmäßige, sie besteht aus ganz bestimmten Blicken und ganz bestimmten Körperwendungen. Das Ganze ist rein physisch und ein erklärtes Spiel, mitgespielt vom Publikum, das im Takt »take 'em off!« schreit (runter mit ihnen).
Das bringt uns zum »ernsten Stück«, importiert aus Europa, wo der Entkleidungsakt seelischer Natur ist. Hier haben wir die Kolonialausgabe des sozialen Problemstücks, hier stinkt Gehirnschmalz. Statt der begabten Schwenkung eines hübschen Hinterns bekommt man den psychischen Trick vorgesetzt, in kurzen gerissenen »lines« (Repliken), alles unsagbar verlogen, selbst die Frische erzeugt im Gefrierschrank. Die Schauspieler benehmen sich »natürlich«, und es ist eine Natur wie die eines Bühnenwalds. Das Unglück des amerikanischen Theaters scheint zu sein, daß das ernste Stück nicht aus den Elementen der Burleske entwickelt wurde. In der kurzen Zeit der großen Depression, als sich in den Vorstellungen der von der Regierung finanzierten arbeitslosen Schauspieler, Regisseure und Bühnenbauer zum ersten Mal ein originales amerikanisches Theater vorstellte, bekam man gerade dies zu sehen: ernstes Theater, entwickelt aus den artistischen Elementen der Burleske (sehr verwandt dem deutschen epischen Theater). Ein erbitterter Kongreß zerschmetterte dieses Theater, unzufrieden mit seinen linken Tendenzen. Die kurze Zeit seines Bestands zeigte, daß eine große Masse von Begabungen vorhanden ist.

Aus dem Journal

Schweiz, 1947/48

16. 12. 47

Habe zwischen 30. 11. und 12. 12. eine »Antigone«-*Bearbeitung* fertiggestellt, da ich mit *Weigel* und *Cas* die »Courage« für Berlin vorstudieren möchte, dies in Chur, wo Curjel sitzt, tun kann, dafür aber eine zweite Rolle für die Weigel brauche. Auf Rat von *Cas* nehme ich die *Hölderlinische* Übertragung, die wenig oder nicht gespielt wird, da sie für zu dunkel gilt. Ich finde schwäbische Tonfälle und gymnasiale Lateinkonstruktionen und fühle mich daheim. Auch Hegelisches ist da herum. Vermutlich ist es die Rückkehr in den deutschen Sprachbereich, was mich in das Unternehmen treibt. Was das Dramaturgische angeht, eliminiert sich das »Schicksal« sozusagen von selbst, laufend. Von den Göttern bleibt der lokale Volksheilige, der Freudengott. Nach und nach, bei der fortschreitenden Bearbeitung der Szenen, taucht aus dem ideologischen Nebel die höchst realistische Volkslegende auf.

20. 12. 47

Ein schlechter Zuschauer im Theater: Wer zu viele und zu genaue Meinungen über das hat, was auf ihn wirkt. Wer zu wenige und vage über das hat, auf was er bejahend reagieren will. Wer sich von der Masse des Publikums nicht beeinflussen läßt, positiv oder negativ. Wer nicht sowohl am Stoff als an der Gestaltung interessiert ist.

Barbara hat als erste Theateraufführung von einiger Bedeutung die kalifornische des »Galileo« gesehen; so ist für sie dies die Norm. Sie kommt enttäuscht aus einem sehr guten Gorkistück zurück; das Spiel scheint ihr übertreibend, unreal, alles zu »clumsy«, langsam, salzlos. In der Tat scheint es die hauptsächliche Wirkung einer Produktion wie der meinen heute zu sein, soviel wie möglich vom Theater niederzureißen und zu ruinieren.

22. 12. 47

Die *New Yorker Presse* beschwert sich übellaunig über die Zumutung, über den »Galilei« nachzudenken, da sie ihr auch gar nicht entsprechen kann. Das Bürgertum ist überhaupt nicht mehr zu diesem allgemeinen, unspezialisierten Denken bereit, das Stücke verlangen, die sich mit ihm beschäftigen. Das Denken bringt es zu nichts; was sollen da diese Faseleien der Existentialisten schlechter gestellter Nationen über »Entscheidungen, die getroffen werden müssen« – was anderes könnte das sein als der Faschismus, der, es ist nicht zu leugnen, eine Pleite war. Kurz, das Denken ist zu schwer und gehört schon deshalb nicht zu den Vergnügungen.

23. 12. 47
Im »Galilei« ist die Moral natürlich in keiner Weise absolut. Wäre die gesellschaftliche bürgerliche Bewegung, die sich seiner bedient, als absteigend dargestellt, könnte er ruhig widerrufen und damit etwas recht Vernünftiges besorgen. (Siehe »Jasager« und »Neinsager«!)
In der »Antigone«-*Bearbeitung* wird der sittliche Verfall abgeleitet von einem Unternehmen, für das der Staat nicht stark genug ist. Es könnten etwa schlechte Bewaffnung oder eine Stockung der Verpflegung infolge eines zu kleinen Wagenparks oder strategische Fehler sein, was den unmittelbaren Anlaß für die Brutalisierung abgäbe; für den kriegerischen Ausweg wird allerdings noch Mißwirtschaft angegeben; aber das bedeutet ebenfalls Schwächung.

24. 12. 47
Nach allem, was man aus Deutschland hört, läßt man es an einer wirklichen Kritik des *Nationalsozialismus* fehlen, indem man ihn als »unter der Kritik stehend« behandelt. Man verläßt sich auf die vernichtende Wirkung des Mißerfolgs; je länger aber dieser Mißerfolg zurückliegt, desto mehr verselbständigt sich natürlich die mißliche Gegenwartslage, welche mehr und mehr neue Maßnahmen, Versuche, Erklärungen hervorbringt, die am Ende schon durch ihre Menge als für hinreichend angesehen werden können, die mißliche Lage zu verursachen. Die Maueranschläge, die ein Jahr nach Mussolinis Hinrichtung in Italien erschienen »Gebt uns den Stinker zurück!« waren für solche Stimmungen charakteristisch. Der Nationalsozialismus muß betrachtet werden als der Sozialismus der Kleinbürger, eine verkrüppelte, neurasthenische, pervertierte Volksbewegung, die für das von tiefer unten Geforderte einen der herrschenden Klasse nicht unliebsamen Ersatz lieferte oder zu liefern versprach. Die scheinsozialistischen Ansätze müssen also mit dem echten Artikel verglichen werden, nicht mit der »Demokratie«. Die Kritik gegen die Nationalisierung für den

Krieg etwa muß sich nicht gegen Nationalisierung richten, sondern gegen ihren Zweck, den Krieg, der sie pervertierte. Die Jugend war bis ins Proletariat hinein, wie es scheint, gefangen durch jene sozialistischen Züge, welche bei Unternehmungen wie dem Krieg allein durch das allgemeine Ziel, den Wegfall der ökonomischen »Freiheit« usw., mächtig in die Phantasie eingehen.

25. 12. 47
Am Weihnachtsabend ist *Cas* mit *Erika* da. Wir arbeiten an der »Antigone«. Zuerst haben wir am Radio herumgedreht, aber die einzige deutsche Station, die wir fanden, gab endlose Listen von Namen vermißter Soldaten durch, und der junge Neher ist in der USSR vermißt.

26. 12. 47
Lese *Lukács'* »Briefwechsel zwischen Schiller und Goethe«. Er analysiert, wie die deutschen Klassiker die Französische Revolution verarbeiten.
Noch einmal keine eigene habend, werden nun wir die russische zu »verarbeiten« haben, denke ich schaudernd.

1. 1. 48
Das deutsche Bürgertum »entnazen« heißt, es entbürgern. Es hat keinen Weg vor sich, immer nur den oder jenen Ausweg. Weder seine elementaren Daseinsbedingungen, noch die speziellen Umstände erlauben dieser Klasse, die barbarischen Mittel abzulegen, selbst wenn der Dachshund, der einmal Taubenblut geschmeckt hat, vermittels reichlicher Prügel zum Hundekuchen zurückkehren könnte. Nicht nur die Laster, auch die gesamten Tugenden der Klasse haben die Naziform bekommen; wo der Bürger nicht denkt und wo er denkt, wo er anständig ist und wo er unanständig ist, wo er Idealist ist und wo er Schieber ist, immer ist er Nazi. Wenn er aufhörte, ein Nazi zu sein, könnte er kein Bürger mehr sein; nur wenn er kein Bürger mehr ist, ist er kein Nazi mehr.

4. 1. 48
Bei der Konstruktion des Bühnenbilds stießen *Cas* und ich auf ein ideologisches Moment ersten Ranges. Sollten wir die barbarischen Götzenpfähle mit den Pferdekopfskeletten zwischen die Bänke der Schauspieler hinten stellen, damit den barbarischen Ort des alten

Gedichts angeben, den die Schauspieler dann verlassen, um zu spielen (die entgötzte Fassung)? Wir entschieden uns, das Spiel zwischen den Pfählen zu arrangieren, haben wir doch immer noch den vergötzten Staat der Klassenkämpfe!

4. 1. 48
Was mich besonders anekelt an dem »Deutschen Stanislawski-Buch«, ist der hausbacken moralische Ton, der sich nicht einmal als handwerksmoralisch auslegen läßt, weil die Kurpfuscher eben keine echte Handwerksmoral haben können. Dabei ist der Schauspieler nur an eine moralische Satzung gebunden: daß er, die menschliche Natur ausstellend, nicht lügt, etwa einer Moral wegen. Für die Lüge hat er, damit er etwas habe, das Phantastische. Beim Stanislawski ist er dem »Wort« alles mögliche schuldig, oder dem »Werk«; in Wirklichkeit ist er alles dem Publikum schuldig und, indem er die gleichen Interessen zu haben hat, sich selber. Das ästhetische Vergnügen darf sich auch vom Spaß nicht allzusehr emanzipieren; dieser nimmt in einer materialistisch gesinnten Gesellschaft eine genügend hohe Stellung ein. Und wenn der Schauspieler zu brav wird, wie soll er dann die dunklen Vorräte an Vitalität (noch nicht sozialisierter Lebenskraft) heben, die im Asozialen liegen?

5. 1. 48
In der »Antigone« wird nunmehr die Gewalt erklärt aus der Unzulänglichkeit. Der Krieg gegen Argos kommt von der Mißwirtschaft in Theben. Die Beraubten werden auf Raub verwiesen. Das Unternehmen übersteigt die Kräfte. Gewalttätigkeit, anstatt die Kräfte zusammenzuhalten, spaltet sie; das elementar Menschliche, zu sehr gedrückt, explodiert. Und wirft das Ganze auseinander und in die Vernichtung.

5. 1. 48
Lese eine englische Darstellung des *Nürnbergprozesses*. Wieder drängt es sich mir auf, wie sehr solch ein Haufen Wirklichkeit, einfach durch seinen Umfang, der vernunftsmäßigen oder moralischen Beurteilung trotzt. Der Irrsinn beschäftigt so viele Köpfe; so viel Moral ist vonnöten in den einzelnen Verrichtungen, die ins Unmoralische zusammengefaßt werden. Widerstand war aussichtslos (und groß für das). Dies war »dran«, am Zug. Eine be-

stimmte Masse war in Bewegung, und das macht allen Unterschied aus, was die Wucht angeht.

6. 1. 48
Die Zeitschriften von drüben durchstöbernd, mich umschauend unter den Intellektuellen hier, finde ich niemanden, der sich um die materialistische Dialektik kümmert, und sie ist absolut nötig. Die Gefahren sind zwar offenbar. Wieder erschwindelt sich diese Nation eine Revolution durch Angleichung. Die Dialektik, welche alles aufregt, um es zu beruhigen, die den Fluß der Dinge selber in ein starres Ding verwandelt, die Materie zu einer Idee »erhebt«, gibt so recht eigentlich den Zauber- und Tricksack ab für eine solche beschissene Zeit. Zugleich kann dieses Deutschland gar nicht mehr begriffen werden ohne Dialektik, denn seine Einheit muß es durch weitere Zerreißung erkämpfen, die Freiheit kriegt es diktiert usw. usw.

6. 1. 48
Es ist klar aus allem, daß Deutschland seine Krise noch gar nicht erfaßt hat. Der tägliche Jammer, der Mangel an allem, die kreisförmige Bewegung aller Prozesse, halten die Kritik beim Symptomatischen. Weitermachen ist die Parole. Es wird verschoben und es wird verdrängt. Alles fürchtet das Einreißen, ohne das das Aufbauen unmöglich ist.

7. 1. 48
Armin Kesser, der den Krieg über in der Schweiz war (früher in Berlin, unter Jhering am »Börsen-Courier«), wirft die Frage auf, wie tief die Mißverständlichkeit meiner Stücke in ihnen steckt. In der Tat wurde der »Galilei« als eine Ehrenrettung des Opportunismus aufgefaßt; das »Sezuan«-Stück als religiöse (in dem Sinn, daß der Atheist Gottes loyale Opposition ist) Verurteilung der Zweiseelenkonstruktion; die »Courage« als Loblied auf die unerschöpfliche Vitalität des Muttertiers. Ich antworte, daß der bürgerliche Darstellungsstil alles aus Altertum, asiatischem Bereich, Mittelalter und alles Antibürgerliche aus der neueren Zeit dem Bürgertum als das Seine verkaufen kann. Der Stückeschreiber kann sich nur dadurch retten, daß er die Substanz aufgibt oder (und) einen Leitartikel anhängt. Ich erwähne die Situation der Elisabethaner zwischen Feudalismus und Bürgertum. Vom feudalen

Standpunkt aus zeigen sich die neue Liebe (*Romeo*, *Antonius*), das neue Denken (*Hamlet*, *Timon*), die neue Verwandtschaftsbeziehung (*Lear*), der neue Freiheitsdrang (*Brutus*), der neue Ehrgeiz (*Macbeth*), die neue Selbstachtung (*Richard III.*) als tödlich. Vom bürgerlichen Standpunkt aus sind die Schranken feudaler Art tödlich und triumphiert die neue Verhaltungsart durch ihre Gleichgültigkeit gegen den Tod angesichts der Befriedigung, die sie gewährt.

1. 3. 48
Zur Frage der Ächtung derer, die mitgemacht haben: es war richtig, während des Kriegs den Krieg dem deutschen Volk als den Krieg Hitlers zu bezeichnen. Jetzt muß der Krieg als der Krieg der deutschen Bourgeoisie bezeichnet werden, von Hitler im Auftrag geführt. Die Grausamkeit der nazistischen Staats- und Kriegsführung, war genau das, was die Bourgeoisie brauchte, sie empfahl ihr Hitler. Typen wie *Glaeser* müssen wohl als Volksfeinde behandelt werden; er hatte marxistische Unterweisung bekommen, die Bourgeoisie betreffend; nicht, wie er behauptet, an der Niederlage Deutschlands teilzunehmen, sondern am Sieg teilzunehmen, ging er zurück. Der Krieg, in den er hineinging, begann nicht als Verbrechen am deutschen Volk, sondern an anderen Völkern.

15. 3. 48
Die New Yorker Presse scheint am »Galileo« genau das zu vermissen, was schon Laughtons katholischer Freund vermißt hat: die mitfühlbare Agonie des Wissenschaftlers, der dem Zwang ausgesetzt wird. Nun ist zwar das schlechte Gewissen des Galilei im Stück in der gehörigen Proportion gezeigt, das ist aber der Bourgeoisie nicht annähernd genug: zur Herrschaft gekommen, wünscht sie die höheren seelischen Regungen derer, die sie zwingt, gegen ihr Gewissen zu handeln, zur Verschönerung des Gesamtbilds ihrer Welt überlebensgroß ausgestellt zu sehen.

16. 3. 48
Das Bürgertum veranstaltet jetzt im Weltmaßstab ein Generalaufgebot der Intellektuellen für einen Kreuzzug der »westlichen Zivilisation«. Wissenschaftler, Techniker, Künstler und das riesige Konglomerat der Ingenieure der öffentlichen Meinung werden unter ein System gesetzt, das den ökonomischen Druck der Demo-

kratie mit dem politischen des Faschismus ergänzt. Den Intellektuellen verschleiert sich der Diktaturcharakter der bürgerlichen Demokratie auch dadurch, daß der Faschismus als ein absoluter Gegensatz zur Demokratie dargestellt wird, nicht als ihre natürliche andere Phase, in der die bürgerliche Diktatur nackter auftritt. Gerade der Verlust der individuellen Freiheiten im Kapitalismus macht die Intellektuellen oft zu rasenden Verteidigern der puren Fiktion der Freiheit. Die proletarische Diktatur beseitigt mit der kapitalistischen anarchischen Produktionsweise den darauf basierenden Begriff der bürgerlichen Freiheit. Das Proletariat befreit sich als die größte Produktionskraft. In einem ungeheuren Massenprozeß produziert die Masse sich frei.

2. 4. 48
Sah *Albers* als Liliom gastieren, ein großer, eleganter Kerl mit vulgärem Charme, nicht ohne Gewalttätigkeit. Wir sprechen davon, mit ihm ein Volksstück zu machen, Ulenspiegel etwa. Hintergrund: Bauernkrieg. Der große Provokateur der deutschen Erzlaster *Knechtseligkeit*, *Einzelgängerei*, *Spintisiererei*, *Ordnungsliebe*. Dem Albers ist ein großes Leichtmetalltheater angeboten, mit dem man in ganz Deutschland herumziehen könnte. Er ist durch den Film weithin bekannt, wohl der einzige Volksschauspieler. Er ist freilich nicht jung.

12. 4. 48
Das erste europäische Frühjahr seit acht Jahren. Die Farben der Pflanzenwelt, so viel frischer und so viel weniger krud als die der kalifornischen. Die Obstbäume an der Bahnstrecke hinein nach Zürich. Die Planung ist nicht durchmathematisiert wie die der Ziergärten oder Plantagen Kaliforniens. Und die Villen bedeuten zumindest ältere Sünden.

13. 4. 48
Friedrich Meinecke »Die deutsche Katastrophe«. Der liberale bürgerliche Standpunkt.
»Rein gedanklich und geistesgeschichtlich betrachtet, war aber die nationalsoziale Bewegung Naumanns ein wunderbarer Versuch, die geistigsten und zugleich die körperlichsten und realsten Elemente des deutschen Volkes in eine überaus inhaltsreiche Synthese zu bringen. Christentum und deutscher Idealismus, klassisches

Humanitätsideal und moderner sozialer Empirismus, Demokratie und Kaisertum, modernes Kunstbedürfnis, volkstümliche Wehrhaftigkeit und wirtschaftliche Expansion, alle diese Ideen sollten wie gute Feen an die Wiege eines neuen Deutschlands jetzt treten und ein Angebinde ihm bringen. Selbst von der gefürchteten Fee des Marxismus sollten gewisse Wahrheiten, die er vertrat, entgegengenommen werden.«
Darauf an kam es nun, daß die Wirtschaft und das Dynamit sich *maßvoll* ausdehnten.

13. 4. 48
Nun die Versuche, den Nationalsozialismus geistig zu isolieren, als gewisse Übertreibungen, Überspitzungen, aber was wurde übertrieben, überspitzt? Die Vergasungslager des IG-Farben-Trusts sind Monumente der bürgerlichen Kultur dieser Jahrzehnte. Der SS-Führer Heydrich (oder war es Kaltenbrunner) war ein »hervorragender Bachkenner«; Einstein spielt Quartett und ist Humanist, und irgendwo gibt es Atombombenfabriken, die Tag und Nacht arbeiten. Wir haben Wildwestgeschichten gelesen; unsere Urenkel sollten Wildostgeschichten lesen; Pioniere im Kampf mit gewissen Stämmen.

15. 4. 48
Schon bevor ich die Trümmer der Theaterhäuser sehe, bekomme ich die der Schauspielkunst zu sehen. Besuche eine »Wozzek«-Probe, in der der bekannteste der neueren Berliner Schauspieler, Walter Richter, von Steckel dressiert wird. Ein kräftiger, jedoch etwas weich wirkender Bursche mit starker Stimme. Was er macht, ist verkrampft und schmierenhaft; weder Beobachtung noch ein theatralischer Gedanke ist zu merken. Aber auch Steckel weiß nicht, wie ein solcher Mensch ein Messer kauft und bezahlt, ein Lied singt, eine philosophische Bemerkung von sich gibt usw. Diesen Leuten »schwebt eine Wirkung vor«, die sie dann »irgendwie« herstellen, das Stück als Material dazu vergewaltigend. Verkauft wird so direkt als möglich eine *Illusion* von Menschlichkeit, Schwung, Technik usw.

20. 4. 48
Lese *Kogon*, »Der SS-Staat«, und *Goebbels*, »Memoiren«. Im ganzen genommen taten die Nazis nicht mehr, sondern erheblich we-

niger, als das deutsche Bürgertum brauchte, um an der Macht zu bleiben (es genügte ja tatsächlich nicht). Und es war bereits die enormste Blutorgie, welche die Weltgeschichte bis jetzt erfahren hat, die größte Entfesselung der Destruktivkräfte, kollektiver und persönlicher, auf wissenschaftlicher und jeder anderen Basis. Hier können die reformistischen Sozialisten ein Exempel von evolutionärer Entwicklung einer Demokratie studieren: keine Revolution hat je solche Gewalttätigkeiten gezeitigt! Da sind die abscheulichen »Gedanken« wirklich zu Ende gedacht. Da haben wir die große Planung, wie die *Bourgeoisie* sie vorschlägt. Ohne die Drohnenarmee der SS, die Elite der Henker, ist die Produktion nicht mehr zu fesseln. Ohne die Ausrottung (nicht nur Besiegung) anderer Völker kann das eine Volk nicht mehr existieren. Und Herr Goebbels kommt bequem mit dem Wort- und Ideenschatz der bürgerlichen Feuilletonistik aus.

Als im ersten Weltkrieg das imperialistische Deutschland von England und Frankreich, zwei Staaten, die nicht imperialistisch, sondern Empires waren, niedergerungen war, hatte es immerhin dem zaristischen Rußland solche Schläge versetzt, daß feudale plus bürgerliche Klasse dort zusammenbrachen. Die westlichen Demokratien konnten mit ihren Interventionen nur noch Deutschland vor einem ähnlichen Schicksal retten, indem sie das russische Proletariat militärisch beschäftigten und so abhielten, dem deutschen zu Hilfe zu kommen. Der größere Teil Europas war vor dem Bolschewismus gerettet. Die Demokratie rettete die deutsche Bourgeoisie auch in Deutschland selber. Mit ihren ökonomischen Positionen intakt, stellten sie schnell ihre politischen wieder her. Sie hatte zunächst nur das demokratische Mitsprachsrecht, aber gesprochen wurde natürlich nicht über die Schwierigkeiten, die der Kapitalismus bereitete, sondern über die Schwierigkeiten des Kapitalismus, und sie waren durch den Krieg nicht beseitigt, im Gegenteil, durch die Niederlage vergrößert worden. Ein zweiter Krieg erschien sogar unvermeidlicher als der erste. Die Arbeiterschaft war in der Frage »Beibehaltung oder Beseitigung des Kapitalismus« gespalten, jedoch ziemlich einig in ihrer Gegnerschaft gegen den Krieg. Was die Argumentation gegen den Krieg angeht, stand sie bei der SPD ökonomisch auf schwachen Füßen (Arbeitslosigkeit in Weltkrise, die auf der kapitalistischen Basis ohne Krieg kaum zu beheben war), sie mußte aber doch gewaltsam zum Schweigen gebracht werden, und so verwandelte sich die Demo-

kratie – unter Ausnutzung ihres formalistischen Charakters nahezu legal – in die nationalsozialistische Volksgemeinschaft. Der zweite Weltkrieg begann im Zeichen der Zurückziehung des Müncheneinverständnisses (Überlassung des osteuropäischen Raums an die deutsche Bourgeoisie) durch die westlichen Demokratien. Die deutsche Bourgeoisie führte zunächst den Krieg gegen den Westen, um den gegen den Osten führen zu können, jedoch brauchte sie dann, um den im Westen führen zu können, doch den im Osten sofort. Als er begann, fielen die westlichen Bourgeoisien (unter Churchill in England, Laval in Frankreich) auf den Münchenplan zurück und verzögerten die zweite Front. Sie eröffneten sie, als die Siege der USSR die Gefahr heraufbeschworen, daß Deutschland von den Russen besetzt werden könnte. Der Einmarsch der westlichen Armeen rettete die deutsche Bourgeoisie zumindest des westlichen Deutschland. Ihr Anspruch auf demokratisches Mitspracherecht wurde sofort anerkannt.
Die Verzögerung der zweiten Front erlaubte ihr, Westrußland gründlich zu zerstören und das deutsche Proletariat tiefer zur Ader zu lassen als Thiers 1871 das Pariser. Ökonomisch gibt ihr die Schwerindustrie eine Schlüsselstellung in Europa, politisch ist sie ein wertvoller Verbündeter. Ihre speziellen Schwierigkeiten sind auch durch den zweiten Krieg nicht beseitigt, durch die zweite Niederlage vielmehr vergrößert.

10. 6. 48
»Puntila und sein Knecht Matti« im Schauspielhaus inszeniert, assistiert von Hirschfeld. Anfangs Befürchtungen wegen Steckels Vitalität; er stürzt los mit der Wucht eines Tanks und der Empfindlichkeit einer Mimose. Unter Benutzung alter Kredite und vermittels eines rapid entworfenen Grundarrangements, das die Schauspieler entfesselt, wurde die Diskussionszeit auf etwa fünf Minuten in vier Wochen reduziert. Das ist wichtig, da sich die gewissen Neuerungen (der ersten Phase: Natürlichkeit, soziale Charakterisation, epische »Kisten«, klare Erzählung der Geschichte usw.) nur praktisch, durch Ausprobieren, erzielen lassen. Schwieriger als mit den Schauspielern steht es mit dem veralteten Beleuchtungsapparat, mit dem die Bühne nicht gleichmäßig stark beleuchtet werden kann, so daß man mit Scheinwerfern die Gesichter herausleuchten muß; die während der Aufführung von Ruth gemachten Fotos zeigen, wie das Scheinwerferlicht die Gesichter dann förm-

lich ausblendet, was das Zuschauen anstrengend macht. Der Bühnenmaler Teo Otto ist ein begabter Neherschüler. Wiederaufgenommen habe ich Nehers »Trommeln-in-der-Nacht«-Mond der Münchener Aufführung; vor die als Hintergrund benutzte große Wand aus Birkenrinde wurden, wie Firmenschilder gemacht, Embleme von Sonne, Mond und kleinen verschiedenen Wölkchen gehängt (gemacht aus Messing oder lackiertem Holz), und die Wand wurde für die Tage stark, für die Nächte schwach beleuchtet (natürlich niemals mit gefärbtem Licht). Das ist eine Lösung für Landschaft.

11. 6. 48
Frisch führt mich durch städtische Siedlungen mit Drei- oder Vierzimmerwohnungen in riesigen Häuserblöcken. Häuserfronten zur Sonne gewendet, zwischen den Häusern ein bißchen Grün, im Innern »Komfort« (Badewanne, elektrische Kochöfen), aber alles winzig, es sind Gefängniszellen, Räumchen zur Wiederherstellung der Ware Arbeitskraft, verbesserte Slums. Frisch zeigt uns dann die Baustätte eines großen städtischen Schwimmparks, das er für die Stadt baut. Man sieht noch mit Vergnügen den Plan, den der Bau dann austilgt. Diese Riesenbassins für Tausende machen übrigens das »Hauspostillen«-Gedicht »Vom Schwimmen in Flüssen und Teichen« schon zur historischen Reminiszenz.

12. 6. 48
Die Fülle der wildwachsenden Blumen auf dem alten zivilisierten Kontinent erstaunt uns.

19. 8. 48
Die Wirkung der bürgerlichen Propaganda hier ist überwältigend. Viele wissen, daß sie lügenhaft ist, aber schließlich sind Lügen nur verdrehte Wahrheiten, und, da man die Wahrheiten braucht und sie nirgends bekommen kann, dreht man an Lügen herum, aber wieviel muß man drehen? Selbst jene, welche die USSR als sozialistischen Staat ansehen und für Sozialismus sind, scheinen ihre führenden Männer mit einem jener Gangs von Verbrechern zu vergleichen, deren sich gewisse amerikanische Gewerkschaften im Kampf gegen die Unternehmer bedienen – nicht ohne selber von ihnen geschröpft und tyrannisiert zu werden. Ein Journalist sagte mir: »Sie können nicht anders, als ihre privaten Fehden als Staats-

angelegenheiten und ihre politischen Fehden als Privatangelegenheiten auszufechten. Die Macht ist da und weiß nicht wie verschwinden; läßt einer sie fallen, hebt ein andrer sie auf.« Das Bürgertum schäumt über die Lage der Erniedrigten und Beleidigten – in der Sowjetunion. Es ist absolut verboten, zu schreiben, dort herrsche Freiheit. Usw. Ein Appell zu Objektivität zieht einem den Verdacht zu, man sei ein Stalinagent. Die Vorschläge der Russen, Deutschland zu entimperialisieren und dann die Besatzungstruppen abzuziehen, sind hier nicht populär. Wo, fragt man, ist dann garantiert, daß man Geschäfte machen kann?

3. 9. 48
Der Nürnberger Ärzteprozeß zeigt, wie ein Staat abgetötet wird, indem ihm sein Widerspruch genommen wird. Dabei führt der bürgerliche Staat nur die Selbstentäußerung der Arbeit bei der Medizin durch.

17. 10. 48 (Sonntag)
Abfahrt nach Berlin. Am Bahnhof Hirschfeld, Barbara, Lerski, die jungen Mertens, die uns ihre Sommerwohnung ein Jahr lang zur Verfügung gestellt haben, dazu in der Arbeit halfen. – Abends Salzburg. Erika Neher (Cas ist in Wien), von Einem, der Komponist.

18. 10. 48
Salzburg. Gespräch mit von Einem über die russische Antiformalismuskampagne, die von den meisten Musikern anscheinend einfach als Zwang abgelehnt wird, nicht als Zwang zu Ungewünschtem oder Unwünschbarem.
Hier »gibt es alles«, d.h. schwarz. Man bezahlt mehr und braucht keine Lebensmittelkarten. Strenge Demokratie für die Mittellosen, d.h. Arbeitenden, jeder bekommt gleich wenig. Stadt wirkt ausgepowert, erschöpft.

19. 10. 48
Ankunft in Prag.
Keine Müdigkeit hier, aber jener Zustand, der nach Verarmung aussieht, üblich nach den Umwälzungen. Die Gesellschaft wird zum erstenmal gezwungen, ihre Produktive für alle auf den Tisch zu legen, und es stellt sich heraus, es ist zu wenig. Sie sieht sich er-

tappt auf der Produktion von Mangel und beginnt sich nicht mehr zu waschen, alles wird schäbig. Kein schwarzer Markt hier, jedenfalls nicht der Rede wert, einmal, als Lebensmittelkarten im großen gestohlen wurden, gab es Todesurteile. Die Justiz ist undemokratisch: werden Vermögende erwischt, werden sie härter bestraft als die Armen. Preise niedrig gehalten. Anscheinend ausreichend Kartoffeln und Brot, trotz schlechter Ernte letztes Jahr. Wenig Fette, Milch nur für Kinder. Gesamtkonsum größer als in der Benesrepublik. Grundbesitzer enteignet bis zu 50 ha. Abends in Burians D 48.

20. 10. 48
Von 37 000 Juden kamen nach der Hitlerbesetzung 800 zurück. Wir besuchen den Judenfriedhof. Er wurde 1903 verkleinert, man schaffte Platz für ein Polytechnikum, die Steine wurden verlegt, in einen unordentlichen Haufen. Aber auch im alten Teil sind die Steine ungeheuer und unanständig gedrängt – auch für die Synagoge, die älteste Europas, wurden nur 9 m Breite, 15 m Länge erlaubt. Die Steine sind der Form nach häßlich, jedoch bedeckt mit Schriftzeichen, und viele reden von Verfolgungen. Die Gelehrten haben Trauben als Insignien.

Aus dem Journal

Berlin, 1948/49

22. 10. 48 (Freitag)
Fahren früh von Prag ab, sind mittags an der Grenze. Schrecker holt uns ab mit Auto. Er läßt den Wagen, der mit unsern Koffern vorausfährt, auf dem Weg überholen: »Habt ihr was dabei, ich hab Hunger.« Brot mit Wurst kauend, spricht er weiter darüber, daß man die Macht hat, jedoch große Schwierigkeiten. Ein Essen mit Reden in einem Vorort. Die Anwesenden – Renn, Theaterleute, Parteileute – sehr nett und sehr hungrig. Fotografiererei wie in USA und Rundfunk. Der Parteivorsitzende erwähnt, daß es jetzt heiße: Erst kommt die Moral, dann das Fressen. Ein Auto bringt uns weiter nach Berlin. Der Fahrer, in dünner Jacke mit Geschoßsplittern in der Lunge, erzählt von dem harten Leben, der Junge hat keine Schuhe, sie essen morgens zwei Scheiben Brot, trinken Kaffee-Ersatz, mittags gibt es Kartoffeln und abends auch, die Russen haben Sojabohnenöl importiert, das macht was aus. Herbstliche Wälder, hier und da gesprengte Brücken, verrostete Panzerwägen im Graben. An der Zonengrenze fehlen Wagenpapiere, ich gehe in die deutsche Polizeistation, telefoniere mit dem Deutschen Theater in Berlin. Ein paar Wägen holen uns ab, Abusch vom Kulturbund. Im Klub des Kulturbunds ist Becher, Jhering, Dudow. Die Presse war am Bahnhof gewesen, die sind wir zunächst los. Wir wohnen im Adlon.

23. 10. 48
Gestern abend sahen wir nur beir Einfahrt im Dunkeln die Ruinen der Friedrichstraße, undeutlich. Früh sechs Uhr dreißig gehe ich die zerstörte Wilhelmstraße hinunter zur Reichskanzlei. Sozusagen meine Zigarre dort zu rauchen. Ein paar Arbeiter und Trümmerweiber. Die Trümmer machen mir weniger Eindruck als der Gedanke daran, was die Leute bei der Zertrümmerung der Stadt mitgemacht haben müssen. Ein Arbeiter zeigt mir die Richtung. »Wie lang wird das gehen, bis das wieder nach was aussieht?« – »Da werden noch ein paar graue Haare vergehen bis dahin. Wenn wir Geldleute hätten, ging's schneller, aber wir haben doch gar keine Geldleute mehr. Na, guten Morgen.« Mir schienen die Ruinen zumindest auf die frühere Anwesenheit von Geldleuten hinzu-

weisen. – Vormittags Kuckhahn, der Verleger Weiß und andere. Abends Premiere von Hays »Haben« im Deutschen Theater. Miserable Aufführung, hysterisch verkrampft, völlig unrealistisch. Richtig: Nachmittags Empfang für uns im Haus des Kulturbunds. Jhering und Langhoff sprechen. Ich habe mit Becher ausgemacht, daß ich nichts sagen muß. Kluge kleine Rede von Dymschitz, dem Sowjet-Kulturoffizier.

24. 10. 48 (Sonntag)
Friedenskundgebung des Kulturbunds. Zweig ist da und spricht.

(24. 10. Fortsetzung)
Ich selber spreche nicht, entschlossen, mich zu orientieren und nicht aufzutreten. Nachmittags bei Jakob Walcher, der über die schwierige Lage spricht, nüchtern und positiv wie gewöhnlich. Abends bei Otto, der mitgenommen aussieht von den apokalyptischen Jahren.

25. 10. 48
Immer noch, nach den drei Jahren, zittert unter den Arbeitern, höre ich allgemein, die Panik, verursacht durch die Plünderungen und Vergewaltigungen, nach, die der Eroberung von Berlin folgten. In den Arbeitervierteln hatte man die Befreier mit verzweifelter Freude erwartet, die Arme waren ausgestreckt, aber die Begegnung wurde zum Überfall, der die Siebzigjährigen und die Zwölfjährigen nicht schonte und in voller Öffentlichkeit vor sich ging. Es wird berichtet, daß die russischen Soldaten noch während der Kämpfe von Haus zu Haus, blutend, erschöpft, erbittert, ihr Feuer einstellten, damit Frauen Wasser holen konnten, die Hungrigen aus den Kellern in die Bäckereien geleiteten, die unter Trümmern Begrabenen ausgraben halfen, aber nach dem Kampf durchzogen betrunkene Horden die Wohnungen, holten die Frauen, schossen die Widerstand leistenden Männer und Frauen nieder, vergewaltigten vor den Augen von Kindern, standen in Schlangen an vor Häusern usw. Kuckhahn sah eine Siebzigjährige, erschossen nach der Vergewaltigung, und er sah, wie ein Kommissar zwei Soldaten niederschoß, die geplündert hatten und ihn angriffen, als er sie zur Rede stellte. Nach all den materiellen Verwüstungen, welche die Naziheere in ihrem Land anrichteten, werden die russischen Kom-

munisten jetzt auch noch den psychischen Verwüstungen begegnen müssen, die der Hitlerraubkrieg unter den eben erst in den Zivilisationsprozeß geworfenen, vom Zarismus entmenschten »Muschiks« angerichtet hat.
Dymschitz erinnert, daß eine besondere Tragik darin liegt: es war für die Sowjets schwierig, ihre Heere zur Offensive zu bringen. Die sozialistischen Losungen und der Aufbau der neuen Wirtschaft ohne Konkurrenzkampf hatten die Massen friedlich gemacht. Nun mußte überstürzt das Töten gelehrt werden; die alten Instinkte waren aufzurufen, ganz besonders in den zurückgebliebenen Sowjetvölkern – die exzedierenden Regimenter waren meist Bauernregimenter von jenseits des Urals.

26. 10. 48
Frisch erzählte, als er von der Friedenstagung in Breslau zurückkehrte, wo auch über Formalismus gesprochen wurde, daß *Picasso* geäußert habe, auch er sei gegen Formalismus, freilich den der andern.
Er soll jetzt übrigens Töpfe machen. Und es schiene mir ein guter Plan, mit den bildenden Künstlern eine Akademie zu machen, so daß sie dafür bezahlt werden, schöne Gebrauchsgegenstände zu entwerfen, Bestecke, Spielkarten, Schachfiguren und -bretter, Stühle, Gefäße, Satzspiegel für Bücher, Kaffeemaschinen, Tabakbeutel, Lampen usw. Und dies alles für Massenherstellung.

27. 10. 48
Berlin, eine Radierung Churchills nach einer Idee Hitlers.
Berlin, der Schutthaufen bei Potsdam.
Über den völlig verstummten Ruinenstraßen dröhnen in den Nächten die Lastaeroplane der Luftbrücke.
Das Licht ist so schwach, daß der Gestirnhimmel wieder von der Straße aus sichtbar geworden ist.

31. 10. 48
»13 GERMAN OFFICERS CLEARED OF PLOTTING AGGRESSIVE WAR. ... For the third time, a Nuremberg war crimes tribunal has demolished the prosecution's contention that top-flight German industrialists and generals were actively conspiring and participating in Hitler's conquest of almost the entire continent of Europe from 1939 to 1945. Only the four-power international military tri-

bunal found defendants guilty of this war crime, including Hitler's closest aides, such as Goering, Hess, Ribbentrop, Keitel etc.« »New York Herald Tribune«, *Paris*, October 29.

31. 10. 48
Die Arbeiter klagen, höre ich, über die scharfe Unterdrückung der kleinen Hamsterer, die zehn Pfund Kartoffeln vom Land hereinschleppen, während Kartoffeln im großen verschoben werden und überall auf dem schwarzen Markt kaufbar sind. In solchen Zeiten müßte es vielleicht immer Doppelorganisationen geben, so daß etwas Willkür und Parteiischkeit in die Maßnahmen kommt. So könnten Arbeiterfrauen in organisierten Trupps die Polizeikontrolle kontrollieren, die Überwachung der Lastwägen verschärfend, die der kleinen Leute mildernd. Es muß ein Augenzwinkern in die Kontrolle hineinkommen, und die Massen müssen sehen, daß es *ihr* Kampf gegen die Schieber ist. Küchendialektik.

3. 11. 48 (Mittwoch)
Habe schon angefangen, junge Schauspieler für die »Courage« im Deutschen Theater auszuprobieren. Um *Neher* zu erreichen, muß ich vom amerikanischen Sektor aus Zürich anrufen, damit von dort nach Salzburg depeschiert wird.

5. 11. 48
Habe einige junge Leute da, die, Proleten, die Zweijahresklassen besuchen, in denen die Arbeiterjugend auf die Universität vorbereitet wird. Mehr Mädchen als Jungens. Einer, kleinbürgerlicher Herkunft und redegewandt, sagt: »Wir sind unausgeglichen und verwirrt, kein Wunder.« (Bauer zu Tourist: »Ich bin ein schlichtes Gemüt und liebe meine Erde.«) Aber sonst sind sie frisch und gescheit, und wir reden darüber, daß man den Marxismus ebenso studieren muß wie die Germanistik und das eine für das andere. Der Kleinbürger sagt: »Ich bekenne mich schon zum Marxismus.« Ich schlage vor, anstatt »bekenne« zu sagen: »interessiere mich für«. Aber da schlägt er mich: »Es ist keine Kleinigkeit, heute in einer U-Bahn zu sagen, man ist für die Kommunisten.«

6. 11. 48
Bei einer Versammlung der Gewerkschaftsfunktionäre von Berlin Mitte. Thema: »Die Novemberrevolution 1918«. Gute Köpfe,

wieder viele Frauen, alle in dünnen Mänteln oder geflickten Joppen, Gesichtsfarbe grau. In der Berliner Blockade-Frage ist man deutlich in der Defensive.

8. 11. 48 (Montag)
Engel trifft aus München ein, an der »Courage«-Regie teilzunehmen. Er ist sehr gealtert, die Augen sind aber noch kenntlich. Der schicke Hut mit Band läßt den Kopf wie einen Totenkopf erscheinen.

11. 11. 48
Es steigt eine merkwürdige Aura von Harmlosigkeit von der Bühne auf bei allen Proben, als hätte Hitler auch die Bösartigkeit der Deutschen verbraucht. Freilich hatte er viele und lohnende Ämter für sie, so daß die Bühne sie nicht besonders anziehen konnte, und vielleicht wollte er sie auf der Bühne gar nicht mehr vertreten sehen. Auch die doppelten Böden sind verschleudert, und das Hintergründige ist ins Versatzamt gewandert. Der gute Schauspieler Hinz legt den atheistischen Feldprediger so an, als hätte er seinen Glauben verloren, wie ein andrer armer Teufel sein Bein verliert.

12. 11. 48
Am Bahnhof Friedrichstraße ist eine Buchhandlung mit alten Büchern. Sie gehört einem Kommunisten. Ich wähle eine Goethe-Ausgabe, und er weigert sich, mich bezahlen zu lassen.

25. 11. 48
Elf Zähne ziehen lassen, um Tabula rasa für Prothesen zu schaffen, da in letzter Zeit zu sehr im Sprechen behindert.
Günstigerweise kommen gerade einige Hegelbände, darunter die Ästhetik. Eisler hatte anläßlich seiner »Organon«-Lektüre empfohlen, den Hegel über Shakespeare nachzulesen. In der Tat ist er sehr gut wie gewöhnlich, aber den »Hamlet«, an dem ich im »Organon« exemplifiziere, sieht er anscheinend beeinflußt von Goethe, wenn ihm die »Tat« auch nicht so edel erscheint. Welch ein Werk, dieser »Hamlet«! Das durch Jahrhunderte andauernde Interesse an ihm kommt wohl daher, daß ein neuer Typus, voll ausgestaltet, in einer nahezu unaufgeräumt gebliebenen mittelalterlichen Umwelt ganz verfremdet hervortritt. Der Schrei nach Rache,

von den griechischen Tragikern veredelt, dann vom Christentum disqualifiziert, ist im »Hamlet«-Drama noch laut genug, anstekkend genug reproduziert, um das neue Zweifeln, Testen, Planen befremdend zu machen.

25. 11. 48
Wir haben die erste Szene der »Courage« zu ändern, da hier schon angelegt ist, was bei der Züricher Aufführung den Zuschauern erlaubt hat, sich hauptsächlich von der Dauerhaftigkeit und Tragfähigkeit der gequälten Kreatur (des ewigen Muttertiers) erschüttern zu lassen – wo es doch damit nicht eben weit her ist. Jetzt verliert die Courage den ersten Sohn, weil sie sich in ein kleines Geschäft verstricken läßt, und nur hinzu kommt ihr Mitleid mit dem abergläubischen Feldwebel, das eine Weichheit darstellt, die vom Geschäft kommt und die sie sich nicht leisten kann. Das ist eine deutliche Verbesserung. Sie ist vom jungen Kuckhahn vorgeschlagen.

9. 12. 48
Allenthalben macht sich in dieser großen Stadt, in der immer alles in Bewegung ist, wie wenig und provisorisch auch immer dies alles geworden sein mag, die neue deutsche Misere bemerkbar, daß nichts erledigt ist, wenn schon fast alles kaputt ist. Die mächtigen Impulse werden von den Russen gegeben, aber die Deutschen tummeln sich mehr in dem Strudel, der dadurch entsteht, daß die andern Besatzungsmächte sich der Bewegung widersetzen. Die Deutschen rebellieren gegen den Befehl, gegen den Nazismus zu rebellieren; nur wenige stehen auf dem Standpunkt, daß ein befohlener Sozialismus besser ist als gar keiner. Die Übernahme der Produktion durch das Proletariat erfolgt in dem Zeitpunkt (und scheint vielen also zu erfolgen zu dem Zweck) der Auslieferung der Produkte an den Sieger. Volkseigenen Betrieben, die aus Maschinentrümmern heterogenster Art sich wieder Produktionsstätten zusammengebastelt hatten, wurden *mehrere Male* die Maschinen wieder als Reparationen weggenommen. Und die Arbeiter bedenken nicht eben, daß der Zerstörungskrieg gegen die Sowjetunion zwar ohne ihre Billigung, aber nicht ohne ihre Mithilfe gemacht wurde; und die Arbeit gebende Vorbereitung des Kriegs unter dem Beifall eines sehr großen Teils von ihnen. Huchel erzählt, wie ein Arbeiter, als ein eben zusammengeflickter Hochofen nicht ange-

feuert werden konnte, drei Fässer Öl wieder auslieferte, die er mit einem Kollegen für den schwarzen Markt beiseite geschafft hatte; damit verzichtete er auf bare Lebensmittel in reißendem Hunger, zugleich auch noch eine polizeiliche Anzeige riskierend. Seine Motive waren nicht politische, das ist die Tragik. Dann passieren die Fehler, die daher kommen, daß die Entwicklungsstufen der Russen und der Deutschen so verschieden sind. Da ist das Leistungsprinzip, das die Russen anwenden, weil sie es als das zuletzt gefundene für das beste halten. Felsenstein warf die russischen Pajoks in seinem Theater einmal zusammen und verteilte die Dinge einigermaßen gleichmäßig; die Russen kamen ihm drauf und entzogen ihm die Pajoks für zwei Monate völlig. Die Russen hatten die Ungleichheit der Entlohnung, Felsenstein hatte die Eingleichung für produktionssteigernd befunden. Es ist dabei nicht nur so, daß die deutschen Arbeiter im Augenblick nicht erkennen, daß ihre eigene Diktatur »drinnen ist«, sondern daß sie wirklich nicht bereit scheinen, sie zu übernehmen. Die Volksherrschaft in der Form der Diktatur (nach außen *und* innen) leuchtet ihnen nicht ein. (Wogegen die Bourgeoisie ohne weiteres bereit war, ihre ökonomische Herrschaft zu befestigen, indem sie sich selbst unter die Diktatur stellte, individuell betrachtet.) In eigentümlicher Weise wiederholt sich ein »deutsches Erlebnis«: so wie die Bourgeoisie sich ihre Herrschaft von Napoleon aufzwingen ließ, nur um sie sogleich mit dem Adel zu teilen, benimmt sich jetzt das Proletariat der Bourgeoisie gegenüber – es ist dies aber nicht die ganze Wahrheit.

11. 12. 48
Wird es wieder die katalaunische Geisterschlacht, weicht wieder der Kampf aus in die kulturellen Gefilde, so kann auch dies nicht ohne Dazutun gemacht werden. Wenigstens diese Schlacht muß über ganz Deutschland gekämpft werden. Die Literatur kann sich nicht hinter die Elbe zurückziehen und lediglich eine von den Russen militärisch (und polizeilich) verteidigte Musterprovinz aufbauen helfen. Das übrige Deutschland kann nicht durch eine Mustermesse zur Revolution gebracht werden. Die Literatur muß sich engagieren, sich in den Kampf bringen über ganz Deutschland hin und einen revolutionären Charakter haben, ihn auch äußerlich, in den Formen, zeigen. Für sie ist Formalismus, was den revolutionären Inhalt verspielt.

12. 12. 48
Arbeite mit Langhoff das Projekt eines *Studiotheaters* aus, angeschlossen an das *Deutsche Theater.* Erstes Jahr: Heranziehung erster Schauspieler aus der Emigration durch kurze Gastspiele (Giehse, Steckel, Lorre, Homolka, Bois, Gold). Aufbau eines eigenen Ensembles in Verbindung damit.
Drei bis vier Stücke, etwa »Galilei« (mit Kortner) oder »Schweyk« (mit Lorre); »Schelesnowa« (*Gorki*) mit Giehse und Steckel; ein Lorca oder ein O'Casey. Entwicklung epischen Spiels durch ein sofort vorstellendes Kindertheater. Themen: »Der Stier Ferdinand« (Frieden nicht erreichbar durch Friedlichkeit); »Die Bekämpfung des gelben Fiebers« (Arbeiten und Kämpfe der Wissenschaftler) und *Steffins* hoffentlich nicht verlorene Kinderstücke.
Eigene Pläne: »Rosa Luxemburg« und »Der Wagen des Ares«.

14. 12. 48
Die ausgezeichnete dänische Kabarettistin Aase Ziegler, bei der ich mit Ruth (im Augenblick in Kopenhagen) telefoniere, zeigt mir schnell den britischen Klub. Der Tanzsaal, mit altmodischem Streichtrio, das Walzer spielt, ist leer. Ein paar Offiziere und Damen gruppieren sich um die Bartheke. Halten sich steif, sehr betrunken, konversieren. Jeder Gast ein Empire für sich.

14. 12. 48
Wie wir nach einem gründlichen Gespräch über die Versäumnisse der deutschen Arbeiter 18, 20 und 23 mit Jakob Walcher und seiner Frau aus der »Möwe« auf die Straße treten, treibt sich zwischen dem Ausgang und dem Auto Walchers ein betrunkener blutjunger russischer Leutnant um, auf Walcher einen Revolver anlegend, dann Helli aufhaltend, ebenfalls mit dem Revolver hin und her fuchtelnd. Er hat den bleichen, verzweifelten Ausdruck der Betrunkenen und ist ganz versunken in dem trüben Bereich der unartikulierten Gesten, unfähig, sich damit und seinen zwei Revolvern verständlich zu machen. Am End tritt er zurück mit einer Bewegung beider Arme, den Weg frei machend »gehen wollen«. Aber die »Möwe« hat ihr Haus sogleich verdunkelt, und weder der Portier noch sonst jemand kümmert sich um den Vorgang.

15. 12. 48
Der Leutnant drang gestern auch noch in die »Möwe« ein, man telefonierte der Kommandantur, und er wurde verhaftet. – Otto erzählt, daß mehrere Patienten ihm erzählten, in einem der Vororte habe ein russischer Kommandant sich bei einem Mann, der Bajonettstiche von einem Soldaten erhielt, ohne etwas getan zu haben, in der Klinik entschuldigt, was allgemein sehr beifällig kommentiert werde, z.B. mit dem Hinweis, die Russen hätten auch nicht Zivildistrikte bombardiert. Man fand jetzt sogar, der Soldat müsse angesichts der feindlichen Einstellung der Bevölkerung sich bedroht vorgekommen sein...

17. 12. 48
Lasse mich dazu verführen, eine Erstausgabe der Hölderlinischen Gedichte und eine Zweitausgabe von »Hermann und Dorothea« zu kaufen. Das kann man den Druckern zeigen! Welcher Geschmack! Wie feinfühlig wird da auf die Gedichte eingegangen! Im ganzen wie im einzelnen. Unaufhörlich läßt der Drucker sich vom Gedicht Probleme stellen, und kühn löst er sie. Und da ist weder Büttenpapier für den Kaufkräftigen, noch das billige Viel für die Masse. Allerdings bedeutet eben Zeit noch nicht Profit.

18. 12. 48
Ich pflege um 5 Uhr 30 aufzustehen. Dann mache ich mir Kaffee oder Tee auf dem Hartspirituskocher, lese etwas Lukács oder Goethe (den »Sammler«). Wenn ich aufsehe, sehe ich einen großen Druck des Breughelschen Bauerntanzes an der Wand. Gehe etwas herum auf dem roten Teppich und setze mich an die Tische zur Arbeit. Erst gegen acht wird es hell draußen, die Ruinen tauchen auf (die SS hat einen Tag nach Hitlers Tod im Bunker das Adlonhotel noch in Brand gesteckt, nur ein Flügel im Hof ist renoviert).
Nach acht kommt Kuckhahn. Er bestellt sich mein Frühstück, und wir bereiten die »Courage«-Proben vor. Um neun bin ich im Theater in meinem Büro, die Kasprowiak wartet für das Briefdiktat. Probenbeginn zehn Uhr.

29. 12. 48
Eisler hier für vier Wochen. Seinen Widerwillen gegen die Vulgarität und Primitivität der Marschlieder hat er jetzt sublimiert, indem er etwa das »Einheitsfrontlied« symphonisch auflöst, d.h. als

Volkslied in strengen musikalischen Stücken verwendet. Natürlich versuche ich sofort, ihn auch zu neuen vulgären Exzessen zu verführen, indem ich ihm das »Zukunftslied« aufhänge. Er gibt mir aber eine *Ode des Mao Tse-tung*, geschrieben auf dessen erstem Flug über die Große Mauer, ein herrliches Gedicht, das ich gleich bearbeite. Mein Rechnen mit einer Renaissance der Künste, ausgelöst von der Erhebung des Fernen Ostens, scheint sich früher zu lohnen, als man hätte denken sollen.

2. 1. 49
Bei dem »Aufbaulied« der FDJ (Freien Deutschen Jugend) bat mich der Berliner Gruppenleiter, die Zeile »Und kein Führer führt aus dem Salat« zu überprüfen, denn Hitler interessiere niemand mehr, da er olle Kamellen sei (aber Kamellen verwandeln sich, wenn unbeobachtet, leicht in olle Lorbeern), und dann gebe es eine Führung durch die Partei. Ich kann aber nicht entsprechen, die Strophe ist auf das Motiv des Sich-Selbst-Führens aufgebaut, und das ganze Lied dazu. Im Berliner Rundfunk soll in meiner »Grabschrift« für Rosa, die von Dessau komponiert wird, die Zeile »eine Jüdin aus Polen« kritisiert worden sein. (Wahrscheinlich, um die »Empfindlichkeit weiter Kreise in diesem Punkt« zu schonen.)

3. 1. 49
Auf meine Frage erzählt Walcher, daß das Grabmal für Karl und Rosa in einem Vorort (im russischen Sektor), das die Nazis zerstört hatten, nicht wieder aufgebaut worden sei; Pieck habe ihm gesagt, sie hätten beschlossen, da nichts zu unternehmen. – Die Deutschen haben überhaupt keinen Sinn für Geschichte, vermutlich weil sie keine Geschichte haben.

3. 1. 49
Möchte die Gedichtbände anders als üblich gedruckt herausbringen, zumindest in der Ostzone. Kleiner, in die Tasche zu stecken, in der Art der Ausgaben um 1820 herum. Nur in Antiqua und nicht biedermeierisch natürlich.

6. 1. 49
Werde aus der Probe zum neuen Oberbürgermeister Berlins, dem Sohn des ersten Reichspräsidenten Ebert, geholt, wo, im Beisein von Langhoff und Wisten, dem bisherigen Intendanten des Schiff-

baucrdammtheaters, über mein Theaterprojekt (betreffend der Zuziehung großer emigrierter Schauspieler) gesprochen wurdc. Der Herr Oberbürgermeister sagte mir weder Guten Tag noch Adieu, sprach mich nicht einmal an und äußerte nur einen skeptischen Satz über ungewisse Projekte, durch welche Vorhandenes zerstört würde. Die Vertreter der SED (Ackermann, Jendretzky, Bork) schlugen die Kammerspiele für das Projekt vor, sowie Gastspiele im Deutschen Theater oder bei Wisten. Auch von Sparmaßnahmen wurde geredet und von der Notwendigkeit, der Volksbühne eine Bleibe zu schaffen, bis das alte Haus renoviert sei. (Man hat dieses sozialdemokratische Kleinbürgerunternehmen »jedem kleinen Mann eine ständige Theaterloge« neu aufgezogen und liefert Schmierenaufführungen.) Zum ersten Mal fühle ich den stinkenden Atem der Provinz hier.

17. 1. 49
In der eigentlichen Premiere der »Courage«, die am 9. in geschlossener Vorstellung durch die Gewerkschaften stattfand, waren Schüler einer Funktionärschule gewesen. Es war ein Wagnis, den Schauspielern ein solches Publikum als erstes vorzusetzen, aber die Arbeiter aus den Hennigsdorfer Stahlwerken zeigten sich als wunderbare Zuschauer. Sie saßen freilich lange wie Zaungäste, von denen weder Zustimmung noch Ablehnung erwartet wird, aber nach der Szene mit dem »Lied von der Kapitulation« klatschten sie, und die Szene mit dem Tod der stummen Kattrin unterbrachen sie mit großem Beifall da, wo sie das Ehrenwort des Offiziers ablehnt. Und am Ende vergaßen sie aufzustehen und in die Garderobe zu stürzen, obwohl das Stück lang ist und die Bahnen spät nicht fahren. Nun gingen Engel und ich zu einer Diskussion in die Schule hinaus und hatten die Gelegenheit, uns weiter zu wundern. Welche Bestimmtheit und welche Höflichkeit! Außer einigen technischen Fehlern wie dem, daß die Musik die Worte übertönte, rügten einige, daß der Obrist der Yvette zu stark karikiert war. Meine Entgegnung, die Lagerhure werde später als eine der wenigen Personen gezeigt, die am Krieg verdienten, und dem Stückschreiber müsse also daran liegen, den Preis, den sie zahlte, nicht zu nieder anzusetzen, wurde mit Verständnis und Grazie angenommen. Besonders hoben sie die Trommelszene hervor, und einer lobte, daß gerade »der hilfloseste Mensch am ehesten bereit war zu helfen, dieselbe Person, die wenige Szenen zuvor vom eigenen Bruder als

›du armes Tier‹ tituliert werde«. Welch ein Zuschauer! Er muß in der dritten Szene diesen Satz vermerkt (und ärgerlich!) haben – in der elften fand er die Antwort! Und daß die Courage nichts lernt im äußersten Elend, erregte diesen Zuschauern nur Mitleid!

18. 1. 49
Durch alle diese Wochen hindurch halte ich im Hinterkopf den Sieg der chinesischen Kommunisten, der das Gesicht der Welt vollständig ändert. Dies ist mir ständig gegenwärtig und beschäftigt mich alle paar Stunden.

26. 1. 49
Fahre nach Leipzig und diskutiere in Hans Mayers Kolleg über Theater mit Arbeiterstudenten. Ein selbst physiognomisch verändertes Bild einer Universität! Hier hat man nicht nur eine neue Klasse eindringen lassen, sondern die alte nahezu ausgesperrt, so daß die neuen Studenten nur ihresgleichen vorfinden und durch kein Beispiel zu Kommilitonen degradiert werden können. Die jungen Leute kennen nur die Buchausgabe von »Furcht und Elend«. Sie bestätigen die Wahrheit der Beschreibung, aber sie stoßen sich daran, daß die Nazis einfach als Gegner behandelt sind. Konnte der Stückschreiber nicht einen Nazi beschreiben, der durch seine Erlebnisse zur Einsicht kommt? Der Zuschauer oder Leser könnte doch so die Wandlung mitmachen! Sie lachen allerdings, als ich darauf hinwies, daß selbst das ungeheure Elend, in das der Nationalsozialismus die Bevölkerung stieß, wenig Wandel hervorgebracht hat. Ich schloß die Diskussion mit dem Hinweis, das Stück sei nicht als Erlebnis beabsichtigt, sondern als Leitfaden für eine neue Klasse, ermöglichend, dem Klassenfeind erfolgreicher entgegenzutreten. Ich ging nicht so weit zu sagen, diese Klasse könne aus der Darstellung dieser unmenschlichen (und zum Scheitern verurteilten) Diktatur des Großbürgertums lernen, ihre eigene Diktatur durchzuführen.

28. 1. 49
Aus schriftlichen Äußerungen *Wolfs* und Erpenbecks, die der »Linie« folgen wollen, ergeht, daß die Wendung gegen die Einfühlung gerade durch ihren Erfolg beim Arbeiterpublikum einige Panik verursacht hat. Wie sehr hätte die »Wirkung« erhöht werden können, wenn die Courage auf der Bühne am Ende zur Einsicht ge-

langt wäre! Aber die Schüler der Funktionärschule sind weiter. Sie können die Kleinbürger objektiv anschauen (und doch bemitleiden) und erkennen sich selber in der stummen Kattrin wieder.

An die Nachgeborenen

(1938)

1

Wirklich, ich lebe in finsteren Zeiten!

Das arglose Wort ist töricht. Eine glatte Stirn
Deutet auf Unempfindlichkeit hin. Der Lachende
Hat die furchtbare Nachricht
Nur noch nicht empfangen.

Was sind das für Zeiten, wo
Ein Gespräch über Bäume fast ein Verbrechen ist
Weil es ein Schweigen über so viele Untaten einschließt!
Der dort ruhig über die Straße geht
Ist wohl nicht mehr erreichbar für seine Freunde
Die in Not sind?

Es ist wahr: ich verdiene noch meinen Unterhalt
Aber glaubt mir: das ist nur ein Zufall. Nichts
Von dem, was ich tue, berechtigt mich dazu, mich satt zu essen.
Zufällig bin ich verschont. (Wenn mein Glück aussetzt
Bin ich verloren.)

Man sagt mir: iß und trink du! Sei froh, daß du hast!
Aber wie kann ich essen und trinken, wenn
Ich es dem Hungernden entreiße, was ich esse, und
Mein Glas Wasser einem Verdurstenden fehlt?
Und doch esse und trinke ich.

Ich wäre gerne auch weise
In den alten Büchern steht, was weise ist:
Sich aus dem Streit der Welt halten und die kurze Zeit
Ohne Furcht verbringen
Auch ohne Gewalt auskommen
Böses mit Gutem vergelten
Seine Wünsche nicht erfüllen, sondern vergessen
Gilt für weise.

Alles das kann ich nicht:
Wirklich, ich lebe in finsteren Zeiten!

2

In die Städte kam ich zu der Zeit der Unordnung
Als da Hunger herrschte.
Unter die Menschen kam ich zu der Zeit des Aufruhrs
Und ich empörte mich mit ihnen.
So verging meine Zeit
Die auf Erden mir gegeben war.

Mein Essen aß ich zwischen den Schlachten
Schlafen legte ich mich unter die Mörder
Der Liebe pflegte ich achtlos
Und die Natur sah ich ohne Geduld.
So verging meine Zeit
Die auf Erden mir gegeben war.

Die Straßen führten in den Sumpf zu meiner Zeit
Die Sprache verriet mich dem Schlächter
Ich vermochte nur wenig. Aber die Herrschenden
Saßen ohne mich sicherer, das hoffte ich.
So verging meine Zeit
Die auf Erden mir gegeben war.

Die Kräfte waren gering. Das Ziel
Lag in großer Ferne
Es war deutlich sichtbar, wenn auch für mich
Kaum zu erreichen.
So verging meine Zeit
Die auf Erden mir gegeben war.

3

Ihr, die ihr auftauchen werdet aus der Flut
In der wir untergegangen sind
Gedenkt

Wenn ihr von unsern Schwächen sprecht
Auch der finsteren Zeit
Der ihr entronnen seid.

Gingen wir doch, öfter als die Schuhe die Länder wechselnd
Durch die Kriege der Klassen, verzweifelt
Wenn da nur Unrecht war und keine Empörung.

Dabei wissen wir ja:
Auch der Haß gegen die Niedrigkeit
Verzerrt die Züge.
Auch der Zorn über das Unrecht
Macht die Stimme heiser. Ach, wir
Die wir den Boden bereiten wollten für Freundlichkeit
Konnten selber nicht freundlich sein.

Ihr aber, wenn es soweit sein wird
Daß der Mensch dem Menschen ein Helfer ist
Gedenkt unsrer
Mit Nachsicht.

Editorische Notiz

Die Texte der vorliegenden Zusammenstellung folgen den Ausgaben:

Bertolt Brecht, *Briefe*, herausgegeben und kommentiert von Günter Glaeser, Frankfurt a.M. 1981.
Bertolt Brecht, *Werke. Große kommentierte Berliner und Frankfurter Ausgabe*, herausgegeben von Werner Hecht, Jan Knopf, Werner Mittenzwei und Klaus-Detlef Müller, 30 Bände, Berlin/Frankfurt a.M., Band 23 (*Schriften 3*, 1993), Band 26 und 27 (*Journale 1*, 1994, und *Journale 2*, 1995).